WESTEND

AF637343

MOSHE ZUCKERMANN

DER ALLGEGENWÄRTIGE ANTISEMIT

oder

Die Angst der Deutschen vor der Vergangenheit

Mit einem Beitrag von Susann Witt-Stahl

WESTEND

Mehr über unsere Autoren und Bücher:
www.westendverlag.de

Die Deutsche Nationalbibliothek verzeichnet diese Publikation in der Deutschen Nationalbibliografie; detaillierte bibliografische Daten sind im Internet über http://dnb.d-nb.de abrufbar.

Das Werk einschließlich aller seiner Teile ist urheberrechtlich geschützt. Jede Verwertung ist ohne Zustimmung des Verlags unzulässig. Das gilt insbesondere für Vervielfältigungen, Übersetzungen, Mikroverfilmungen und die Einspeicherung und Verarbeitung in elektronischen Systemen.

MIX
Papier aus verantwortungsvollen Quellen
FSC® C083411
FSC
www.fsc.org

2. Auflage 2019
ISBN 978-3-86489-227-1
© Westend Verlag GmbH, Frankfurt/Main 2018
Umschlaggestaltung: Buchgut, Berlin
Satz: Publikations Atelier, Dreieich
Druck und Bindung: CPI – Clausen & Bosse, Leck
Printed in Germany

Inhalt

Vorwort

Ein Ungeist geht um in Deutschland – es ist, als habe sich der Orwellsche Neusprech ein neues Feld für seine realhistorische Manifestation gesucht und es gefunden: im Antisemitismusdiskurs des heutigen Deutschland. Wahllos und ungebrochen werden Begriffe durcheinandergeworfen, Menschen perfide verleumdet und verfolgt, Juden von Deutschen des Antisemitismus gezeiht, eine gesamte Debattenkultur in ein Tollhaus neuralgischer Befindlichkeiten und unaufgearbeiteter Ressentiments verwandelt, wobei sich linke Gesinnung nach rechts wendet und rechte Ideologen sich den Anschein der Liberalität zu geben trachten. Im Mittelpunkt des Wirrsals steht der Nahostkonflikt beziehungsweise der israelisch-palästinensische Konflikt, der aber nicht etwa historisch, politisch, ökonomisch oder sonst wie analysiert wird, sondern lediglich die Plattform für das gesteigerte Toben von Meinungen, Zuschreibungen, Schmähungen und selbstgefälligen Parteinahmen darstellt. Es geht indes letztlich vordringlich um das Verhältnis von Deutschen zu Juden, um die Last der deutsch-jüdischen Vergangenheit und um ihre perversen Auswirkungen auf den gegenwärtigen deutschen Diskurs über diese Kategorien. Und weil Judentum, Zionismus und Israel in diesem inadäquaten, ideologischen Gerangel gleichgestellt werden, um daraus – negativ gewendet – die widersinnige Gleichstellung von Antisemitismus, Antizionismus und Israelkritik abzuleiten, diese Gleichstellung sich aber zum unerbittlichen Glaubensbekenntnis verfestigt hat, gerät die Realität völlig aus dem Blickfeld des Diskurses: Deutsche solidarisieren sich mit einem Israel, das seit mindestens fünfzig Jahren Palästinenser knechtet, und wenn man sie darauf hinweist, dass diese Solidarität nicht haltbar ist, gerät man in ihrem Munde zum Antisemiten, zum Israelhasser oder gar zum sich selbsthassenden Juden. Dies alles soll in der vorliegenden Schrift erörtert werden. Um aber das argumentative Niveau zumindest ein wenig zu wahren, mögen im Folgenden einleitend Anmerkungen zu den Begriffen des Holocaust und der Holocaust-Erinnerung angeboten werden. Sodann sollen in einem gesonderten Kapitel die Kategorien des Zionismus und des aus ihm in die Welt gekommenen Staates Israel im Hinblick auf dessen Geschichte und Strukturen, Widersprüche und Konfliktachsen anvisiert werden. Erst nachdem die Kategorien der realen Verhältnisse und der ihnen innewohnenden moralischen Dimension, von denen hier ausgegangen wird, dargelegt worden sind, soll es in den folgenden Kapiteln an die Analyse des in Deutschland grassierenden Ungeists und seiner bedenklichen Wirkungen gehen, nicht zuletzt im Hinblick auf die von besagter ideologischen Realitätsverweigerung herrührenden moralischen Defizite. Zunächst aber eine Anmerkung in eigener Sache.

Ich bin 1949 in Israel geboren. 1960 sind meine Eltern nach Deutschland emigriert, wo ich das zweite Jahrzehnt meines Lebens verbrachte. 1970 bin ich aus bewusster zionistischer Entscheidung nach Israel zurückgekehrt und lebe seitdem in diesem Land, vermutlich auch für den Rest meines Lebens. Es ist mein Land, in dem Sinne, dass sich in ihm meine Lebenswelt gebildet hat, dass ich seine Kultur aufgesaugt habe, seine Sprache spreche und meine berufliche Laufbahn in ihm verfolgt habe. Ich sehe dieses Land aber auch äußerst kritisch, weil es sich zu etwas entwickelt hat, das nicht nur zu meinen Vorstellungen der Jugendzeit in einem krassen Gegensatz steht, sondern weil es meines Erachtens auch in einem Gegensatz zu jedweder humanen, aufgeklärten und friedlich ausgerichteten Gesellschaft steht. In dieser kritischen Einstellung haben sich sowohl Enttäuschung als auch ein lebensgeschichtlich geformtes Involvement sedimentiert. Das sehen viele meiner Landsleute anders. Es soll in dieser Schrift um die Erörterung dessen gehen, warum dem so ist. Gewiss ist eins: Wenn der von Israel praktizierte historische Weg der Zionismus ist, dann bin ich schon seit Jahrzehnten kein Zionist mehr. Ich war nie Antizionist im Sinne des Postulats, dass der Zionismus überhaupt nicht in die Welt hätte kommen dürfen. Aber ich bin eben auch kein Zionist, wenn der Zionismus das ist, als was er sich in Israel manifestiert. Man muss kein Zionist sein, um in Israel zu leben, gar leben zu wollen. Man hat es nur nicht leicht. Aber auch das ist Teil meines Selbstverständnisses.

Den Band beschließt ein Gastbeitrag der Publizistin Susann Witt-Stahl. Sie betrachtet das Phänomen der erklärtermaßen als »Abbruchunternehmen der Linken« agierenden »Antideutschen« in ihrer Funktion als Verfechter einer ideologischen Vergangenheitspolitik zu Gunsten deutscher Eliten und Großmachtinteressen. Nicht zuletzt in der Verherrlichung von kriegerischer Gewalt und dem emphatischen Hass auf das humanistische Judentum dieser und verwandter politischer Strömungen erkennt Witt-Stahl nicht nur eine Kontinuität deutscher Zustände, sondern auch faschistoide und andere regressive Tendenzen.

Moshe Zuckermann, Tel Aviv, im Juni 2018

Holocaust und Holocaust-Erinnerung

Dass eine Nomenklatur ideologisch werden kann, dürfte inzwischen mehr oder minder als Gemeinplatz gelten. Das hat nicht nur mit der epistemologischen Krise hinsichtlich des Adäquanzverhältnisses von Gegenstand und Begriff beziehungsweise von Benennung und Benanntem zu tun, sondern die Benennungspraxis selbst scheint sich zuweilen solcherart verselbstständigt zu haben, dass es aussehen mag, als ginge es mittlerweile um nichts mehr als um agonale Grabenkämpfe, bei denen Geschichte, Welt und Wirklichkeit, wenn schon nicht ganz und gar ignoriert, so doch in die Zweitrangigkeit des Epiphänomens verwiesen werden. Ideologisch kann eine Benennung aber auch dann werden, wenn sich im Namen die bewusste, aber eben auch nicht nur bewusste beziehungsweise vorbewusst manipulative Verhüllung oder Entstellung des Benannten niederschlägt. Eine Nomenklatur ist immer dann ideologisch, wenn etwas am Benannten heteronom seinem Begriff entschlagen wird, genauer, wenn der Nennungsbegriff das Benannte für heteronome Interessen dahingehend zurichtet, dass die Wahrnehmung des Benannten wesenhaft affiziert, der Gegenstand der Wahrnehmung mithin regelrecht unkenntlich gemacht wird.

Dabei hat der relativ neutrale Umgang mit der Benennung dessen, was als »Zweiter Weltkrieg« kodiert worden ist, spätestens bei dem am europäischen Judentum verübten Völkermord seine Grenzen. Dies ist nicht allein dem Umstand geschuldet, dass sich im Geschichtsereignis »Zweiter Weltkrieg« mehr historische Tiefenschichten und materielle gesellschaftliche Strukturen sedimentiert haben, als der Begriff je zu indizieren vermag, sondern vor allem deshalb, weil mit der Massenvernichtung der Juden etwas geschichtlich Präzedenzloses eingetreten war, etwas, das zunächst in der Tat namenlos bleiben musste, weil seine Unsäglichkeit der adäquaten Namensgebung entbehrte. Nicht von ungefähr ist in diesem Zusammenhang der diagnostische Begriff des »Zivilisationsbruchs« geprägt worden;[1] denn allein schon die Vorstellung, dass der Rückfall in die Barbarei durch die Zivilisation, beziehungsweise durch die immanente Logik ihres neuzeitlichen Laufs gezeitigt worden war, musste ihr eigenbegriffliches, optimistisch-linear durchwehtes, aufklärerisch motiviertes Selbstverständnis brüchig werden, ihre selbstherrliche Eigenvorstellung ins Schwanken geraten lassen.

Nun können bekanntlich Bildverbote und Namenstabus nie wirklich durchgehalten werden. Die sprachlichen Paraphrasen, die zur Kennzeichnung der geschichtlichen Monstrosität entstanden, wie »industrielle Massenvernichtung der Juden« oder »Massenvernichtung des europäischen Judentums«, waren kommunikationstechnisch zu unökonomisch. Es etablierten sich denn bald prägnante Bezeichnungen – etwa die frühzeitig konsensuell im Hebräischen eingeführte »Shoah« oder das im Deutschland der Fünfzigerjahre als Pars pro Toto häufig gebrauchte »Auschwitz«. Schon »Shoah«, als die von der Sprache der Heiligen Schrift bezogene »höchste Katastrophe« oder »der totale Untergang«, belässt den innerhistorischen Kausalzusammenhang der Katastrophe im Unbestimmten: Nicht nur mag sie gottgewollt sein, sondern auch unter säkularen Gesichtspunkten wäre im Hebräischen »Shoah« als Bezeichnung von verheerenden Auswirkungen einer großen Naturkatastrophe zulässig. Als erst recht prekär erweist sich der über das amerikanische Englisch in den Nomenklatur-Diskurs eingedrungene, ursprünglich altgriechische Begriff des »Holocaust«, der zwar die Bedeutung von »Inferno« und »Zerstörung« angenommen hat, ursprünglich jedoch »Brandopfer« beziehungsweise – als das attributive *holókaustos* – »völlig verbrannt« meinte. Wenn schon die religiöse Dimension eines quasi Unabwendbaren in Zusammenhang mit der jüdischen »Shoah« mehr als problematisch erscheint, nimmt sie sich mit dem vom außerjüdischen Sprachduktus geprägten »Holocaust« als höchst fragwürdig, wenn nicht gar blank ideologisch aus. »Brandopfer« enthält nicht nur die latente Deutung von schicksalhafter Heimsuchung, sondern vermittelt auch mutatis mutandis das Moment einer (religiös durchwehten) Apologie.

In jedem Fall soll hier nicht die Geschichte der Massenvernichtung des europäischen Judentums, sondern das Problem ihrer ideologischen Vereinnahmung beziehungsweise ihrer instrumentalisierenden Ideologisierung anvisiert werden. Gerade die einschneidende Bedeutung des Realereignisses für die Erfahrung und das Verständnis der modernen Zivilisation (gewisse philosophische Strömungen würden gar von der Zivilisation insgesamt reden wollen) macht es notwendig, dem Problem seiner ideologisierten Rezeption nachzugehen. Der Begriff »Holocaust« mag hierfür einstehen.

Seit Martin Walsers umstrittener Friedenspreis-Rede von Oktober 1998[2] macht im deutschen Diskurs das Wort von der »Instrumentalisierung« des Holocaust-Andenkens die Runde. Dass Walser dabei von der »Instrumentalisierung der Schande« redete, mithin die Betonung auf die Befindlichkeit(en) des Tätervolkes legte, weniger, wenn überhaupt, von dem Unsäglichen, das den historischen Opfern widerfahren war, sprach, gab die Marschroute für die alsbald infolge der Rede entbrannte Debatte an: Von privatem Gewissen war da die Rede, von »durchgängiger Zurückgezogenheit in sich selbst« und »innerlicher Einsamkeit«, womit das Problem der Auseinandersetzung mit den kollektiv begangenen Verbrechen entkollektiviert, die Erörterung diesbezüglicher moralischer Belange entöffentlicht wurde. Solcherweise ins Subjektive verfrachtet, konnte denn die Frage der bildlichen Rezeption der weltgeschichtlichen Monstrosität als die eines individuell-psychischen Durchhaltevermögens abgehandelt werden. Da man Auschwitz instrumentalisiere, es als »Moralkeule« fremdbestimmt gebrauche, böte sich Verdrängen und Wegschauen als heilsames Gegenmittel an. Nicht alles müsse man ertragen, schon gar nicht als sensibler Privatmann. Dass freilich Walser mit diesen die »durchgängige Zurückgezogenheit in sich selbst« postulierenden Gedanken nicht in »innerlicher Einsamkeit« verharrte, sondern ganz im Gegenteil sie mit größter Verve vor breitester Öffentlichkeit verkündete, mochte die Vermutung aufkommen lassen, ihm selber gehe es nicht so sehr um seinen privaten Seelenfrieden, sondern darum, den deutschen Diskurs über den Holocaust nachhaltig zu beeinflussen; um etwas Politisches also. War das legitim?

Die Antwort hierauf bemisst sich zunächst nicht am Inhalt. Denn eine wie auch immer ausgerichtete Instrumentalisierung der Vergangenheit ist letztlich unumgänglich: Weder dem Einzelnen noch dem Kollektiv ist es möglich, historisch Geschehenes nicht durch die »Brille« des Gegenwärtigen wahrzunehmen und zu erinnern; man kommt ja sozusagen nicht aus seiner eigenen Haut heraus. Und da sich die sozialen, politischen und kulturellen Bedingungen der Wahrnehmung fortwährend ändern, wandelt sich auch die Erinnerung – sie ist stets kontextgebunden. Damit sind nicht nur negative Interessen, fremdbestimmte Bedürfnisse und ideologische Verblendungen gemeint, sondern, im Gegenteil, auch nachmaliges Wissen, tiefergehende Reflexion von bereits Gewusstem oder schlicht: die sogenannte »zeitliche Perspektive«. So ist beispielsweise das Schweigen um den Holocaust in den ersten Jahren nach der israelischen Staatsgründung durchaus durch die instrumentellen Interessen, die der staatstragenden, um die Heranbildung des »Neuen Juden« bemühten Ideologie des Zionismus zugrunde lagen, erklärbar; nicht minder jedoch spielten dabei in den realen Lebenswelten Momente des noch akuten Traumas, des überlebensstrategischen Bedürfnisses nach Verdrängung und andere psychische Hinderungsfaktoren bei der Auseinandersetzung mit der Monstrosität des Geschehenen eine gewichtige Rolle. Es sollte in manchen Fällen Jahrzehnte dauern, ehe sich die seelische Bereitschaft einstellte, die eigene Biografie zu konfrontieren. Ähnliches gilt strukturell (obschon unter gänzlich verschiedenen Vorzeichen) auch für die alte Bundesrepublik. Das Beschweigen der verbrecherischen deutschen Vergangenheit im restaurativen Klima, das die Fünfzigerjahre der alten Bundesrepublik beherrschte, ermöglichte sich nicht zuletzt durch die zeitgeschichtliche »Notwendigkeit«, die BRD als Bollwerk gegen den befürchteten Vorstoß des Kommunismus in den Westblock, mithin in die

»Völkergemeinschaft« zu integrieren. Die unerhörte Leichtigkeit, mit der die »Entnazifizierung« vorgenommen, und die Schnelligkeit, mit der sie abgeschlossen wurde, gehören in die subkutane Geschichte jener Zeit des bereits tobenden Kalten Krieges. Nicht wenige Historiker vertreten indes noch heute die Ansicht, dass ein solches (Be-)schweigen Voraussetzung für die Entwicklung der alten BRD zur dann immerhin funktionierenden liberalen Demokratie war. Für US-amerikanische Juden avancierte der Holocaust zudem zu einer Art säkularer Ersatzreligion, nicht zuletzt im Zuge eines sich zunehmend pluralisierenden Identitätsdiskurses.

Instrumentalisierung im Sinne einer gleichsam »verträglichen« Integration von historisch Geschehenem in die späteren Perzeptions- und Rezeptionsbedingungen ist, so besehen, nahezu unumgänglich. Zu klären bleibt dabei freilich, wann diese notwendige Vereinnahmung des Vergangenen durch das Gegenwärtige ins Heteronome umschlägt, und zwar solcherart, dass die gegenwärtige Erinnerung sich dem zu Erinnernden wesenhaft entfremdet. Vom Inhalt aus kann also nicht jede Form instrumentalisierender Erinnerung als legitim erachtet werden: Spätestens wenn das Wesen des zu Erinnernden im Hinblick auf fremdbestimmte Zwecke entstellt worden ist, wird man behaupten dürfen, dass zumindest, was die herkömmliche Raison d'Être gemeinhin postulierten Gedenkens anbelangt, ein »unzulässiger« Umgang mit der Vergangenheit stattfindet.

Ausgangspunkt adäquaten Gedenkens muss demgemäß die Erörterung des Wesens des zu Erinnernden bilden. Dabei stößt man freilich, gerade im Falle des Holocaust- Andenkens, auf gravierende Schwierigkeiten. Denn nicht nur lässt sich das Unsägliche der weltgeschichtlichen Katastrophe noch immer weder in ihrer historischen Genese noch in ihren realen Manifestationen bis zum Letzten ergründen; schon das Bestreben, partikulare und universelle Dimensionen der Monstrosität, verschiedene Perspektiven der Täter- und Opferkollektive, aber selbst noch die im Opferkollektiv vorherrschende Heterogenität unter einen umfassenden, gleichsam allgemeingültigen Einheitsbegriff zu subsumieren, scheint sich zunehmend konsensuellem Einvernehmen zu entziehen. Das hat größtenteils damit zu tun, dass die nunmehr über siebzig Jahre währende Holocaust-Rezeption das Geschichtsereignis interessengeleitet ideologisiert, nicht minder aber auch damit, dass das akkumulierte historische Wissen darum und die sich allmählich einstellende zeitliche Perspektive ein zunehmend differenzierteres Bild davon geschaffen hat. Wenn aber die sowohl in Israel beanspruchte als auch in Deutschland im Rahmen der Mahnmal-Debatte[3] thematisierte »Einzigartigkeit der Shoah der Juden« nolens volens in eine (wie immer begründete) Hierarchisierung der Holocaust-Opfer ausartet, stößt man unversehens auf etwas Wesenhaftes: Gerade weil sich das Geschichtsbild mittlerweile ausdifferenziert hat, gerade weil das nachmalige Wissen um die Pluralität der Identitäten seiner Protagonisten und ihre zunehmend enttabuisierte »Zulassung« zum aktuellen Holocaust-Diskurs einer einheitlichen Sicht der weltgeschichtlichen Monstrosität offenbar zuwiderläuft,[4] lässt sich ein ihm innewohnendes Moment der gemeinsamen universellen Grundlage bestimmen – der Stand der Opfer qua Opfer und (komplementär dazu) der Täter qua Täter.

So trivial sich dieser offensichtliche, zudem noch dichotom simplifizierte Tatbestand ausnehmen mag, kodiert er doch jenes allgemeine Moment, um welches es zunächst bei jedem adäquaten Gedenken dessen, was historisch geschah, gehen muss: um die Tatsache, dass das, was als »Rückfall in die Barbarei«,[5] als »Zivilisationsbruch« beziehungsweise als »Sonnenfinsternis der westlichen Zivilisation« apostrophiert worden ist, etwas im historischen Kontext Geschehenes, von Menschen an Menschen Verübtes ist; dass es also um politische Prozesse, gesellschaftliche Strukturen, kulturelle Zusammenhänge und um Ideologien geht. Dass es sich um industrialisierte, bürokratisch angeordnete, administrativ verwaltete Formen der Massenvernichtung von Menschen, also um eine auf modernen Institutionen basierende, gerade im sich der emanzipativen Aufklärung und zivilisatorischen Fortschritts rühmenden Kulturraum zugetragene Praxis der Barbarei handelt. Die Opfer im Stande ihres Opfer-Seins und die Täter in dem ihres Täter-Seins zu erinnern, heißt, jene historischen Zusammenhänge ergründen zu lernen, welche Menschen letztlich Täter beziehungsweise Opfer haben werden lassen. Es heißt aber zugleich auch, sich der Einsicht zu verschreiben, dass die jenen historischen Zusammenhängen zugrunde liegenden Strukturen, mithin die stete Drohung eines potenziellen Rückfalls in die Barbarei, noch keineswegs aus der Welt geräumt sind, dass sie ganz im Gegenteil, dem verblendeten Alltagsblick allgemeinen materiellen Wohlstands und gesellschaftlicher Behaglichkeit freilich unsichtbar geworden, welthistorisch durchaus fortwesen.

Damit ist mitnichten gesagt, dass das spezifisch Jüdische an der Shoah der Juden ignoriert werden könne. Was an Juden verbrochen worden ist, ist ihnen als Juden widerfahren. Das sollte sich vor allem die deutsche Gedenkkultur stets vor Augen halten. Es muss gleichwohl auch festgehalten werden, dass die vermeintlich homogene jüdische Identität den Juden als solchen zumeist »von außen« (d.h. von Nichtjuden) aufgezwungen wurde; dass sie also objektiv als solche bestimmt wurden, ohne dass dabei ihre eigene – subjektive – Selbstbestimmung beachtet worden wäre. Dass also Juden auf der Rampe von Auschwitz orthodox-religiös, traditionell oder atheistisch, dass sie kommunistisch, konservativ oder liberal, dass sie arm oder reich, gebildet oder ignorant, zionistisch, nicht zionistisch oder gar antizionistisch sein konnten; dass sich darüber hinaus im heutigen Israel die Holocaust-Diskurse orthodoxer und säkularer, aschkenasischer und orientalischer, neu eingewanderter und alteingesessener, alter und junger Juden gravierend unterscheiden mögen, verweist darauf, dass der Begriff des Jüdischen am Holocaust eher die objektive Fremdbestimmung des Juden als solchen meint, weniger, wenn überhaupt, das individuelle Selbstverständnis. Aber genau das ist es, was die Juden qua Juden zum eigentlichen Paradigma der weltgeschichtlichen Monstrosität erhebt. Denn eines war all den Juden des Holocaust, spätestens auf der Rampe von Auschwitz, und zwar unabhängig von ihrer »vormaligen« Identität, von ihrer nationalen, ethnischen, kulturellen, klassenmäßigen Zugehörigkeit, gemeinsam: Sie wurden alle zu Opfern; und jene, die sie zu solchen machten, wurden zu Tätern. Die praktisch vollführte, systematisch betriebene Vernichtung der Juden als einer zur Ausrottung vorbestimmten Menschenkategorie hat sie folglich zur paradigmatischen Verkörperung der Opfer im welthistorischen Maßstab werden lassen.

Es ließe sich, so besehen – über das authentische partikulare Andenken hinaus –, das Andenken der Juden im Stande ihres Opfer-Seins als ein Allgemeines denken. Ohne die spezifische Erinnerung eines bestimmten Kollektivs an seine Opfer antasten zu wollen, könnte die paradigmatische Dimension des jüdischen Holocaust-Schicksals zur Grundlage universeller Erinnerung der Opfer erhoben werden, wobei es dann freilich keiner partikular bestimmten – religiösen, ethnischen, nationalen – Identität der Opfer mehr bedürfte, sondern ebendessen, was alle auf der Rampe von Auschwitz bereits waren und erst recht schon bald nach der vermeintlich noch sortierenden Selektion wurden: Opfer. Die anonymisierende Tendenz entspräche dabei einerseits der inneren Tendenz des weltgeschichtlichen barbarischen Gewaltaktes, konterkarierte aber andererseits die ebendiesem Gewaltakt zugrunde liegende Ideologie: Die zur Ausrottung bestimmten »Untermenschen« würden allgemein – enthierarchisiert! – als Menschen erinnert werden. Menschen (und keine Dämonen) haben den Holocaust an Menschen (und keinen »Untermenschen«) verbrochen.

Die kollektive anamnetische Handlung verfolgt also einen Doppelzweck. Zum einen ist sie bestrebt, der konkreten historischen Opfer zu gedenken. Die Vorstellung Walter Benjamins von der Erinnerung als einem »rettenden« Akt[6] spielt dabei eine zentrale Rolle, darf allerdings nicht narzisstisch vereinnahmt, oder ideologisch verdinglicht werden. Schon in absehbarer Zukunft, wenn die Generation der Opfer und der Täter nicht mehr da sein wird, dürfte sich diese Gedenkpraxis ohnehin größtenteils in die Sphäre der Erinnerungskulturen partikularer Lebenswelten und des individuellen, privaten Andenkens verlagern. Zum anderen versteht sich aber der kollektive Erinnerungsakt als Grundlage einer auf die Zukunft ausgerichteten Handlungsmaxime. Das »Wozu?« der Erinnerung ist hierbei »instrumentell« rasch beantwortet: Auf dass »Auschwitz sich nicht wiederhole, nichts Ähnliches geschehe«[7]. Was damit praxisbezogen einhergeht, ist denkbar einfach, letztlich trivial. Denn wenn es primär darum geht, die historischen Bedingungen des Holocaust als politische Prozesse, gesellschaftliche Determinanten, kulturelle Zusammenhänge und Ideologien zu begreifen, zudem die Einsicht aufrecht zu halten, dass die Strukturen, die diesen historischen Bedingungen zugrunde liegen, noch keineswegs aus der Welt geräumt sind, dann kann es sich bei diesem – der Opfer im Stande ihres Opfer-Seins gedenkenden – Erinnerungsakt um nichts anderes als um eine jene Strukturen radikal bekämpfende, sie aus der Welt zu räumen bestrebte politische, soziale und kulturelle Praxis handeln. Nur eine jeglichem Rassendünkel, ethnisch motiviertem Vorurteil, autoritärer Obödienzgesinnung und gesellschaftlicher (auch wirtschaftlicher) Ausgrenzung, Verfolgung und Ausbeutung rigoros entgegentretende, mithin um wirkliche Demokratie, soziale Gerechtigkeit, kulturellen Pluralismus und vor allem um menschliche Freiheit bemühte, politische Praxis wäre im Stande, die gesellschaftlich bedingte, historisch entstandene und kulturell legitimierte Existenz von Opfern als solchen tendenziell aufzuheben, somit aber auch der historischen Opfer im Stande ihres Opfer-Seins wahrhaft zu gedenken.

Zu bedenken gilt es gleichwohl immer wieder, dass sich die Gedenkpraxis allzu leicht in eine verdinglichte Handlungsroutine und ein fetischisiertes Lippenbekenntnis umschlagen, die Praxis mithin zur manifesten Ideologie gerinnen kann. Das Gebetsmühlenartige zeremoniellen Gedenkens, welches Martin

Walser aus prekärster Motivation angriff, droht in der Tat das »rettende« Moment des Gedenkens zu entsorgen, solange es das schlecht Bestehende mit der Patina moralisierender Wohlanständigkeit affirmativ überzieht. Das gilt für die Selbstviktimisierungsrhetorik der gewaltdurchwirkten israelischen politischen Kultur in nicht minderem Maße als für die larmoyanten Normalisierungsdiskurse der nunmehr historisch zu sich gekommenen Bundesrepublik, mag aber auch an der Ideologie des abstrakt proklamierten, zugleich aber interessengeleitet massiv vollzogenen Kampfes der USA gegen die selbst konstruierte »Achse des Bösen« deutlich abgelesen werden. Die Auschwitz-Matrix hat zurecht eine perennierende Idiosynkrasie in die Welt gesetzt – der Rückfall in die Barbarei *droht* nunmehr nicht nur, sondern hat in der Tat »nach weltgeschichtlichem Maßstab«[8] stattgefunden; das lässt sich bei aller Verdrängung aus keinem politisch adäquaten Bewusstsein mehr auslöschen. Zu fragen gilt es freilich, wie das in emanzipativer Absicht erhaltene Gedenken aus den Fängen der es zurichtenden Ideologisierungstendenz zu befreien wäre. Letztendlich nur durch die Einrichtung befreiter gesellschaftlicher Praxis, aber vorerst durch die kritische Reflexion dessen, was das an Auschwitz für immer zu Gedenkende zur Ideologie des »Holocaust« hat verkommen lassen.

Wäre somit das Problem der Instrumentalisierung zu Ende erörtert, gar aus der Welt geschaffen? Mitnichten. Denn es stellt sich heraus, dass auch die sich emanzipativ dünkende Politpraxis oft (und erstaunlich leicht) in den Modus heteronomer Instrumentalisierung emanzipativer Ziele und Inhalte zurückfällt. Man kann, wie sich zunehmend erweist, den Begriff des »Opfers« selbst solcherart vereinnahmen und fremdbestimmten Zwecken unterwerfen, dass der vermeintliche Kampf gegen Menschen und Konstellationen, die das Opfer zu einem solchen haben werden lassen, ins Gegenteil seines Selbstverständnisses umschlägt. In Israel und Deutschland ist dies besonders deutlich zu beobachten.

In Israel fällt auf, mit welch ideologischer Verve sich eine Freund-Feind-Dichotomie breitgemacht und nachgerade staatsoffiziell etabliert hat. Man postuliert freudig den »Ausnahmezustand« und verschreibt sich der ideologischen »Ernüchterung« von vermeintlich naiven Friedensbestrebungen, der politischen Abkehr von vormaliger pazifierender Gesinnung, der Verfemung von »Verrätern«, die sich solcher Abkehr widersetzen, und dem Suhlen in chauvinistisch-patriotischem Schlamm. Den Wenigsten fällt dabei auf, dass in gewissen Zeiten, insbesondere solchen, in denen der »Ausnahmezustand« einer verbrecherischen Praxis des eigenen Kollektivs geschuldet ist, gerade der Widerstand gegen die eigenen »Freunde«, die Loslösung von »natürlichen« Bindungen und die bewusste Eigenwandlung zum »Feind« ideologischer Selbstviktimisierung würdig wären, als wahrhafter Patriotismus ausgelegt zu werden. Zentral wirkt sich dabei die instrumentelle Vereinnahmung der Opferkategorie aus: Man basiert die Selbstviktimisierung auf der paranoiden Grundannahme, dass »alle Welt gegen uns« sei, auf dem religiös begründeten Fundamentalglauben, dass »wir allein in der Welt« seien, mithin uns »in alle Ewigkeit auf Waffengewalt« werden stützen müssen – ohne aber Rechenschaft darüber ablegen zu wollen, welchen gravierenden Anteil man an der Genese der beklagten »Einsamkeit« selbst hat beziehungsweise wie blind man mittlerweile gegenüber dem unabweisbaren Kausalnexus zwischen der israelischen Gewaltanwendung gegen die Palästinenser und der weltweiten Verurteilung Israels angesichts dieser verbrecherischen Okkupationspraxis geworden ist. Sich selbst als Opfer zu wähnen, während man sich historisch zum Täter gewandelt hat, ist letztlich nichts weiter als moralischer Verrat an den historischen Opfern des eigenen Kollektivs, deren (beziehungsweise deren »Andenken«) man sich perverserweise bedient, um die eigene, gewaltdurchwirkte, immer neue Opfer erzeugende Politik zu rechtfertigen. Denn genau das bedeutet ja, der Opfer im Stande ihres Opferseins nicht gedenken zu wollen. Wer sich selbst bewusst einmauert, darf sich nicht wundern, dass es ihm im eigenen Gemäuer einsam werden mag, unter Umständen sogar lebensbedrohlich einsam; wenn er aber diese Einsamkeit zur Ideologie erhebt, mithin das eigene falsche Bewusstsein mit der Erinnerung an die Verfolgungsgeschichte des eigenen Kollektivs verfestigend begründet, dann instrumentalisiert er nicht nur das Andenken der Opfer nämlicher Verfolgungsgeschichte, sondern pervertiert es aus letztlich narzisstischen Beweggründen und Bedürfnissen.

Komplementär zu dieser Entwicklung in Israel hat sich in Deutschland eine gewisse (nicht zuletzt staatsoffizielle) Israel-Solidarität herangebildet, die sich aus einer abstrakt ideologisierten »Empathie« mit »den Juden« speist, welche sich ihrerseits als historische Schuldabtragung dem »jüdischen Volk« gegenüber begreift und darstellt. Das Instrumentalisierende dieser »Solidarität« erweist sich nicht nur daran, dass man im Namen der historischen Opfer, die das eigene Täterkollektiv geschaffen hat, einem repressiv agierenden und sich gewalttätig ausrichtenden Israel die Konformität zugesteht, sondern vor allem daran, dass die Beweggründe solcher Konformität eher mit dem zu tun hat, was Walser im Jahre 1998 artikuliert hat als mit dem Andenken an die historischen Opfer als solche. Das mag sich widersinnig ausnehmen – hat doch Walser öffentlich (und mit suggestiver Emphase) proklamiert, wie sehr ihm die vorherrschende Andenkenspraxis zuwider ist, wohingegen die Israel-«Solidarisierer« genau das Gegenteil vertreten, nämlich die Permanenz des »Andenkens« mittels der unabdingbaren Solidarität mit Israel. Was aber beiden Seiten gemeinsam ist, darf nicht am Inhalt ihrer Proklamationen bemessen werden, sondern an dem sie (nolens volens gemeinsam) antreibenden Impuls: dem narzisstischen Umgang mit der Schuld, der spätestens dann zur Ideologie gerät, wo die eigene identitäre Befindlichkeit zum Masstab der Verhaltenspraxis »den Juden«, »dem Zionismus« und »Israel« gegenüber erhoben wird. Der Realitätsverlust dem realen Israel gegenüber ist angelegt in dem Drang, sich aus geschichtlichen Gründen mit »den Juden« solidarisieren zu wollen, welche aber als Abstraktum nichts mit realen Juden, geschweige denn mit den historischen Opfern der Naziverbrechen zu tun haben. Die Abkoppelung der »Juden« als Projektionsfläche von realen Juden sowie von den historischen Opfern der Nazi-Verfolgung ist, so gesehen, in der instrumentalisierenden Gedenkpraxis, die ihrerseits einer primär narzisstischen Befindlichkeitsregulierung entstammt, angelegt. Die neuralgische Reaktion vieler Platzhalter solcher »Israel«- und »Juden«-Solidarität auf die Aufforderung, sich real auf Juden und Israel einzulassen, bezeugt und reproduziert stets das mittlerweile zur kruden Ideologie verkommene Grundmuster besagten »Gedenkens«.

Die Kritik der Instrumentalisierung von historischer Vergangenheit zur Verfolgung fremdbestimmter Interessen in aktuellen Zusammenhängen und Bezügen sieht sich also zweierlei Problemen ausgesetzt: Zum einen muss sie davon ausgehen, dass eine wie immer geartete Vereinnahmung von Vergangenem durch dessen Rezeptionspraxis schon dadurch unumgänglich ist, dass man sich der Last späteren Wissens und der entsprechenden Aufladung des Vergangenen mit Inhalten des Gegenwartskontexts schlechterdings nicht entschlagen kann. Zu fragen bleibt dabei einzig, in welcher Absicht instrumentalisiert wird und, insofern man sich der Erinnerung als Andenken verschreibt, inwiefern im Andenkensprozess das Wesen des zu Erinnernden – bei aller heteronomen Vereinnahmung – erfasst und gewahrt wird. Zum anderen kommt man aber nicht um die Einsicht herum, dass selbst noch die wohlmeinende, die Koordinaten des zu Erinnernden vermeintlich einhaltende Gedenkpraxis in die ideologische Falle einer sekundären Instrumentalisierung der Vergangenheit hineintappen mag. Nicht nur wirkt sich dabei eine interessengeleitete Emphase aus, die dem Fremdbestimmten in der Gegenwart das Primat über die Vergangenheit verschafft, sondern die damit einhergehende ideologische Verblendung trägt ein Eigenes dazu bei, das Wesen des zu Erinnernden vor dem Bewusstsein der Gegenwart immer hermetischer abzuriegeln. Dem ist einzig durch die fortwährende kritische Reflexion der Andenkenspraxis und der ihr zugrunde liegenden Gedenkmatrix beizukommen. Eine zutiefst sisyphische Unternehmung, die der Vermutung recht zu geben scheint, dass die authentische Erinnerung vergangenen Leids sich letztlich nur in einer Gesellschaft einzustellen vermag, die die Bekämpfung dessen, was das Leid gesellschaftlich generiert, zu ihrer eigentlichen Raison d'Être hat werden lassen und zur moralischen Maxime erhoben hat. Eine Gesellschaft wäre dies mithin, in der die heteronome Instrumentalisierung der Vergangenheit sich erübrigt haben wird.

Israel

Wie soll man im Jahre 2018 über Israel schreiben? Keine leicht zu beantwortende Frage. Das »Sollen« scheint zunehmend eine Frage des Standpunkts zu sein. Und der Standpunkt ist schon längst nicht mehr die legitime Positionierung im Rahmen eines heterogenen Diskurses. Gewisse Standpunkte werden nur noch grob überrannt, niedergeschmäht und mit perfiden Mitteln dermaßen schmählich delegitimiert, dass man von einem wahren medialen Terror reden darf, von ideologisch zubereiteten Ausschlussmechanismen, die inzwischen bei der leisesten Regung von etwas nicht Akzeptiertem so ins Werk gesetzt werden, dass alle Maßstäbe einer rational geführten Debatte ins Wanken geraten und die kritische Debatte zur Kloakenrhetorik verkommt.

Die Rede ist hier von der Kritik an Israels Politik und deren Auswirkung auf die israelische Gesellschaft. Die Rede ist hier vom Zionismus als Staatsideologie Israels. Die Rede ist hier auch von Antisemitismus beziehungsweise der Verwendung der Kategorie des Antisemitismus und ihrer ideologisch prästabilisierten Instrumentalisierung im Rahmen des Diskurses um Israels Politik. Es ist in den letzten Jahren zum Konsens geronnen, Kritik an Israel als antizionistisch oder auch – rigoroser und unerbittlicher – gleich als antisemitisch zu apostrophieren. Man sprach früher in Deutschland von einem »Todschlagargument« und von der »Auschwitzkeule«. Das sind heute aber schon obsolete Begriffe, denn sie hatten, wie immer ideologisch bereits durchwirkt, das Argument noch zur Voraussetzung, mithin die Vorstellung von einer – sei's noch so lippenbekenntnishaft proklamierten – diskursiven Erörterung. Das Faktische wird aber heute nur noch in Abrede gestellt; das falsche Bewusstsein zur Wahrheit erhoben; der schiere Versuch, etwas von der Analyse des real Unabweisbaren zu retten, der ideologisch verformten »Meinung« überantwortet.

Wie also im Jahre 2018 über Israel schreiben, wenn davon ausgegangen werden muss, dass Wahrhaftigkeit und Integrität nur noch ein böses Gefauche und ingrimmige Aggression zu zeitigen vermögen? Wie dem, was es gegen diese unzulängliche Reaktion anzuführen gilt, das Wort reden, ohne selbst in die Falle unzulänglicher Polemik zu verfallen? Es scheint, dass nichts an der traditionellen Methode der Argumentation, der faktischen Erörterung und der Analyse vorbeiführt, wenn man dem Ernst dessen, worum es hier geht, Gerechtigkeit widerfahren lassen möchte. Dass man es dabei mit maßloser Perfidie und ideologischer Borniertheit zu tun hat, darf einen nicht davon abhalten, um der Wahrhaftigkeit dessen, was auf dem Spiel steht, mit historischen, soziologischen und psychologischen Instrumentarien zu operieren. Dass dies nur bedingt auf Gehör stoßen dürfte, ist Teil dessen, was es zu erörtern gilt – bedauerlich, aber um der Wahrheit willen hinnehmbar.

Wer sind die Adressaten dieser einleitenden Worte und des ihnen folgenden Kapitels? Im Prinzip sowohl die Protagonisten des israelischen Diskurses als auch die des deutschen. Da es hier aber zunächst um Israel geht, mögen die israelischen Adressaten mit der Erörterung dessen bedient werden, was sie (vielleicht) schon wissen, aber konsequent zu verdrängen beziehungsweise in ein falsches Bewusstsein umzumodeln pflegen. Die deutschen Adressaten, die in den nachfolgenden Kapiteln direkt angesprochen werden, mögen sich hier über Grundlegendes informieren. Viele, allzu viele von ihnen haben es bitter nötig.

Ein einheitliches Narrativ gibt es für Israel nicht. Denn es kommt von vornherein nicht nur darauf an, wer der Sprecher des Narrativs ist (jüdischer Israeli, Palästinenser, orthodoxer Jude, säkularer Zionist oder nationalreligiöser Siedleranhänger, um nur einige der möglichen Kategorien aufzuzählen); es kommt auch darauf an, an welchem historischen Datum man das Narrativ ansetzt. Schon der geschichtliche Ausgangspunkt färbt die Struktur des Narrativs unweigerlich ein.

1897 – Der erste zionistische Kongress

Geht man von 1897 aus, dem Jahr des ersten zionistischen Kongresses, so hebt dieses Narrativ mit der historischen Genese des Zionismus an. Im Zionismus manifestierte sich zweierlei: zum einen die nationale Befreiungsbewegung der Juden im Rahmen des infolge der Französischen Revolution sich in Europa heranbildenden politischen Paradigmas der nationalen Selbstbestimmung, wobei sich freilich der Zionismus im Vergleich zu anderen nationalen Bewegungen unter stark abweichenden strukturellen Bedingungen zu entfalten hatte. Zum anderen die rigorose Loslösung von den traditionell ausgerichteten, religiösen Lebenswelten, wie sie sich über Jahrhunderte in zahlreichen Ländern als (ghetto- beziehungsweise schtetlmäßig) geschlossene Gemeinschaften generiert hatten. Sie kennzeichneten sich durch das religiös bestimmte diasporische Bewusstsein, das sie zwar in der messianisch beseelten Hoffnung trug, dereinst in das Land der Urväter zurückzukehren, aber im schroffen Gegensatz zu dem stand, was der Zionismus als säkularisierte, aktiv gewordene politische Bewegung vertrat.

Von Bedeutung war dabei, dass der Zionismus als eine reaktive Bewegung in die Welt kam. Er verstand sich ideologisch zum einen als Reaktion auf das »degenerierte Dasein« der Juden in ihren jeweiligen Wirtsgesellschaften, ein Dasein, das (gemäß zionistischer Vorhaltungen) von Wehrlosigkeit gegenüber Gewaltausbrüchen ihrer Umwelt, gebückter Haltung gegenüber Verfolgung und Diskriminierung und zumeist unproduktiver Arbeit in der Zirkulationssphäre geprägt war. Verdichtet hat sich diese Sicht jüdischen Lebens »im Exil« im zionistischen Ideologem der »Negation der Diaspora«. Zum anderen reagierte der Zionismus direkt auf den in der zweiten Hälfte des 19. Jahrhunderts sich zunehmend herausbildenden und verfestigenden modernen Antisemitismus. Dieser unterschied sich vom traditionellen Judenhass primär darin, dass er nicht mehr religiös gespeist war – geboren in der säkularisierten bürgerlichen Gesellschaft, richtete sich das antijudaistische Ressentiment nunmehr vorwiegend gegen die Juden als soziale und ökonomische Kategorie. Ihm kam dabei entgegen, dass die Juden selbst einen – wie immer problembeladenen – Eingang in die bürgerliche Gesellschaft erfuhren. Mit der die westliche Moderne mitgenerierenden europäischen Aufklärung korrespondierte die jüdische Haskala sowie die Reformbewegung der jüdischen Religion, welche diese dem modernen Leben anzupassen trachtete.

Der Reaktion auf den Antisemitismus kam eine vielschichtige Funktion zu. Denn insofern das antisemitische Ressentiment auf dem (historisch entstandenen und entsprechend erklärbaren) »Fremden« an den Juden basierte, konfrontierte es die Juden mit dem ihnen vorgehaltenen »Problem«, auf welches sie – ob sie es nun wollten oder nicht – einzugehen hatten. Es waren nicht die Juden, die sich selbst als »Problem« empfanden, aber indem die Gesellschaft, in welche sie Eingang suchten, ihnen das »Problem« entgegenhielt, zwang sie sie, das »Problem« zu verinnerlichen und ihm »Lösungen« anzubieten. Man verfolgte dabei dreierlei Strategien, die sich allesamt auf den objektiven Zustand der Juden im Angesicht des sich verbreitenden Antisemitismus mehr oder minder bezogen. Man meinte zum einen, das »Problem« durch eine selbst auferlegte Assimilation, also Anpassung an die Wirtsgesellschaft, entkernen und neutralisieren zu können. Dem kam subjektiv entgegen, dass das säkularisierte Judentum ohnehin bestrebt war, den Habitus der Orthodoxie und die diesem eignenden, äußeren Kennzeichen abzulegen, um sich im Sinne des »deutschen Bürgers mosaischen Glaubens« zu normalisieren, mithin unliebsame Auffälligkeiten loszuwerden. Emanzipation bedeutete in diesem Zusammenhang nichts anderes als das Ablegen der historisch entstandenen Abweichungen von der Norm. Zum Zweiten bot sich der im 19. Jahrhundert an gesellschaftlichem Einfluss gewinnende Sozialismus für die jüdische Emanzipation an, allerdings nicht als Sonderlösung der »jüdischen Frage«, sondern als Emanzipation der Juden im Rahmen der allgemeinen Befreiung des Menschen, wie ihn der Sozialismus universell anstrebte. Dieser Ansatz forderte zwar eine gewisse »Selbstaufgabe« des Juden im Sinne des Ablegens dessen, was er gewohnt war, als seine besonderen Kennzeichen anzusehen – etwa die Zugehörigkeit zur Religionsgemeinschaft oder die geschichtlich geprägte, gesonderte Loyalität zum eigenen »Volk«. Dafür wurde er aber »entschädigt«, indem er sich einem Kampf anschloss, der darauf abzielte, die Gesellschaftsordnung, die ihn weltgeschichtlich zum prononcierten Objekt gesteigerter Verfolgung und Unterdrückung hat werden lassen, zu überwinden. Zum Dritten wuchs ebendie vom politischen Zionismus ins Leben gerufene historische Lösung der Gründung einer eigenen nationalen Heimstätte für das jüdische Volk heran. Aber die schiere Idee, den Judenstaat zu gründen, war zum Zeitpunkt ihrer gewachsenen Institutionalisierung – eben im Ersten Zionistischen Kongress von 1897 – mit historischen Widrigkeiten behaftet. Denn der Staat der Juden wurde in der Tat im Überbau einer nicht existierenden Basis gegründet. Damit die Basis bestehe, war es notwendig, ihr Territorium zu bestimmen. Das musste aber erst noch erobert werden. Für diese Eroberung aber war eine besiedelnde Bevölkerung nötig; es bedurfte der Ankunft eines kolonisierenden Volkes. Erst dann konnte der Staat als formaler Rahmen jener kolonisierenden Bewegung gegründet werden. Und erst nach der Gründung des Staates wurde die kritische Masse der nötigen Bürgerbevölkerung importiert. Der Staat der Juden, ausgesprochene Spätfolge der europäischen Nationalstaatsideologie, ist der einzige Staat der Welt, der ideell bestimmt wurde, bevor es die materielle Basis für die Verwirklichung seiner Idee gab; der territorial bestimmt wurde, ehe es das Kollektiv für die Besiedlung dieses Territoriums gab; der gegründet wurde, ehe die notwendige Bürgermasse für seine Existenz bestand. Ein basisloser Überbau also? Ein Überbau ohne gesellschaftliche Praxis? Nein. Denn das Bewusstsein der »Notwendigkeit« der Gründung eines Judenstaates ist durch das soziale Sein der (europäischen) »Diaspora« bestimmt worden. Das ist der historische Grund für die zentrale Rolle, die das Postulat der »Diaspora-Negation« in der zionistischen Ideologie spielte. Lange bevor der Zionismus wusste, was es mit dem »Neuen Juden«, den er postulierte, auf sich hatte, wusste er, was er nicht sein sollte: Er sollte das negative Abziehbild des »diasporischen Juden« bilden. Noch vor der Staatsgründung ereignete sich die Shoah. Die Eliminierung der realen Praxis dessen, was die »Diaspora-Negation« aufzuheben gedachte, ist primär nicht durch die Ideologie der »Diaspora-Negation« bewerkstelligt worden, sondern durch die Verwirklichung der rassistischen Vernichtungsideologie der Nazis. Was wäre der Judenstaat ohne den Antisemitismus des 19. Jahrhunderts? Was wäre er ohne Auschwitz? Und erwies er sich dann als prinzipielle Antwort auf diese, als Lösung des »jüdischen Problems« von ehedem?

1945 – Nach der Shoah

Bevor diese schwerwiegende Frage angegangen werden kann, seien hier drei weitere Narrative diesem ersten, sich auf 1897 als Ausgangspunkt beziehenden angefügt. Geht man nämlich von 1945 aus, intensiviert sich das ursprüngliche zionistische Narrativ durch die Monstrosität dessen, was mit 1945 sein Ende gefunden hat: die Shoah.

Wohl nie zuvor hat sich der konstitutive Charakter eines Geschichtsereignisses für die Gründung und Fortentwicklung eines Staates als so wirkmächtig erwiesen wie die Shoah für die Errichtung des Staates Israel und der nachfolgenden Herausbildung seines gesellschaftlichen und kulturellen Lebens sowie seiner politischen Kultur. Die Dinge liegen offenbar klar auf der Hand. Denn wenn sich die Staatsgründung Israels als die Errichtung einer nationalen Heimstätte für das exilierte jüdische Volk versteht, die Shoah aber als die aus der diasporischen Heimatlosigkeit geborene Verfolgung und Vernichtung des jüdischen Volkes begriffen wird, so stellt sich der Kausalnexus von Israel und der Shoah gleichsam von selbst her. Es ist kaum anzunehmen, dass sich ein aufgeklärter Mensch heute mit Vorbedacht einfallen ließe, den vom Zionismus so apostrophierten »Judenstaat« völlig getrennt vom modernen Geschichtsereignis des jüdischen Volkes par excellence zu denken. »Israel« und »die Shoah« haben sich im Bewusstsein der Menschen nach 1945 als so zusammengehörend eingebrannt, dass es nahezu als Sakrileg erscheinen mag, wenn schon nicht die Shoah getrennt von Israel, so gewiss Israel getrennt von der Shoah zu betrachten.

Dabei liegen die Dinge, genau besehen, ganz und gar nicht so klar auf der Hand. Denn nicht nur hatte sich der monströse Völkermord ereignet, bevor es den israelischen Staat überhaupt gegeben hat; nicht nur fand er in einer vom heutigen Israel fernen Region statt und widerfuhr Menschen, die weder israelische Staatsbürger sein konnten noch unbedingt eine Affinität zum künftig zu errichtenden Judenstaat aufwiesen; bis zum heutigen Tag lebt ein Großteil des jüdischen Volkes außerhalb der Grenzen des Staates Israel, und viele der Shoah-Überlebenden kamen nach Gründung des Staates nicht nach Israel, sahen mithin im Staat der Juden nicht unbedingt den Ort, in dem sie sich bei ihrem Neuanfang nach der Katastrophe einrichten, ihre Lebenswelt etablieren wollten. Schon daran erweist sich, dass die Verbindung von Israel und der Shoah eine eher ideelle ist und bereits von Anbeginn an sehr stark von einer ideologischen Dimension heteronomer Vereinnahmung durchwirkt war. Denn wenn die vermeintliche Selbstverständlichkeit des Nexus von Israel und der Shoah darauf beruht, dass die Errichtung des Staates Israel gleichsam die »Antwort« des jüdischen Volkes auf die ihm widerfahrene Katastrophe darstellt, dann setzt eine so gedachte Kausalverbindung das Hauptgewicht auf die Staatsgründung, womit die Geschichtskatastrophe der Shoah zum Epiphänomen eines ihr Nachfolgenden, quasi zum Argument gerät. Nimmt man aber die Unsäglichkeit der Shoah ernst, begreift man sie als eine Zäsur in der Menschheitsgeschichte, als einen »Zivilisationsbruch«, dann verbietet sich die sinnstiftende Dimension der israelischen Staatsgründung; sie kann nichts zur Deutung der Shoah beitragen. Der Versuch, die Shoah zu begreifen, gar zu erklären, unterwirft sich somit unweigerlich ihrem *sui generis*. Dieses Postulat ruht in sich selbst, wahrt indes seine genuine Bedeutung auch bei der Aushebung müßiger historiografischer Grabenkämpfe. Nichts ist ärgerlicher als die in Israel besonders in den Achtzigerjahren aufgeloderten Debatten über die Anstrengungen, die das jüdische Kollektiv im Palästina der prästaatlichen Ära, im »Jischuw«, bei der Rettung von Juden während der Shoah unternommen beziehungsweise eben nicht unternommen habe. Denn unabhängig davon, was die offizielle »Jischuw«-Leitung diesbezüglich anstrengen wollte, nimmt sich die Debatte darüber, gemessen daran, dass die Shoah nun mal die Dimensionen angenommen hat, die sie zur Menschheitskatastrophe haben werden lassen, und der »Jischuw« eben verschwindend wenig zur Judenrettung beigetragen hat beziehungsweise überhaupt hätte beitragen können, als penetrant ideologisch aus, ja entbehrt nicht einer gewissen kollektiv-narzisstischen Selbstgefälligkeit, die gerade angesichts der schieren Unfassbarkeit der real geschehenen Vernichtungskatastrophe wie blanker Hohn erscheinen muss.

Ein solcher Grundzug zweckhafter Kontextualisierung der Shoah inhärierte freilich dem Umgang der staatstragenden Ideologie Israels, des Zionismus, mit der Shoah bereits seit Bestehen des Staates, und zwar strukturell. Der Zionismus musste ja die jüdische Katastrophe in sein Narrativ integrieren, ja er war auf ihre schlüssige Integration gewissermaßen angewiesen. Denn insofern er, wie jede moderne nationale Befreiungsbewegung, die Ideologie des Nationalstaates mit dem Pathos nationaler Emanzipation begründen wollte, war dies in seinem Fall eng an die pejorative Apostrophierung des jüdischen Exillebens als ein geschichtlich zu Überwindendes gekoppelt, eben an das Postulat der Diaspora-Negation. Die Insistenz darauf war in der zionistischen Ideologie umso unabdingbarer, als – wie bereits dargelegt – nicht nur die Idee des jüdischen Nationalstaates in die Welt kam, ehe das Territorium für seine Errichtung zur Verfügung der Ideenträger stand, sondern das jüdische Kollektiv selbst, welches dieses Territorium hätte bevölkern sollen, bestand noch nicht als solches, sondern existierte lediglich als ein in aller Herren Länder verstreutes Volk, dessen moderne nationale Konsolidierung erst noch politisch angekurbelt werden musste. Und da die abstrakte Idee des erst noch zu errichtenden Staates bei den meisten Juden zu Beginn des 20. Jahrhunderts zunächst keine allzu große Attraktion auslöste, die Ideologie des politischen Zionismus mithin eine eher untergeordnete Rolle in den Lebenswelten nahezu aller jüdischen Gemeinschaften der Welt spielte, wurde die vorerst abstrakt anvisierte Staatsgründung als Notwendigkeit ex negativo begründet, eben als Antwort auf das für unerträglich befundene, reale Leben des diasporischen Juden. Vieles kam bei dieser Ideologiebildung zusammen: die Geschichte jüdischen Leidens und jahrhundertealter Verfolgung und Ausgrenzung, der sich im letzten Drittel des 19. Jahrhunderts gerade in Ländern europäischer Aufklärung und moderner Emanzipationsideologie merklich herausbildende Antisemitismus, zugleich aber auch ein gerade der westlichen Aufklärung und den sich emanzipatorisch verstehenden nationalen Befreiungsbewegungen geschuldetes Kollektivpathos der nationalen Selbstbestimmung, die mit der Idee der Geburt des Neuen Juden einherging. Die Vorstellung davon, was dieser Neue Jude zu sein hätte, war freilich zunächst unbestimmt im Vergleich zu jener, was er nicht mehr sein sollte – nämlich der diasporische Jude. Nicht von ungefähr bediente sich die zionistisch ideologisierte Konstruktion des »diasporischen Juden« oft einer Bild- und Begriffswelt, die dem Repertoire der klassischen antisemitischen Vorstellungswelt entnommen zu sein schien: Beide waren darauf bedacht, den diasporischen Juden transformierend aufzuheben – der Antisemitismus in seiner »gemäßigten« Form kraft der liberalen Forderung, der Jude solle sich seines »Jude«-Seins entschlagen, in seiner eliminatorischen Ausbildung mittels einer bis zum Genozid reichenden physischen Vernichtungspraxis; der Zionismus in den meisten seiner politischen Formen und Varianten durch sein Zentralpostulat der Eliminierung allen diasporischen Daseins, was nicht zuletzt auch die Selbstaufgabe real existierender Lebenswelten und traditioneller Kulturpraktiken, welche die nationale, im Nationalen aber eben auch die individuelle »Selbstemanzipation« einläuten sollten, meinte. Das will wohlverstanden sein: Dass der Antisemitismus den Juden schlechthin loswerden wollte, der Zionismus hingegen »nur« den diasporischen Juden; dass der Antisemitismus einer repressiven Ideologie das Wort redete, der Zionismus sich demgegenüber als emanzipativ verstand, ändert nichts an der Tatsache, dass sowohl die antisemitische als auch die zionistische Juden-Ideologie sich eines »Juden«-Bildes bedienten, die das Abschätzige und Verhasste in den Vordergrund stellte und das »Neue« (ob als »judenreines« Deutschland oder als ein Israel des »Neuen Juden«) in erster Linie ex negativo zu begründen trachteten. Es wäre in diesem Zusammenhang wert, darüber nachzudenken, was es bis zum heutigen Tag mit dem virulenten Hass vieler säkularer Juden in Israel auf Orthodoxe und Ultraorthodoxe (besonders, wenn sie sich dezidiert antizionistisch geben) auf sich habe. Jargon und rhetorischer Duktus, die in diesem Zusammenhang in Israel oft verwendet werden, würden, in einen nichtjüdischen Kontext gesetzt, zweifellos als antisemitisch gewertet worden.

War nun aber der Zionismus in seiner Beziehung zum diasporischen jüdischen Leben ideologisch aufs Pejorative eingeschworen, so reihte sich die Shoah in den Logos seines (trans-)historischen Narrativs und politischen Selbstverständnisses nahtlos ein. Denn das Ideologische des Pejorativen lag ja in seiner funktionalen Verwertbarkeit für die nationale Selbstvergewisserung: Bedurfte es nämlich noch eines endgültigen historischen Beweises für die Aussichtslosigkeit jüdischer gesellschaftlicher und politischer Emanzipation außerhalb des Zionismus beziehungsweise des zionistischen Staates, so war dieser Beweis mit der Shoah gleichsam ultimativ erbracht worden. Mehr noch: Das, was der klassische politische Zionismus noch als ein unwürdiges Dasein ansah, erwies sich nunmehr als eine alle Vorstellungen herkömmlicher Katastrophenbeschwörung bei Weitem übersteigende Existenzbedrohung eines gesamten Volkes. Die historische Notwendigkeit des zionistischen Staates, mithin die vermeintliche Unabdingbarkeit des Zionismus für das Fortbestehen des jüdischen Volkes, war mit Auschwitz zur ideologisch eingebetteten, zweckrationalen Gewissheit avanciert. Wenn sich nun aber die Raison d'Être des Staates von der Monstrosität des Völkermords herleitete, musste die Shoah eine wesentliche Funktion bei der ideologischen Konsolidierung des sich unter äußerst schwierigen historischen, politischen und militärischen Bedingungen herausbildenden Selbstverständnisses der neu erschaffenen israelischen Kollektivität erfüllen. Die Shoah hatte Israel objektiv notwendig gemacht; sie musste nun für die ideologische Perpetuierung der Notwendigkeit herhalten.

Die Doppelbödigkeit besagter Funktion erwies sich in erster Linie am Verhältnis der sich nach der Staatsgründung in Israel herauskristallisierenden jüdischen Gesellschaft zu den jüngst ins Land eingewanderten Shoah-Überlebenden. Was immer man im Nachhinein für Gründe dafür anführen mag, dass die Shoah im Israel der Fünfzigerjahre öffentlich weitgehend beschwiegen wurde, insofern sie nicht staatliche oder kollektive Belange der Shoah-Auswirkung (wie etwa die heftigen Debatten um die Wiedergutmachungsabkommen von 1952[1] oder den Skandal um den Kasztner-Prozeß[2]) tangierte, gewiss ist, dass die Überlebenden dabei eine prekäre Rolle spielten. Denn zwar war die Shoah im Israel jener frühen Jahre öffentlich präsent, institutionell gar durch die Festlegung eines Gedenktages und die Errichtung eines Museums staatlich »etabliert«, aber die Überlebenden der Katastrophe, die realen Individualsubjekte der historischen Leiderfahrung, zeichneten sich als solche, als Shoah-Überlebende, durch eine eigentümliche Abwesenheit aus, wenn sie nicht gerade im Kontext eines Shoah-bezogenen Ereignisses von staatlich-öffentlicher Tragweite auftraten. Gewiss mögen sich dabei psychische und sozialpsychologische Faktoren ausgewirkt haben – zu nah lag noch das Trauma der Geschichtskatastrophe, als dass eine ernste Auseinandersetzung mit ihr hätte stattfinden können, zumal sich viele Shoah-Überlebende selbst bewusster Verdrängung verschrieben hatten, nicht zuletzt, um sich den harschen Herausforderungen eines lebensgeschichtlichen Neubeginns im neuen Land zu stellen. Und doch bediente das öffentliche Beschweigen dessen, was sich in den Privatsphären der Überlebenden an nachwirkender Leiderfahrung zutrug, ein ideologisches Grundbedürfnis, das sich in jenen Jahren zum regelrechten Muster verfestigte: Erhärtete die Ankunft der Überlebenden im neuen Land zum einen das zionistische Selbstverständnis als Zufluchtsort und neue Heimat verfolgter Juden, so war zum anderen das, was sie als ultimative Verfolgte, Erniedrigte und Geschundene darstellten, genau das Gegenteil von dem, was die zionistische Ideologie mit der Gestalt des Neuen Juden heraufzubeschwören trachtete. Verkörperten also die Shoah-Überlebenden mit ihrem Lebensschicksal das zentrale zionistische Argument für die geforderte Diaspora-Negation, so brachten sie zugleich mit den sozialen und psychischen Auswirkungen dieses Lebensschicksals das verachtete Diasporische schlechthin ins neue Land ein, manifestierten gleichsam mit ihrer schieren Präsenz das, was im Selbstbild der »Alteingesessenen«, der in der »Jischuw«-Zeit ins prästaatliche Palästina eingewanderten oder in ihm geborenen Juden, als überwunden galt beziehungsweise als überwunden zu gelten hatte. Nichts bezeugt mehr die von dieser Diskrepanz herrührende Entfremdung den Überlebenden gegenüber als die berüchtigte Frage, die ihnen in jenen Jahren immer wieder gestellt wurde: Wie konntet ihr euch wie Vieh auf die Schlachtbank führen lassen? Nicht nur spiegelt sich in dieser Frage die erbärmliche Ignoranz, mit der eine ganze Generation geschlagen war, mithin das totale Unvermögen, auch nur im Ansatz zu begreifen, was sich in Auschwitz, Majdanek und Treblinka zugetragen hatte, sondern sie strotz auch vor selbstgefälliger Überheblichkeit und der narzisstischen Arroganz einer Generation von Nachgeborenen, die bereits deutlich unter dem ideologischen Bann des wehrhaften Neuen Juden standen. Die Begegnung zwischen den Shoah-Überlebenden und dem zionistischen Staat, in welchem sie ihr Leben neu einrichten wollten, erwies sich in den Anfangsjahren als tragisch – nicht zuletzt, weil die staatsoffizielle Ideologie die Überlebenden über die »Zionisierung« des Katastrophenereignisses, das sie zu Opfern hatte werden lassen, aus dem Gesichtsfeld des öffentlichen Diskurses verdrängte oder sogar zum ideologischen Argument verkommen ließ.

Dieses Grundmuster ideologisch vereinnahmender Instrumentalisierung der Shoah sedimentierte sich über die Jahre in unterschiedlichen Bereichen der israelischen politischen Kultur. Nicht nur bediente man sich dem Ausland gegenüber der Shoah als Argument für die (zumeist manipulative, allemal heteronome) Durchsetzung politischer, diplomatischer sowie militärischer und ökonomischer Ziele, sondern auch im innerisraelischen Diskurs musste sie als erbärmliche Pathosformel zur Förderung jedes nur erdenklichen Partikularinteresses herhalten. Nicht übertrieben ist die Behauptung, dass nirgends auf der Welt die Banalisierung der Shoah, mitunter ihre Trivialisierung durch inflationäre Verwendung in einer hanebüchenen Alltagsrhetorik so unverhohlen skrupellos betrieben wird wie in dem Land, das sich die Einzigartigkeit, mithin die Unvergleichbarkeit der Shoah auf seine staatsoffiziellen Gedenkfahnen geschrieben hat. Dabei halten sich linke und rechte Polemik die Waage (wiewohl sich die ideologische Instrumentalisierungstendenz dem

Wesen nach in die rechten und rechtsradikalen Diskurse glatter einfügt): Abba Ebans Apostrophierung der formalen israelischen Staatsgrenzen bis zum Krieg von 1967 als »Auschwitz-Grenzen«[3] stand Menachem Begins Vergleich des während des Libanonkriegs von 1982 im Beiruter Bunker eingekreisten Jassir Arafat mit dem am Ende des Zweiten Weltkriegs im Führerbunker eingekesselten Adolf Hitler[4] in nichts nach. Selbst der Eichmann-Prozess, der nach der ersten Beschweigungsphase zweifelsohne zentral war für die Setzung der Shoah auf die nationale Tagesordnung, mithin den Überlebenden auf dem Zeugenstand den Einzug in das allgemeine öffentliche Bewusstsein Israels und »der Welt« ermöglichte, war vom damaligen Ministerpräsidenten David Ben-Gurion als nationaler Staatsakt konzipiert, der neben der Verfolgung national-pädagogischer Absichten, welche mutatis mutandis auf die Zionisierung der Shoah hinausliefen, auch den Monopolanspruch Israels auf das institutionalisierte jüdische nationale Shoah-Gedenken zementieren sollte.

Gleichwohl gilt es hier eine wichtige Unterscheidung zu treffen: Die Shoah-Rezeption in den partikularen Lebenswelten und Privatsphären deckte sich nicht (oder zumindest nicht zwangsläufig) mit der Homogenisierungstendenz der staatsoffiziell betriebenen Ideologisierung der Shoah. Das bedeutet nicht, dass die zionistische Shoah-Ideologie keinen Eingang in die individuellen Privatsphären gefunden hätte; im Gegenteil kann davon ausgegangen werden, dass eine Menge von der durch diese nationale Ideologie geprägten Shoah-Rhetorik sich im Bewusstsein vieler israelischer Bürgerinnen und Bürger sedimentiert hat, wenn damit die konventionelle, gesellschaftlich normierte und sanktionierte Kommunikationsebene gemeint ist. Und doch entzog sich die Auseinandersetzung mit der familiengeschichtlichen Leiderfahrung allzu integrativer, kollektivistisch entindividualisierender Shoah-Ideologie – bei allem Bedürfnis, sich in die institutionalisierten Formen des nationalen Gedenkens der Geschichtskatastrophe einzureihen, boten diese Formen nie die

Möglichkeit adäquater Verarbeitung familieninterner Trauer und lebensweltlich spezifischer Gedenkbedürfnisse.

Aber nicht nur im Verhältnis zur kollektiven, eine gleichschaltende Kittfunktion erfüllenden zionistischen Shoah-Ideologie weisen Lebenswelt und Privatsphäre eine Differenz des Shoah-Verständnisses und der Shoah-Rezeption auf, sondern auch unter sich. Dem war zwar objektiv schon seit vielen Jahrzehnten so, aber erst in den letzten zwanzig Jahren wird diesem Umstand allmählich öffentlich Rechnung getragen, die Heterogenität des Gedenkens mithin gesellschaftlich legitimiert. Nicht, dass säkulare Juden in Israel heute bereit wären, die von der jüdischen Orthodoxie proklamierte theologische Auslegung der Shoah, welche dem Logos des zionistischen Narrativs diametral entgegensteht, anzunehmen; aber die Bekundung solchen Verständnisses wird nicht mehr automatisch abgewürgt. Es geht auch nicht darum, dass man sich über die Partialdeutungen und -befindlichkeiten einig würde, sondern lediglich um das legitimierte Nebeneinander von Inkompatiblem. Denn darüber, dass in der zutiefst zerrissenen israelischen Gesellschaft viel miteinander Unvereinbares notgedrungen koexistiert, sind sich inzwischen die meisten im Klaren, ohne sich der Illusion einer allzu leicht vollziehbaren Synthetisierung der Differenzen hinzugeben. Es ist eben bei aller propagierter nationaler Gemeinschaftsideologie halt doch nicht anzunehmen, dass lebensgeschichtliche Auswirkungen der Shoah bei aschkenasischen Juden denen von Juden orientalischer Provenienz glichen; der Stellenwert der Shoah-Erinnerung bei Hunderttausenden in den Neunzigerjahren aus der ehemaligen Sowjetunion eingewanderten Menschen, die eine ganz bestimmte politische Sozialisation erfahren haben, muss sich von dem der allermeisten alteingesessenen Juden in Israel unterscheiden; der Bezug israelischer Araber zur Katastrophengeschichte der Juden ist zwangsläufig ein anderer. Zu überlegen wäre, wie es dazu kam, dass diese Partikulardiskurse in ihrer teilweise agonalen Heterogenität nunmehr an die gesellschaftliche Oberfläche gelangen »dürfen«. Nicht auszuschließen, dass die Kittfunktion der zionistischen Ideologie, die in den ersten Jahrzehnten nach der Staatsgründung Israels eine erhebliche Rolle bei der gleichsam »von oben« aufoktroyierten sozial-kulturellen Konsolidierung der heterogenen israelischen Einwanderungsgesellschaft spielte, sich nach und nach auflöst. Zwar wirkt sie sich noch immer effektiv aus, wenn es um von außen kommende »Anfeindungen« und »Bedrohungen« geht. Und doch mochte es zwischenzeitlich scheinen, dass sie sich abschwächt – so etwa in den Neunzigerjahren während des Oslo-Friedensprozesses, als man sich anschickte, das sogenannte »Sicherheitsproblem« zu beheben, was das Zutagetreten der inneren israelischen Konfliktachsen und Partikulardiskurse ermöglichte, die durch das Primat der äußeren Bedrohung stets ins gesellschaftliche Subkutane und in die politische Latenz verwiesen worden waren. Zudem wurde durch die somit entstandene neue Legitimation der Hinterfragung von bis dato Tabuisiertem die Besinnung aufs eigene Partikulare gleichsam als eine Art Tugend des Authentischen aufgeladen: Orientalische Juden begannen die Hegemonie der »aschkenasischen Kultur« infrage zu stellen; orthodoxe Juden wagten sich immer mehr vor, forderten mithin – so etwa die »Schas«-Partei[5] – einen erheblich gewichtigeren Anteil an Macht und Einfluss in der politischen Sphäre; viele Einwanderer aus der ehemaligen Sowjetunion sahen sich erst gar nicht dazu genötigt, die Anstrengung kultureller Integration im neuen Land auf sich zu nehmen, sondern zogen es vor, einer Art selbst gewählten »Ghetto«-Daseins zu frönen. Gleichwohl ist dieser Prozess einer zunehmenden Auflösung der ursprünglichen Kittfunktion in den letzten Jahren infolge der von Netanjahus Regierung bewusst betriebenen Stagnation der Friedenspolitik und der neuerlichen Heraufbeschwörung der Bedrohung durch den »palästinensischen« Terror und der Nuklearisierung des Irans wieder eingedämmt worden. Was das für das israelische Shoah-Gedenken mittelfristig bedeuten mag, lässt sich zurzeit noch nicht absehen. Klar dürfte nur sein, dass die immanenten Spannungen zwischen der nationalstaatlich gespeisten, kollektiven Shoah-Ideologie und den fragmentierten Partialformen der Erinnerung und des Gedenkens unaufhaltsam zunehmen werden.

1948 – Die Staatsgründung

Geht man von 1948 aus, dem Jahr der israelischen Staatsgründung, so ist in ihm ein zweischichtiges Narrativ sedimentiert. Zum einen handelt es sich um das Datum der Verwirklichung der zionistischen Ideologie, eben der Gründung einer »Heimstätte für das jüdische Volk«; zum anderen ist es das Jahr der mit dieser Staatsgründung einhergehenden nationalen Katastrophe des palästinensischen Kollektivs, mithin der kopernikanischen Wende des Konflikts zwischen Juden und Palästinensern, also des Nahostkonflikts.

Es mögen hier zunächst einige immanente Widersprüche erörtert werden, in denen das zionistische Israel ideologisch von seinem Anbeginn an befangen war. Von Relevanz sind diese Faktoren, weil sie sich als historisch geronnene Strukturmomente bis zum heutigen Tag auf das israelische Kollektivleben, mithin auch auf die Perspektive einer finalen Lösung des israelisch-palästinensischen Konflikts auswirken. Die hier anvisierten Widersprüche tangieren vor allem das Selbstbild Israels als modernen demokratischen Staat, zugleich aber auch sein zionistisches Selbstverständnis als Staat der Juden.

Anders als in Ländern, in denen sich die Etablierung einer zivilen gesellschaftlichen Ordnung der (zuweilen erst in einem blutigen Bürgerkrieg manifest gewordenen) Austragung innerer Konflikte verdankte, fußte der innere Zusammenhalt der israelischen Gesellschaft seit jeher auf einer durch gewaltsame Auseinandersetzungen mit äußeren Feinden gespeisten, zudem über Jahrzehnte tabuisierten Entsorgung immanenter Widersprüche und der diesen innewohnenden Konfliktpotenzialen. Obgleich sich Israel dabei der Erhaltung einer im Vergleich mit anderen

Ländern der Region leidlich funktionierenden formalen Demokratie rühmen darf, zeichnet sich sein Selbstverständnis als »Staat der Juden« durch die Aporie zweier unvereinbarer Vektoren aus: des universal orientierten Anspruchs auf ein modern-säkulares Gemeinwesen und der auf archaisch-religiöse Momente des Partikularen zurückgreifenden Begründung des Zionismus. Die durch die Raison d Être des Staates vorgegebene Hegemonie der Juden verträgt sich schlechterdings nicht mit dem zivilen Anspruch eines »Staates all seiner Bürger«. Ohne es demnach juristisch offiziell verankern zu müssen, wird die große arabische Minorität in der Praxis und im Rahmen etablierter politischer Institutionen bis auf den heutigen Tag gleichsam strukturell als eine Kategorie von Bürgern zweiter Klasse behandelt. Dies erweist sich nicht nur an der normativ angezweifelten Legitimität arabischer Parlamentarier als Koalitionspartner etablierter zionistischer Parteien in entscheidenden Fragen, etwa der radikalen Forcierung des Friedensprozesses mit den Palästinensern, sondern vor allem auch an der Diskriminierung des arabischen Sektors beim Ausbau seiner Infrastruktur, der Verteilung staatlicher Wirtschaftsressourcen und der allgemeinen Besetzung von sozial, politisch, ökonomisch und kulturell bedeutsamen Machtposten und Kontrollpositionen.

Dieser Sachverhalt dürfte allerdings den allergrößten Teil der jüdischen Bevölkerung Israels weitgehend unberührt lassen, implizierte die besagte Aporie nicht ein anderes gravierendes, die israelischen Juden selbst betreffendes Problem, nämlich die immer noch ungelöste Frage der Trennung von Staat und Religion. Was bislang mit der nebulösen Formel des kurz vor Staatsgründung festgelegten »Status quo« sozusagen unter den tagespolitischen Teppich gekehrt wurde, erfordert eine mittlerweile kaum mehr zu umgehende, artikulierte Klärung. Denn wie sich spätestens bei der Ermordung des israelischen Premierministers Jitzchak Rabin am 4.11.1995 herausstellte, handelt es sich bei der Konfrontation von religiösen und nichtreligiösen Juden in Israel inzwischen längst nicht mehr nur um die monopolisierte

Administration des Personenstandes und anderer Problembereiche des zivilen Zusammenlebens, sondern – zumindest, was gewisse Strömungen im nationalreligiösen Lager anbelangt – um Legitimationsgrundlage und -modus des jüdischen Staates schlechthin. Was sich nämlich an den Postulaten der nicht- oder gar antizionistischen Ultraorthodoxen noch als messianisches Utopie-Denken ausnehmen mag, gewinnt bei den Nationalreligiösen, welche die Besetzung der im Krieg von 1967 eroberten Gebiete und den nachfolgend erhobenen Anspruch auf deren Annexion als Vorzeichen und Beginn der messianischen Erlösung des jüdischen Volkes auslegen, eine höchst aktuelle politische Brisanz.

Zum einen impliziert besagte Divergenz zwischen streng säkularer und theologisch unterfütterter Legitimation des Staates das unausgesprochene Kriterium für die noch ausstehende Erprobung der wirklichen – nicht nur lippenbekenntnishaft proklamierten – Friedensbereitschaft der israelischen Bevölkerung. Denn insofern davon auszugehen ist, dass die endgültige Beilegung des Konflikts mit den Palästinensern mit einer zwangsläufigen Räumung und Rückgabe weitläufiger Gebiete, die von extremistischen Nationalreligiösen als Teil des göttlich verheißenen Landes der Juden be- und ergriffen werden, einhergehen muss, kann nicht ausgeschlossen werden, dass es zur blutigen Auseinandersetzung zwischen radikalen, den Rückzug verweigernden Siedlern und den von Israel zur Räumung eingesetzten Militärkräften kommen könnte. Dabei ist ganz und gar nicht ausgemacht, wie ein Großteil der jüdischen Bevölkerung Israels auf ein solches Schauspiel der rigorosen (zudem noch staatlich sanktionierten) Gewaltanwendung von »Juden gegen Juden« reagieren würde. Kurze, relativ harmlos anmutende Stichproben aus der Vergangenheit, bei denen es nicht einmal zu nennenswerten Gewalttätigkeiten kam, verheißen in dieser Hinsicht nichts Gutes.

Darüber hinaus gibt aber die Diskrepanz zwischen der säkularen und religiösen Begründungsmatrix des jüdischen Gemeinwesens einen Begriff von dem der israelischen Gesellschaft auch in »Friedenszeiten« inhärierenden Spannungsfeld polarisierter existenzieller Anschauungen und Orientierungen. Dass dieses Spannungsfeld sich nicht leichtfertig mit dem Hinweis auf vergleichbare Formen eines wie auch immer verstandenen postmodernen Multikulturalismus abtun lässt, erklärt sich vor allem daraus, dass das sogenannte »Jüdische« an dem sich für jüdisch ausgebenden zionistischen Staat, insoweit es nicht religiös begründet wird, sich seinem Inhalt nach ziemlich nebulös ausnimmt. Es geht um mehr als bloß tradiertes, im Wesentlichen unreflektiertes Brauchtum, wenn sich eine Großzahl nichtgläubiger israelischer Juden als »traditionell« (das heißt bestimmte religiöse Riten, Bräuche und Vorschriften einhaltend) bezeichnet. Bei sehr vielen entstammt nämlich dieses Selbstverständnis einem stets unausgesprochenen, nur vorbewusst gegenwärtigen Gefühl der säkularen Minderwertigkeit gegenüber der »reichen«, »moralischen«, »geistig orientierten« Welt der Religiösen, deren ungebrochener Glaube nicht nur das jüdische Volk über Jahrtausende »zusammengehalten« hat, sondern ihnen bis zum heutigen Tage vermeintliche Standfestigkeit gegenüber Konfusion, Unmoral und Chaos der modernen Welt verleiht. Es handelt sich hierbei in der Tat um die eigentümliche Form eines antiaufklärerischen (oder zumindest aufklärungsmüden) Impulses jener, die der Aporie ihrer spezifischen Existenz mit großem Unbehagen und noch größerer Verdrängung begegnen, ein Impuls, der sich mit der unhinterfragten, dafür mit umso emphatischerer Bestimmtheit proklamierten Gewissheit, dass Israel unbedingt »jüdisch« – oder doch ein »Staat der Juden« – bleiben müsse, verschwistert weiß. Die von Ferdinand Tönnies seinerzeit erörterte Unwirtlichkeit des modern Gesellschaftlichen,[6] der stets ein (Rück-)Sehnen nach Gemeinschaft gepaart ist, manifestiert sich hier als eine diffuse, vom ehemaligen Diaspora-Bewusstsein noch immer berührten Gemeinschafts-Ideologie, die sich freilich nicht mehr nach einer »organischen« Lebensform ausrichtet, sondern vielmehr religiös-abstrakt (beziehungsweise im Sinne der vollends fetischisierten Orientierung am pseudo-religiös »Traditionellen«) konstituiert. Dass dabei stets eine uneingestandene Ausschließung des »Anderen« (vor allem dessen arabische Erscheinung) mitschwingt, gibt Aufschluss darüber, wie komplex es um die Prädispositionen für die Entfaltung einer künftigen zivilen Gesellschaft in Israel noch immer bestellt ist.

Ein zweiter Faktor, der im Hinblick auf gemeinschaftliche Solidarität und ziviles Selbstverständnis einige Fragezeichen aufwerfen mag, ist das in der jüdisch-israelischen Gesellschaft virulente Moment des Ethnischen. Eine gravierende Rolle spielt hierbei das zunehmende Verblassen der zionistischen »Schmelztiegel-Ideologie«. Verstand sich das vom Pathos des Pioniergeistes und der Negation diasporischer Leiderfahrung getragene Kollektiv der Juden in Israel anfangs noch als eine monolithische Solidargemeinschaft, deren Selbstbestimmung sich mit dem Oberbegriff »israelischer Jude« gleichsam deckte, so wurde im Laufe der Zeit der ideologisch perpetuierte Schein homogener Identität durch die immer stärker zum Vorschein kommenden sozialen Diskrepanzen seiner Verblendungsfunktion überführt. Nicht nur entstand eine durch die Strukturen der »Jischuw«-Vorgeschichte des Staates prädisponierte Klassenkluft im ökonomischen Aufbau der israelischen Gesellschaft, sondern es war auch unübersehbar, dass sich die unteren Schichten der Sozialhierarchie nahezu vollkommen aus orientalischen Juden zusammensetzten. Die dann seit Anfang der Neunzigerjahre durch den Staat forciert unterstützte Einwanderung großer Massen von russischen Juden konnte zwar als ein großer Erfolg zionistischer Politik und Ideologie verbucht und vermarktet werden, trug aber gleichwohl ein Übriges dazu bei, das Gefühl von verzerrten sozialen und wirtschaftlichen Prioritäten zu stärken und ließ sogar Stimmen laut werden, das »aschkenasische Establishment« versuche, die Proportionen der jüdisch-israelischen Demografie ethnisch »zu seinem Gunsten« zu manipulieren.

Was immer an dieser Behauptung sein mag, man darf auf keinen Fall das ihr unverkennbar zugrunde liegende Ressentiment unterschätzen. Gerade das, was sich in der Vergangenheit als die Tugend einer (ideologisch noch so verklärten) Einheit und Einheitlichkeit im Sinne des »Neuen Juden« (»Sabre«) ausgab, schlug allmählich in den Augen vieler orientalischer Juden ins Gegenteil um, bis es dann vollends als ein zum Vorteil der politisch und sozial Mächtigen der israelischen Gesellschaft wirkendes Instrument der Repression und Diskriminierung gedeutet wurde. Bezeichnend dabei ist freilich, dass die Deutungsmuster sozio-ökonomischer Benachteiligung, die beispielsweise den Ausbruch sozialer Unruhen in israelischen Slums Anfang der Siebzigerjahre speisten, mit dem Aufkommen postmodernistischer Interpretationstechniken und den mit diesen einhergehenden, normativen Umgewichtungen immer mehr an politisch agitatorischer Brisanz verloren und auf die (modisch ungleich attraktivere) Ebene des kulturellen Identitätsverlusts verlagert wurden. Nicht von ungefähr konnten sich viele israelische Intellektuelle orientalischer Abstammung in den Achtzigerjahren über nichts mehr erbosen als über die, wie sie meinten, »von oben« beziehungsweise von aschkenasischen Inhabern offizieller Machtpositionen systematisch gesteuerte Unterdrückung des sogenannten »orientalischen Gesangs« und dessen offensichtlicher Ausschließung aus den Sendeprogrammen der Massenmedien. Einer ihrer herausragenden Vertreter stellte gar den »langen Weg« zur Erlangung eines wahrhaftigen Friedens, der durch die israelische und palästinensische Arbeiter ausbeutenden Betriebe in Israels Kleinstädten und im Gazastreifen führe, auf die gleiche Ebene mit »dem langen Weg, der durch die Keller der Unterdrückung der orientalischen Kultur in den staatlichen und ›privaten‹ Sendeanstalten führt«. Dass er sich darüber hinaus dazu verstieg, von der »sterilen aschkenasischen Linken« zu resonieren, bezeugt zwar den emanzipativ ausgerichteten Bewusstseinswandel, dem sich die so argumentierenden jüdisch-orientalischen Intellektuellen unterzogen haben, zeigt zugleich aber auch, wie sehr ethnisch aufgeladen (und eben von Ressentiments getragen) dieser Strang der Emanzipation ist – und sein will. Der Anspruch auf das Universelle begründet sich durch das Partikulare. Dass dabei die eigentliche gesellschaftliche Ursache der Diskriminierung (samt des ihr entspringenden ethnischen, ja rassistischen Dünkels), wenn nicht verkannt wird, so doch objektiv ins Hintertreffen gerät, mag gerade jenen dienlich erscheinen, die dann in den Massenmedien quasi generös viel »orientalische Kultur« (beziehungsweise kulturindustrielle Vermarktung eines poppig aufgemachten »Orientalischen«) vom Stapel lassen, um aber die realen ökonomischen Missstände und die gerade durch den angehobenen Lebensstandard sich immer weiter öffnenden sozialen Klüfte umso beständiger (gewissermaßen kulturell-ideologisch legitimiert) unberührt zu lassen.

Dies will wohlverstanden sein: Dass der ethnische Identitätsdiskurs ideologisch funktionalisiert wird, darf nicht darüber hinwegtäuschen, dass es sehr reale sozialpsychologische Ursachen für das in ihm zum Vorschein kommende Unbehagen vieler orientalischer Juden gibt. Die klassische zionistische Ideologie, die aus der Negation alles Diasporischen die abstrakte Vision einer allgemeinen jüdischen Solidarität ableitete, manifestierte sich letzten Endes in einem Gemeinwesen, das – historisch bedingt und durchaus erklärbar – von seinem Anbeginn an durch die politische, soziale, ökonomische und kulturelle Hegemonie des aus Europa stammenden Establishments gekennzeichnet war. Viel ethnischer Dünkel, kulturelle Überheblichkeit und Arroganz der »Fortgeschrittenen« paarte sich dabei mit ehrlich gemeinter Missionsleidenschaft, paternalistischer Besserwisserei und administrativen Bevormundungspraktiken der gesellschaftlich und politisch objektiv Höhergestellten. Dass dabei nicht nur die Kultur orientalischer ethnischer Gruppen, sondern auch die der aschkenasischen, jiddischen Welt des osteuropäischen Schtetl-Judentums unter die Dampfwalze der zionistischen Ideologie des »Neuen Juden« geriet; dass darüber hinaus besagte Diaspora-Kulturen zwar aus dem Bereich der staatlich sanktionierten, »offiziellen« Kultursphäre verjagt, nicht aber aus den verschiedenen, eigengesetzlich pulsierenden Lebenswelten eliminiert werden konnten; dass also letztlich die orientalische Kultur eher mit der zionistischen als mit der aschkenasischen Kultur in Konflikt geriet – kann (und sollte) nicht das authentische Gefühl historischer Erniedrigung und angestauter Wut, die nachhaltige Empfindung begangenen Unrechts und der noch »offenen Rechnung« in Abrede stellen. Ob sich mit diesem von unreflektiert nachtragendem Ressentiment gespeisten Ethnozentrismus eine gute soziale Politik betreiben lässt, scheint mehr als fraglich zu sein. Hat auch die »Schmelztiegel«-Praxis zum Teil das Gegenteil vom Beabsichtigten erreicht und durch die im Schmelz-Vorgang entstandene Berührung gerade das kritische Bewusstsein der zionistisch zu Integrierenden entfaltet und geschärft, so darf doch nicht vergessen werden, dass sich die bedrohlich öffnende soziale Kluft letztlich eben nicht durch die noch so schlimmen Erscheinungen ethnischen Dünkels in der Vergangenheit erklären lässt, somit also auch durch keinerlei ethnische Gegenstrategie überbrückt werden kann.

Die hier nur gerafft vorgenommene Darstellung einiger die israelische Gesellschaft durchwirkenden Konfliktachsen stehen in engem Bezugszusammenhang zur Möglichkeit der Etablierung eines dauerhaften Friedens mit den Palästinensern (und der arabischen Welt insgesamt). Denn es ist ja gerade die potenziell durch einen solchen Friedensschluss ermöglichte Abschaffung der äußeren Bedrohung, die eine tiefgreifende Austragung der bislang durch die Kohäsions- und Einheitsideologie unterdrückten Konfliktpotenziale (und deren Überwindung) erst möglich werden ließe. Entsprechend wurde und wird das »Sicherheitsproblem« über Jahrzehnte stets so hochgehalten, dass es, wann immer nötig, als Mittel der Verdrängung innerer Konflikte und deren Entsorgung vom öffentlichen Diskurs herangezogen werden kann. Es bedurfte ohnehin keiner allzu großen Regierungsanstrengung, um die Emphase der im Sommer 2011 aufgeloderten sozialen Protestbewegung[7] wieder verpuffen zu lassen; aber wäre es notwendig geworden, hätte Israels damaliger Premierminister Benjamin Netanjahu die Protestbewegung jederzeit durch die Anheizung der Situation »an den Grenzen« entwaffnen können. Nicht von ungefähr schwebte damals die akute Möglichkeit eines Angriffs auf den Iran fortwährend in der ideologisierten politischen Luft. Der zum Jahreswechsel 2012/2013 in Israel ausgetragene Parlamentswahlkampf spiegelte dann aufs Beredtste diesen hermetisch verfestigten und unauflösbar scheinenden Wirkzusammenhang von partikularen Klasseninteressen, ethnischem Ressentiment und religiös aufgeladener Ideologie des »Jüdischen« wider – unter weitgehendem Ausschluss der Friedensdebatte bei umso manipulativerer Aufblähung der »Sicherheitsfrage«. Die Durchbrechung dieses funktionellen Teufelskreises – strukturelles Schicksal und ideologischer Plan zugleich – steht vorerst nicht auf der nationalen Tagesordnung.

1967 – Der sogenannte Sechstagekrieg

Der Sieg von 1967 bewirkte eine gravierende (wenn auch als solche damals kaum vorhersehbare) Wende im israelischen Selbstverständnis. Die im Laufe dieses Krieges besetzten Gebiete verwandelten sich für Israel nach und nach von einer als temporäres politisches Faustpfand bei künftigen Friedensverhandlungen begriffenen (Kriegs-)Errungenschaft in ein Objekt ideologisch begründeter Begierde – endgültig passierte das paradoxerweise erst nach dem Abflauen des in der Folge des Sieges von 1967 ausgebrochenen, mit dem Jom-Kippur-Krieg von 1973 dann zum Stillstand gelangten Triumphalismus. Von größter Bedeutung war hierbei, dass die ideologische Komponente dieser Verwandlung alsbald in eine religiöse Fundierung der neuen militärisch-politischen Wirklichkeit umschlug, die Folgen des militärischen Gewaltaktes mithin eine Art theologischer Legitimation erfuhren. Denn die Eroberung der Territorien (vor allem des Westjordanlandes) wurde nunmehr von bestimmten, anfangs noch minoritären Strömungen der israelischen politischen Kultur als Zeichen des Beginns der jahrtausendelang ersehnten messianischen Erlösung des jüdischen Volkes ausgelegt, als endlich erfolgte Rückkehr des Volkes in das gelobte Land, die Heimat seiner Urväter. Die Tatsache, dass dabei handfeste wirtschaftliche Interessen (vor allem an der Ausbeutung billiger palästinensischer Arbeitskraft) mit eine Rolle spielten, sollte keineswegs darüber hinwegtäuschen, dass die religiöse Begründung der Eroberung nicht nur (objektiv) als ideologische Rechtfertigung der ausgeübten Repression gegenüber den palästinensischen Bewohnern der besetzten Gebiete fungierte, sondern in der Tat von einem tiefen (subjektiven) religiösen Glauben getragen wurde. Dieser sollte freilich bald genug zum Ideologem im Dienste einer von Staats wegen betriebenen Politik ausarten.

Ab Mitte der Siebzigerjahre setzte in Israel ein Prozess allmählich zunehmender Polarisierung hinsichtlich der Einstellung zur Okkupation ein. Gegenüber einem religiösen, in seinen extremen Flügeln von aktionistischem Fanatismus getragenen Fundamentalismus entstand der erste (zunächst freilich winzige) Kern dessen, was sich späterhin zur israelischen Friedensbewegung entwickeln sollte. Allerdings handelte es sich hier nicht um ein symmetrisches Kräftefeld. Es sollte nicht übersehen werden, dass die jüdische Besiedlung der besetzten Gebiete, welche in den Zeiten der ab 1977 herrschenden Likud-Regierung ihre bis heute anhaltende Blütezeit erfuhr – unter Einsatz gewaltiger wirtschaftlicher Ressourcen und planmäßig durchgeführter Expansion –, ihren Anfang schon unter der zuvor regierenden Arbeitspartei genommen hatte. Die Besatzungspolitik wurde von allen israelischen Regierungen unter ökonomischen Aspekten und sogenannten Sicherheitsgesichtspunkten (wenn auch mit unterschiedlichen ideologischen Vorzeichen) betrieben. Dass dabei zuweilen gerade die religiösen Siedler – und nicht nur von rechter Seite – als die den gängigen zionistischen Mythen gemäßen »echten Idealisten« und »eigentlichen Pioniere« der israelischen Gesellschaft gepriesen wurden, diente nicht nur der Selbstbestätigung der sich als wahre Zionisten rühmenden Träger der objektiv praktizierten Repression, sondern auch als eine Art Beruhigungs-, wenn nicht gar Betäubungsmittel für jene, die die Okkupation ohne pathoserfüllte ideologische Vision fortführen wollten. Gleichwohl war es vor allem die im rechten politischen Lager vertretene (mithin religiös begründete, aber auch unter nichtreligiösen Aspekten propagierte) Ideologie eines »Großisraels«, die die fortwährende Besatzung über Jahre hinweg politisch am Leben erhielt und die zu ihrer Aufrechterhaltung notwendigen Mittel legitimierte. Lange Zeit gab es auch innerhalb des größten Teils der israelischen Gesellschaft keine ernsthafte Kontroverse über die Zukunft der besetzten Gebiete und die Rolle der die Landnahme aktiv betreibenden Siedlungsbewegung.

Ein gravierender Riss im israelischen Konsens, der über Jahrzehnte von einer »Alle Welt ist gegen uns«-Mentalität geprägt war, wurde während der vehement geführten öffentlichen Debatte um den Libanonkrieg von 1982 deutlich. Spätestens nach der legendären »Demonstration der 400 000« infolge des Massakers in den Flüchtlingslagern Sabra und Schatila, bei dem christliche libanesische Milizen im stillen Einvernehmen mit dem israelischen Militär Tausende palästinensische Zivilisten töteten und folterten, wurde klar, dass die israelische Öffentlichkeit nicht mehr gewillt war, alle Beschlüsse und Aktionen der Regierung und des Militärs blindlings abzusegnen, und dass dieser anfangs allgemein befürwortete Krieg eine nicht mehr zu übersehende Polarisierung der politischen Lager bewirkt hatte. Ein erster Kulminationspunkt dieses durch das Hineingeraten in den »libanesischen Sumpf« beschleunigten Prozesses manifestierte sich dann Ender der Achtzigerjahre in der hitzigen inneisraelischen Debatte um die Erste Intifada, jener Erhebung der palästinensischen Bevölkerung gegen das israelische Okkupationsregime, die dem David-Goliath-Mythos der israelischen Selbsteinschätzung endgültig den Todesstoß versetzte. Ein weiterer gewichtiger Faktor bei der Aufweichung des traditionell hermetischen Konsensverhaltens ergab sich sodann als Auswirkung des zweiten Golfkrieges im Jahre 1991. Diente der Feldzug gegen Saddam Hussein auch einem objektiven israelischen Interesse – der Zerschlagung der damals potenziell größten militärischen Bedrohung Israels im gesamten nah- und mittelöstlichen Raum –, so trat doch zutage, dass die (aus geopolitischen Erwägungen gewahrte) Ohnmachtssituation der Bevölkerung angesichts der Raketenangriffe auf israelische Städte keinesfalls einheitliche (»nationale«) Reaktionen erforderlicher Ausdauer und notwendigen Durchhaltevermögens zeitigte. Obwohl dann eine ernsthafte Debatte über das Geschehene nicht stattfand, die teilweise hysterische (in sich aber wiederum bemerkenswert »normale«) psycho-kollektive Reaktion auf die Bedrohung vielmehr sehr bald nach Beendigung des Krieges gründlichst verdrängt wurde, hatten doch diese merkwürdigen Wochen kollektiver ziviler Machtlosigkeit deutlich gemacht, dass der Konsens auch im Hinblick auf diese Art der Erprobung nationaler Standhaftigkeit angezweifelt werden durfte.

Auf dieser (hier lapidar skizzierten) Grundlage gradueller Verschiebung innerhalb der Matrix der ehemals vermeintlich homogenen mentalen Wahrnehmung nationaler politischer Abläufe lassen sich auch die Grundhaltungen bezüglich des ab 1992 forciert betriebenen Friedensprozesses beurteilen. Und auch hierbei lässt sich ein elementarer Widerspruch – oder zumindest eine uneindeutige Ausrichtung – in diesem Prozess ausmachen. Denn obgleich die mit den Palästinensern getroffenen Vereinbarungen von Oslo objektiv reale Möglichkeiten für eine fundamentale Veränderung der Beziehungen zwischen beiden Nationalkollektiven im Hinblick auf eine friedvolle Koexistenz geschaffen hatten, war noch ganz und gar nicht ausgemacht, ob die konsequente Umsetzung dieser Möglichkeiten nicht bloß Lippenbekenntnis bleiben würde. Entsprechend war auch nicht klar, ob sich die neuen Realitäten nicht letztlich als eine mit friedlichen Mitteln bewerkstelligte Fortsetzung der Okkupation erweisen würden. Darüber hinaus bedeutete gerade der von den Massenmedien vermittelte Verkehr israelischer Politiker mit ehemals als »Nazis« tabuisierten Gesprächs- und Friedenspartnern wie dem PLO-Chef Jassir Arafat den Einsturz traditioneller Mythen vom »ewigen Feind« für die Einen, den endgültigen Beweis für die Abirrung vom rechten zionistischen Weg – wenn nicht gar für den »Verrat am jüdischen Volk« – für die Anderen. Festgehalten sei zudem, dass das, was für die Palästinenser insgesamt die Eröffnung einer (wenngleich zunächst undurchsichtigen) neuen Chance bedeutete, für die allermeisten Siedler im besetzten Westjordanland den Zusammenbruch einer Welt (und sei es auch einer lediglich mythisch begründeten) bedeutete.

So besehen, war die damals proklamierte Friedensbereitschaft des größten Teils der israelischen Bevölkerung bei aller Kriegsmüdigkeitsrhetorik und trotz pathoserfüllter Visionen vom heraufdämmernden »neuen Nahen Osten« mitnichten auf die Probe gestellt worden. Und sie ist letztlich bis zum heutigen Tag theoretisch geblieben. Nicht nur ist inzwischen der Oslo-Prozess zusammen-, die Zweite Intifada aus- und die palästinensische Kollektiveinheit im Bürgerkrieg auseinandergebrochen, sondern auch innerhalb der israelischen Gesellschaft haben sich die politischen Koordinaten in einer Weise verschoben, dass die historische Nemesis der Okkupationsgeschichte Israel nunmehr endgültig ereilt zu haben scheint. Denn wenn der Oslo-Prozess etwas gezeitigt hat, so ist es die Gewissheit, dass ohne einen Rückzug aus den besetzten Gebieten, eine Räumung der Siedlungen, eine Lösung der Jerusalem-Frage im Sinne eines Zwei-Staaten-Friedensbeschlusses und eine politisch ausgehandelte Regelung des Rückkehrrechts der Palästinenser schlechterdings keine friedliche Beendigung des israelisch-palästinensischen Konflikts zu erwarten ist. Da nun aber davon ausgegangen werden kann, dass sich zwar ein Teil der Siedler – vor allem die aus wirtschaftlichen Gründen dem Siedlungswerk beigetretenen – der Realität eines israelischen Rückzugs nicht allzu standhaft, ein harter Kern ideologisch fanatisierter Hardliner und religiös überspannter Fundamentalisten hingegen mit umso größerer Vehemenz widersetzen wird, mithin in Betracht gezogen werden muss, dass sich der Abbau der Siedlungen weder friedvoll noch gewaltfrei vollziehen lassen wird, dann steht Schlimmstes im Hinblick auf die Reaktionen aller an diesem traumatischen Ereignis auf israelischer Seite Beteiligten zu erwarten. Werden radikale Siedler zur blutigen Gewalt gegen israelische Soldaten bereit sein? Werden Soldaten dem Befehl zu einer notwendig gewordenen Gewaltanwendung, gar einem Schießbefehl gegen Räumungsverweigerer, gehorchen? Werden die meisten Israelis dem Gedanken eines vom Staat unternommenen massiven Gewaltvollzugs von »Juden gegen Juden« überhaupt standhalten können? Nicht von ungefähr ist in diesem Zusammenhang oft von »milchemet achim«, einem drohenden israelischen Bürgerkrieg, die Rede. Und man mache sich nichts vor: Der von Ariel Sharon 2005 vollzogene Abzug aus dem Gazastreifen kann nicht als Präzedenzfall für eine künftige Räumung des Westjordanlandes angesehen werden – es handelt sich um ein Unternehmen ganz anderer materieller, religiös-ideologischer und sozial-psychischer Dimensionen. Das weiß jeder in Israel.

Wenn nun aber die (politische) Angst vor einer Beendigung der Okkupation so gravierend ist, dass man bereit ist, sie auf unbestimmt lange Zeit fortzusetzen beziehungsweise von ihrer Aufhebung endgültig abzusehen, dann sieht sich Israel vor ein strukturelles Moment gestellt, das nichts mehr mit ideologischen Pendelbewegungen zu tun hat: Das, was in Israel bereits seit Jahren als die »tickende demografische Zeitbombe« apostrophiert und debattiert wird, bedeutet im Grunde nichts anderes, als dass bei fortgesetzter Okkupation, mithin dem sozial-ökonomischen Einbezug von Millionen von Palästinensern unter die israelische Staatshoheit, sich objektiv eine binationale Struktur herausbildet, die in absehbarer Zeit Juden zur Minorität im eigenen Land werden lassen wird. Diese Möglichkeit wird inzwischen nicht nur von randständigen Apokalyptikern angesprochen, sondern ist bereits in Proklamationen hochrangiger israelischer Politiker zum Thema erhoben worden. Nimmt man nun beides – die Angst vor Beendigung der Okkupation und ihre schicksalsträchtige Fortsetzung –, dann ermisst man erst, vor welche historische Weggabelung sich Israel gestellt sieht. Es ist wie die Wahl zwischen Skylla und Charybdis, mithin eine strukturbedingte Bedrohung des gesamten zionistischen Projekts. Man sollte meinen, dass es am siebzigsten Jahrestag der israelischen Staatsgründung der jüdischen Bevölkerung zu dämmern beginnt, dass man im Jahre 1967 einen Apfel in den Mund genommen hat, den man weder zu verschlingen noch auszuspeien fähig war, und man nun deshalb droht, an ihm zu ersticken. Dem ist aber nicht so.

2018 – Die dystopische Gegenwart

Geht man nämlich von 2018 aus, ergibt sich ein dystopisches Bild, in welches all die dargelegten Narrative eingegangen sind, die als Amalgam jene gravierende historische Krise, in welche Israel geraten ist, erst eigentlich deutlich machen. Zu fragen gilt es vor allem, ob Israel als staatliche Manifestation der zionistischen Idee den Vorstellungen und Ansprüchen des ursprünglichen Ideals, wie es vom Zionismus propagiert worden war, gerecht geworden ist. Die Antwort lautet eindeutig: Nein. Denn insofern der Zionismus als Reaktion auf den (europäischen) Antisemitismus den Juden Frieden und Sicherheit in ihrer nationalen Heimstätte versprach, so kann nach über hundertjährigem Bestehen der zionistischen Bewegung von wahrhaftem Frieden nicht die Rede sein, und die Sicherheit ist zwar zum großen Fetisch des israelischen Selbstverständnisses geronnen, aber es muss eingestanden werden, dass nirgends auf der Welt der Jude als Individuum so gefährdet ist wie gerade in Israel, und auch im Hinblick auf das jüdische Kollektiv ist mitnichten ausgemacht, dass die nächste Katastrophe des jüdischen Volkes sich nicht gerade in Israel ereignen wird, wenn Israels Politik weiterhin den unheilvollen Weg beschreiten wird, den es seit nunmehr vielen Jahrzehnten, besonders seit 1967, begeht.

Es geht hierbei nicht um ideologischen Alarmismus, sondern um ein unabweisbares Strukturproblem mit absehbaren Folgen. Denn das, was der Zionismus versprach, war entweder von vornherein historisch nicht erfüllbar, oder aber es gab eine historische Gelegenheit, es zu erfüllen, die aber verpasst worden ist. Beide Sichtweisen mögen hier kurz erörtert werden.

Dass der Zionismus von Anbeginn nicht fähig war einzuhalten, was er proklamierte, hat vor allem mit den geschichtlichen Bedingungen seiner Genese und Herausbildung zu tun. Denn wie bereits gesagt waren im Fall des Zionismus die strukturellen Grundbedingungen für die Verwirklichung der nationalen (mithin nationalstaatlich sich manifestierenden) Selbstbestimmung eines jeden Kollektivs schlechterdings nicht gegeben: Das anvisierte nationale Territorium stand nicht zur Verfügung, das für seine Besiedlung notwendige Kollektiv war noch nicht als solches konsolidiert, und selbst die sich in der Nationalsprache niederschlagende gemeinsame kulturelle Basis bestand noch nicht. Zwar kann sich der Zionismus zurecht rühmen, gegen all diese Widerstände eine (zumindest äußerliche) Erfolgsgeschichte gezeitigt zu haben. Aber diese hat eben auch die Auswirkungen all dieser Widerstände in sich getragen, die in den letzten Jahrzehnten zunehmend zutage treten und Israels Geschicke bestimmen. Denn das zionistische Ideologem, wonach ein Volk ohne Land in ein Land ohne Volk eingewandert sei, war schlicht eine schicksalsträchtige Lüge. In Palästina lebte bereits ein Kollektiv, das einen wesentlich konkreteren Anspruch auf das Territorium erheben durfte als die in aller Welt versprengten Juden. Dieser Grundumstand schuf die Basis für das, was sich sehr bald als ein blutiger Territorialkonflikt erweisen sollte. Dies kann nicht oft genug hervorgehoben werden: Es handelt sich beim israelisch-palästinensischen Konflikt zunächst und vor allem um einen Territorialkonflikt – alle ihn mittlerweile begleitenden ethnischen, religiösen und sonstigen kulturellen Untertöne sind lediglich Epiphänomene dieses Kampfes ums Territorium. Die Unerbittlichkeit, mit der dieser Kampf von Anbeginn ausgefochten wurde, ließ viele Zionisten daran zweifeln, dass der Konflikt mit den Palästinensern überhaupt je zu lösen sein wird – nicht zuletzt eine bedeutende Schlüsselgestalt des Zionismus und der israelischen Staatsgründung wie David Ben-Gurion.[8] Aber nicht von ungefähr hatte die in den Zwanzigerjahren sich primär aus deutschstämmigen Gelehrten und Intellektuellen zusammensetzende Gruppe »Brit Schalom«, die auf das strukturelle Problem hinwies und eine Gleichstellung von Juden und Arabern in Palästina propagierte, keine Chance, sich im zionistischen Diskurs zu behaupten. Denn trotz des Wissens um das Strukturproblem insistierte die zionistische Hegemonie auf die nicht hinterfragbare Vormachtstellung der Juden in Palästina und im künftigen Staat Israel, wobei sie bewusst in Kauf nahm, dass ebendies den Konflikt endlos perpetuieren und seine für beide Seiten tragbare Lösung verunmöglichen würde. Was der klassische Zionismus versprach – Frieden und Sicherheit –, war nicht einzuhalten, weil man bereit war, das Risiko einzugehen, gegen die der emanzipativen Verheißung zugrunde liegende Logik zu handeln, mithin sich damit abzufinden, dass das historische zionistische Projekt ohne dauerhaften Frieden und im selbst gewählten Dauerzustand potenziell eskalierender Gewalt werde leben müssen. Die Folge war die ideologisch gefestigte Fetischisierung von »Sicherheit«, aber eben nicht als Resultat von Frieden, sondern von einer gewaltgestählten Habachtstellung und der damit einhergehenden militaristischen Mentalität, die sich von Anbeginn an in die israelischen Sozialisationsprozesse und die Strukturen des israelischen Alltags eingefräst hat.

Die andere Möglichkeit, der zufolge es sehr wohl Möglichkeiten gegeben habe, die zionistische Verheißung von Frieden und Sicherheit im »Land der Juden« zu verwirklichen, diese aber verwirkt worden seien, gelangt letztlich zu keiner anderen Folgerung als jene, die von den geschichtlichen Strukturdeterminanten ausgeht. Denn zu fragen gilt es, wie es komme, dass alle bisherigen Chancen, ein Friedensabkommen mit den Palästinensern zu erlangen, fruchtlos geblieben sind, und als es endlich ans Eingemachte ging, Jitzchak Rabin, der Träger dieser (von ihm selbst artikulierten) Chance, ermordet wurde. In dem Moment, wo man in ihm die reale Möglichkeit gewahrte, dass es zu einer Friedenslösung kommen könnte, griff man zur Mordwaffe – die Umstände des begangenen Verbrechens sind inzwischen ideologisch umgedeutet worden. Rabin selbst gerann zunehmend zur fahlen Erinnerung als Initiator der »Oslo-Verbrechen«. Wenn es sich um einen Territorialkonflikt handelt (und niemand hat dies über Jahrzehnte infrage gestellt), dann lag es an Israel, das ja die Territorien beherrscht, um welche es geht, die Initiative zur Lösung des Konflikts zu ergreifen. Warum werden aber in Israel immer wieder Parteien gewählt und (rechte) Regierungskoalitionen gebildet, welche die sich anbietende Teilung des Landes als Voraussetzung eines künftigen Friedensabkommens gar nicht erst erwägen beziehungsweise lediglich ein verlogenes Lippenbekenntnis zu einem solchen Abkommen leisten? Wie kommt es, dass sich seit den Siebzigerjahren eine staatlich geförderte Siedlerbewegung im Westjordanland gebildet hat, die nicht nur durch ihre schiere Expansion die materielle Grundlage für ein Friedenabkommen mit den Palästinensern vereitelt hat, sondern den religiös-messianischen Faktor in Israels politische Kultur in einer Weise eingebracht und etabliert hat, dass man sich mittlerweile im hegemonialen Politdiskurs weigert, von Okkupation zu reden? Gottverheißenes Land könne von Juden nicht okkupiert sein, heißt es inzwischen auch unter (pseudo-)säkularen Rechten. Wie kommt es, dass man die Voraussetzungen für einen palästinensischen Widerstand selbst generiert, um gerade in ihm dann eine »Bedrohung der Existenz Israels« zu gewahren, wenn er mit Gewalt ausgetragen wird, oder sich darüber zu echauffieren, dass er »antisemitisch« sei und Israel delegitimiere, wenn er (etwa bei der »BDS«-Bewegung) mit gewaltlosen Mitteln praktiziert wird? Wie kommt es, dass man sich selbst als Opfer stilisiert (und auch larmoyant daran glaubt), wo man unübersehbar als Täter fungiert, sich gegen Menschenrechte vergeht, das Völkerrecht selbstherrlich übertritt und sich jahrzehntelang als Herr einer brutalen Okkupationspraxis profiliert?

Die Antwort darauf muss sich höchst unangenehm für jüdische und erst recht für zionistisch-israelische Ohren ausnehmen. Sie lautet: Das Versprechen des Zionismus ist bis heute nicht eingelöst worden, und Israel ist nicht zum vermeintlich ersehnten Frieden gelangt, weil Israel den Frieden nie gewollt hat, wenn es den unabdingbaren Preis für ihn (die Teilung des Landes) zu zahlen hatte. Israel hat stets alles darangesetzt, um nicht in die Lage versetzt zu werden, beim Wort genommen und dazu gezwungen zu werden, die Chance eines real möglichen Friedens wahrzunehmen. Längst ist schon die Lage eingetreten, dass jeder israelische Politiker an der Macht, der sich heute anmaßte, einen Friedensvorstoß, einen Rückzug aus den besetzten Gebieten und den massiven Abbau von Siedlungen auch nur anzukündigen, sehr bald um seine politische Zukunft gebracht wäre; mit weit mehr wäre zu rechnen, wenn er sich bei der in diesem Zusammenhang gegebenenfalls getroffenen Entscheidung einfallen ließe, das Gewaltmonopol des Staates praktisch einzusetzen.

Warum aber ist dem so? Warum wollte man nie den Frieden? Ist es nicht widersinnig anzunehmen, dass ein Land es vorzieht, in ständigem Konflikt zu leben und Sicherheit, die keine sein kann, nur per Gewalt zu gewährleisten? Die tiefer liegende Antwort auf diese Fragen ist im Vorbewussten des Zionismus im 20. Jahrhundert zu suchen. Denn nicht nur bezweifelten viele – unter ihnen auch Größen der israelischen Politik –, dass es mit den Arabern je zum Frieden kommen könnte, sondern diese Grundannahme legte zugleich die Koordinaten für den fundamentalen Zweifel daran, dass das gesamte zionistische Projekt überhaupt längerfristig existieren können, nicht nur ein historisches Experiment bleiben werde – das Experiment, einen nachhaltig zu erhaltenden Staat der Juden zu schaffen. Das hat mit vielem zu tun: mit dem Wissen darum, dass das zionistische Unternehmen (aus den erwähnten Gründen) ein kolonisatorisches sein musste; dass die Gründung des Judenstaates mit einem an den Palästinensern begangenen historischen Unrecht einherging, mithin ihre nationale Katastrophe zeitigte; dass selbst nach der Shoah ein Großteil des jüdischen Volkes es vorzog, nicht in Israel zu leben; dass man den Staat in einer Region errichtete, in der er seinem Wesen nach fremd bleiben musste, eben aus Europa kommend, aber nicht in Europa existierend; dass er stets misstrauisch und nach Maßgabe paranoid bleiben musste, weil er seine Raison d'Être letztlich nur negativ zu begründen wusste (Antisemitismus, Holocaust, feindliche Nachbarschaft, sicherheitsmäßige Bedrohung) oder sich auf biblische Mythen stützen konnte (gottverheißenes Land, Rückkehr in das Land der Urväter). Der zuweilen in Größenwahn umschlagenden Selbstgewissheit und dem nach außen demonstrierten nationalen Selbstwertgefühl war im Innern stets eine latente Angst verschwistert, dass das gesamte zionistische Projekt auffliegen könnte. Die Bevölkerung des Landes war in der Wartezeit vor dem Krieg von 1967 davon überzeugt, dass die nächste Shoah des jüdischen Volkes anstehe, obgleich die Karten im bevorstehenden Krieg objektiv gemäß dem realen Ausgang des Waffengangs verteilt waren. Am zweiten Tag des Jom-Kippur-Kriegs, als Israel herbe Verluste auf dem Schlachtfeld einstecken musste, befürchtete der bleiche Mosche Dayan vor Premierministerin Golda Meir den »Untergang des dritten Tempels«.[9] Frühzeitig hatte man sich nuklear »für den Fall aller Fälle« bewaffnet, eben davon ausgehend, dass »der Fall« eintreten könnte und man mit den Auswirkungen des gefühlten Samson-Syndroms würde rechnen müssen. Je mehr der biblische Spruch von »Israels Ewigkeit« (»netzach Israel«) im heutigen Israel gebetsmühlenhaft politisch skandiert wird, desto deutlicher scheint in ihm die religiöse Beschwörung auf, dass dem so sein möge, beziehungsweise die Angst davor, dass dem nicht so sein werde.

Ist das eine authentische Angst? Einerseits – gewiss. Jüdische Verfolgungsgeschichte, Shoah, blutige Kriege, Gewalteskalationen und Terror haben das ihre getan, um die kollektive Psyche der jüdischen Israelis derart zu kolonisieren, dass das Leben in Israel von permanenter unterschwelliger Angst affiziert ist, mithin von dieser gravierend mitbestimmt wird. Hitlers verlängerter Arm zeitigt, so besehen, bis zum heutigen Tag seine Wirkungen; das Leben im Judenstaat ist von ihm kontaminiert. Andererseits – nein. Denn längst schon ist Angst in Israels politischer Kultur zur Ideologie geronnen, die in manipulativer Absicht fetischistisch instrumentalisiert wird. Der Angstimpuls transformiert sich in gesteuerte Feindseligkeit und Aggression, kollektivpsychische Befindlichkeiten gerinnen zur politischen Haltung. Zur wahren Meisterschaft in der Umfunktionierung von Angst zum politischen Instrument hat es Israels Premierminister Benjamin Netanjahu gebracht, wobei kein Mittel zur Erlangung dieses Ziels ihm perfide genug zu sein scheint: Einem greisen, von seiner religiösen orientalisch-jüdischen Klientel hochverehrten Rabbiner flüsterte er ein, die Linken Israels hätten vergessen, »was es heißt, Jude zu sein«. Um die Wahlbeteiligung seiner Anhänger zu steigern, alarmierte er sie am Wahltag, Araber – israelische Bürger, wohlgemerkt – würden massenhaft mit Bussen zu den Wahlurnen gefahren. Irans Nuklearisierung hat er aller Welt als Existenzbedrohung Israels dargestellt und formte diese zur Grundlage seiner Außenpolitik, die sich immer mehr als Instrument der Ablenkung von seinen innenpolitischen Problemen erweist. Medien, Polizei und die Staatsanwaltschaft, die die massiven Korruptionsfälle, in denen er und seine Frau verwickelt sind, verfolgen und untersuchen, hat er allesamt bezichtigt, einen Putsch initiieren zu wollen, um seiner Familie zu schaden und seine Regierung zu stürzen. Linke, Araber, Iran, Medien und Justiz werden in paranoider Manier allesamt zu Feinden, Verrätern und Verschwörern erhoben, um durch geschürte »Angst« die Anhängerschaft enger an sich zu binden und sie gegen allgegenwärtige »Feinde« zu konsolidieren. Von selbst versteht sich dabei für das gesamte rechte Lager Israels, dass die Palästinenser Israels Untergang herbeisehnen; auch sie, Opfer der Knechtung durch den zionistischen Staat, gelten Netanjahu, seiner Regierungskoalition und Partei wie ihrer Wählerschaft als existenzbedrohend.

Es ist in der Tat erstaunlich, mit welcher Unverfrorenheit die Selbstviktimisierung mittlerweile fröhliche Urständ in Israels politischer Kultur feiert. Je aggressiver Israel militärisch auftritt, desto larmoyanter stilisiert es sich politisch als Opfer. Je isolierter sich Israel ob seiner außenpolitischen Praxis in der Welt weiß, desto pauschaler wird alle Kritik an ihr als »antisemitisch« apostrophiert. Und das Erstaunliche: Um von der verbrecherischen Realität der Besatzung abzulenken und der berechtigten Kritik an ihr zuvorzukommen, scheut man sich nicht davor, sich mit Faschisten und Antisemiten zu verbandeln. Rechte und rechtsextreme Politiker Europas und der USA werden für legitim erachtet, Viktor Orbán, Heinz-Christian Strache und Ku-Klux-Klan-affine Evangelikale hofiert und willkommen geheißen; der ehemalige Mossad-Oberfunktionär Rafi Eitan war sich nicht zu schade, ein lobendes Grußwort an die AfD zu richten. Den Antisemitismus beklagt man ständig, zumeist auch dort, wo gar keiner ist, aber jeder proisraelischer und islamophober Antisemit wird – als Feind des Feindes – zum politischen Partner. Donald Trump ist Netanjahus »guter Freund«. Und man fragt sich, wie das möglich sein kann. Welchen Anspruch darf Israel noch erheben, sich als nicht hinterfragbaren Platzhalter der Holocaust-Erinnerung und Träger des Andenkens der historischen Opfer zu wähnen und darzustellen?

Diese Frage gewinnt noch an Gewicht, wenn man bedenkt, von welch abstoßendem Rassismus der israelische Alltag gebeutelt wird, nicht nur den Palästinensern, sondern auch den asylsuchenden afrikanischen Flüchtlingen gegenüber. Ohnmächtig, indifferent oder auch zustimmend schaut Israels Zivilgesellschaft der unerbittlichen Hartherzigkeit zu, mit der die als »Eindringlinge« geschmähten Flüchtlinge in die Länder, aus denen sie geflüchtet waren, abgeschoben werden (teilweise in ihren Tod). Was erwartet man aber auch von einer Zivilgesellschaft, zu deren politischen Klasse eine Kulturministerin zählt, die Flüchtlinge als ein »Krebsgeschwür in unserem Körper« tituliert hat?[10] Und was erwartet man von einer solchen Kulturministerin, die einer Regierungskoalition angehört, welche sich schon längst nicht mehr scheut, Gesetze zu beschließen, die den Rassismus staatsoffiziell fördern; deren Erziehungsminister sich (als Chef der Nationalreligiösen Partei) bei der Expansion der dem Frieden abschwörenden Siedlungspolitik auf Gott beruft und das israelische Erziehungssystem in bislang ungekanntem Maße religiös befrachtet; deren Verteidigungsminister den in Israel lebenden Arabern, Bürger des Staates, dessen Sicherheit ihm anvertraut worden ist, die (freiwillige) Abwanderung anempfiehlt; deren fatal aktive Justizministerin eine Umgewichtung des säkularen israelischen Rechts zugunsten des »jüdischen Rechts« vorantreibt. Es mag aber auch sein, dass man derlei Fragen gar nicht zu stellen braucht bei einem Land, dessen Präsident wegen Vergewaltigung, dessen Premierminister wegen Korruption, einige seiner Minister und viele seiner Munizipalbeamten wegen Korruption und Veruntreuung zu Gefängnisstrafen verurteilt worden sind. Zum Zeitpunkt der Niederschrift dieser Zeilen ist noch nicht klar, ob nicht ein weiterer Premierminister seine lange politische Karriere im Gefängnis beenden wird. Man komme aber nicht mit dem Argument, all dies sei ein Beweis dafür, dass Israel immerhin ein Rechtsstaat sei: Ein Staat, der seit über einem halben Jahrhundert die barbarische Okkupation betreibt, die inzwischen zum Wesen Israels geronnen ist, mithin die Barbarei zur Alltagsnormalität hat werden lassen; der das von ihm begangene Unrecht religiös verklärt und sich dabei noch von der »Welt« antisemitisch verfolgt wähnt. Ein Staat, der jeden Widerstand gegen nämliches Unrecht mit völlig disproportionaler Gewaltbereitschaft niederschlägt; der die tragische Vergangenheit seines Volkes, die seine Gründung eigentlich erst ins Leben gerufen hat, schamlos instrumentalisiert, dabei sich aber auch noch durchgehend defizitär gegenüber den Überlebenden der Katastrophe verhält.[11] Ein Staat, der in vielen seiner politischen, sozialen und kulturellen Belange und deren institutioneller Verwaltung zunehmend faschisiert – ein solcher Staat kann längst nicht mehr den Anspruch erheben, ein Rechtsstaat und wahrhaft demokratisch zu sein. Es mag dahingestellt sein, ob sein Selbstverständnis als »jüdisch-demokratischer Staat« nicht schon ein Oxymoron darstellt. Aber selbst, wenn man diese Betitelung annimmt, mag sich die Frage stellen, von was für einem Judentum dabei die Rede sei. Nicht wenige Juden mögen sich gerade in dem, was aus Israel als dem »Land der Juden« geworden ist, in ihrem Judentum verraten sehen.

Aber das Reden über Israel, dem Land, das die Projektionsfläche für das hier erörterte Thema der deutschen »Solidarität« mit ihm abgibt, kann in diesem Zusammenhang nicht enden, ohne nochmals deutlich herauszustellen (für deutsche Israel-Solidarisierer zumal): Es ist ein Land, das dem eigenen wie immer prekären ursprünglichen Selbstverständnis zufolge selbstverschuldet dem Abgrund zutreibt. Ohne Frieden hat Israel längerfristig keine Zukunft. Es kann die Zwei-Staaten-Lösung verwirklichen (heute freilich schwerer als vor zwei Jahrzehnten). Wenn es aber diese Lösung nicht für sich annimmt, gerät es in die objektive Entstehung einer binationalen Struktur (was bereits geschehen ist). Diese kann demokratisch-legal abgesegnet werden, was das Ende des zionistischen Staates, mithin des gesamten historischen zionistischen Projekts bedeuten würde. Diese demokratische Absegnung kann aber auch verweigert werden, was de facto passiert und Israel tendenziell zur Etablierung eines formellen Apartheid-Staates hinführt. Jüdische Israelis müssen sich fragen lassen, warum sie diese historische Entwicklung, ihrem eigenen zionistischen Selbstverständnis nach, zulassen. Israelsolidarische Deutsche müssen sich die Frage gefallen lassen, ob sie überhaupt wissen, womit sie sich da solidarisieren. Welche dunklen Beweggründe mögen dem Umstand zugrunde liegen, dass sie sich mit einem Staat solidarisieren, der sich – aus eigenem Willen und in eigener Entscheidung – in eine Sackgasse hineinmanövriert hat, die ihn früher oder später zur historischen Selbstaufhebung führen dürfte?

Nachtrag

Kurz vor Drucklegung dieses Buches, gleichsam als nachgereichten empirischen Beleg für das hier Dargelegte und Prognostizierte, hat die Knesset am 19. Juli 2018 das »Nationalitätengesetz« verabschiedet. Das Gesetz ist in einer gravierenden Hinsicht bemerkenswert: Es offenbart ganz unverhohlen und nunmehr staatsoffiziell, dass Israel nicht nur längst schon Praktiken eines Apartheidstaates betreibt, sondern offenbar auch gesetzlich verankert und proklamiert betreiben will. Es ist von Bedeutung, weil es Kaschiertes und Verleugnetes enthüllt: Es ist rassistisch, da es ein Fünftel der Bevölkerung offiziell zu Bürgern zweiter Klasse werden lässt; es ist antidemokratisch, weil es die religiös-nationale Bestimmung des Staates vor dem Anspruch, eine Demokratie für alle seine Bürger zu sein, stellt; es ist ein regressives Gesetz, weil es selbst die bis dato offizielle zweite Landessprache, Arabisch, zu einer »Sprache mit Sonderstatus« verkommen lässt. Es ist darüber hinaus ein verlogenes Gesetz, weil es das Jüdische zum Kriterium der Selbstbestimmung erhebt, aber einzig als Abgrenzung gegen das Nichtjüdische, also die bewusste Exklusion der arabischen Staatsbürger im zionistischen Staat.

Ist das überraschend? Nein, weil das Gesetz nur bestätigt, was längst schon Realität ist. Denn bei allen innerpolitisch-israelischen und geopolitisch-überisraelischen Erwägungen, die diese und andere Ungeheuerlichkeiten angetrieben haben mögen, offenbart sich letztlich doch nur, dass Israel keine Demokratie ist, und dass es mit dem hochgehaltenen Shoah-Andenken nur instrumentell umzugehen vermag, mithin das Recht verwirkt hat, Platzhalter dieses Andenkens zu sein.

Deutschland

In diesem Kapitel geht es um aktuelle Auswirkungen des in der vorliegenden Schrift allgemein erörterten Phänomens. Zu diesem Zweck sei ein rund dreizehn Jahre alter Aufsatz von mir angeführt, mit dessen Darlegungen ich mich inhaltlich noch heute eins weiß, der aber zugleich als Grundlage für die Darstellung der mittlerweile radikalen Verschärfung dessen, was in ihm seinerzeit diagnostiziert worden ist, dienen soll. Der Aufsatz erscheint hier mit minimalen notwendigen Veränderungen in seiner ursprünglichen Fassung von 2005.[1]

2005 – Zwischen Israelkritik und Antisemitismus

Es will zuweilen scheinen, als habe sich in den letzten Jahren der in Deutschland vorherrschende Diskurs über den Antisemitismus von seinem Gegenstand, dem real vorwaltenden Antisemitismus, solchermaßen gelöst, dass man den Eindruck gewinnen könnte, mehr als um die vorgebliche Bekämpfung des realen Antisemitismus gehe es um die Perpetuierung des Eigenwerts, den seine ideologische Zerredung erlangt hat. War es der deutschen politischen Kultur der Nachkriegsära weitgehend um die Überwindung dessen zu tun, was der deutsche Sonderweg mit zwei Weltkriegen, der NS-Diktatur und dem am europäischen Judentum verübten Genozid gezeitigt hatte, mithin um die unermüdliche Aufdeckung der den »Rückfall in die Barbarei« subkutan bedingenden sozialen, ökonomischen, politischen und kulturellen Strukturen, vor allem aber um die rigorose Bekämpfung von perennierendem Antisemitismus, Rassismus und Fremdenhass, so hat sich diese ursprünglich emanzipativ ausgerichtete Politisierung des Sozialen mittlerweile dermaßen verdinglicht, dass ihre Praxis zu einer durchideologisierten Reihe von als »öffentliche Debatten« ausgegebenen, leeren Worthülsen verkommen ist. Rang man früher noch beharrlich um den Begriff des weltgeschichtlich Monströsen, weil man das Unsagbare als solches zu respektieren trachtete; verbat sich für Adorno nach Auschwitz Lyrik als kulturelle Gedenkleistung, weil Kultur Verrat begangen hatte, so ist »Antisemitismus«, mithin »Auschwitz«, inzwischen solch inflationärem Gebrauch ausgesetzt, dass das postulierte Einzigartige der Shoah zum Fungiblen, das Unsagbare zum allzeit Abrufbaren entartet und die Bekämpfung dessen, was als Vorstufen der Barbarei herausgearbeitet worden war, in die befindlichkeitsbeseelte Arena des diskursiven Kampfes um deutsch-normale beziehungsweise normalisierende »antideutsche« Identitätsfindungen entglitten ist.

Der erste Aufschrei ist bereits hier deutlich vernehmbar: Darf man die vom real vorwaltenden Antisemitismus ausgehenden Bedrohungen und die Überspanntheiten, die seiner verhunzten Rezeption innewohnen, auf eine Vergleichsebene stellen? Geht es beim einen nicht um eine praktisch verübte Repression Juden gegenüber, während es sich beim anderen lediglich um schiefe Bewusstseinslagen handelt? Zweierlei muss bei der Beantwortung dieser Fragen angegangen werden: zum einen das Problem einer antisemitisch motivierten, realen Bedrohung von Juden. Dazu einiges später. Zum anderen aber das akute Problem der heteronomen Ideologisierung rhetorischer Praktiken bei der vorgeblichen Bekämpfung von Antisemitismus. Denn man kann sich schlechterdings kaum noch des Eindrucks erwehren, dass beim vermeintlichen anti-antisemitischen Diskurs in Deutschland etwas ganz anderes ausgetragen wird, als was (zumindest gemessen am mantrahaften Gerede über die den Juden drohende antisemitische Gefahr) zu erwarten stünde: Juden, will es scheinen, haben deutsche Antisemitismuskritiker nie konkret interessiert. Juden wurden (und werden) von ihnen stets abstrahiert beziehungsweise in ferne Regionen außerhalb des unmittelbaren lebensweltlichen Blickfelds und Zusammenhangs delegiert. So sind Juden als »sechs Millionen« vernichtete Shoah-Opfer, als exemplarische Holocaust-Überlebende (möglichst im Ausland), als Träger untergegangener Lebenswelten und Kulturen (vorzüglich im klezmer-beseelten Osteuropa) oder eben als »wehrhafte Israelis« im »zionistischen Zufluchtsland der jüdischen Volkes« argumentativ in Anschlag gebracht worden; die in Deutschland real lebenden Juden werden, insofern sie nicht schon durch ihr Fremdländisches ein (diskret) unterdrücktes Befremden auslösen, mehr oder minder ignoriert. Und da sie – seit Ende des Zweiten Weltkriegs zumeist osteuropäischer Provenienz – sich selbst kaum je als der »deutschen Gesellschaft«, in der sie leben, im emphatischen Sinne zugehörig gefühlt, vielmehr ein jahrzehntelang währendes Selbstverständnis des transitorischen Auf-den-Koffern-Sitzens gepflegt haben, enthielt dieses lebensgeschichtlich originär gewachsene Entfremdungsmoment in der Tat stets einen gewissen gesellschaftlichen Wahrheitskern. Das deutliche Desinteresse deutscher Bekämpfer des Antisemitismus an den in Deutschland lebenden Juden war (besonders in der Nachkriegszeit) der argwöhnischen Distanz dieser Juden gegenüber ihrer als »deutsch« begriffenen Umwelt eng verschwistert. Als Ignatz Bubis Ende der Achtzigerjahre öffentlich mit dem Postulat auftrat, jüdisches Gemeindeleben möge in Deutschland wieder erblühen, wurde er nicht nur von den meisten jüdischen Gemeindemitgliedern seiner Generation verwundert schief beäugt; interessant war die durchschnittliche nichtjüdische Wahrnehmung seiner Erscheinung: Man registrierte »wohlwollend«, dass es einen exemplarischen Juden gab, der einer Renormalisierung der deutsch-jüdischen Beziehungen in Deutschland, mithin mutatis mutandis einer Art eigenen »Schlussstrichs« das Wort redete, ohne dass es die philosemitischen und sonstigen Befürworter dieses neuen

Zugangs zu etwas anderem verpflichtet hätte als zur abstrakten Anerkennung einer offenbar ausgebrochenen Versöhnlichkeit seitens »der Juden«. Als dann Bubis durch die Walser-Debatte eines Besseren belehrt werden, mithin auf hartem Weg lernen sollte, wie es um die konkrete Solidarität mit Juden bestellt ist, wenn es mal nicht um die Unterstützung des weit (genug) entfernten Israel oder um die wochenendliche Liebe zur altdiasporischen Klezmermusik (eine in Deutschland bezeichnenderweise besonders stark verbreitete Liebe) ging, stellte er am Ende seines Lebens resigniert fest, seine Mühe sei umsonst gewesen, sie habe nicht gefruchtet. Seine Schlussfolgerung mag dahingestellt bleiben. Nicht auszuschließen ist indes, dass sich seine Resignation primär gerade auf die deutschen Antisemitismus-Bekämpfer, seine vermeintlichen Verbündeten, bezog; über latente und manifeste Antisemiten durfte er sich eh keine Illusionen machen.

Und dennoch floriert das Anti-Antisemitismus-Geschrei im heutigen Deutschland mehr denn je. Das mag mit einer realen Zunahme antisemitischer Tendenzen zusammenhängen; es will jedoch scheinen, als sei die Diskursaufgewühltheit primär anderen, ihrem Wesen nach heteronomen Ursachen geschuldet. Bezeichnend war in diesem Kontext die Antwort eines renommierten, antisemitismuskritischen deutschen Herausgebers und Verlegers vor einigen Jahren, der, darauf hingewiesen, dass er einen bestimmten Sachzusammenhang in Bezug auf Israel falsch sehe, antwortete, Israel interessiere ihn gar nicht; es gehe ihm einzig um Deutschland. Geht man davon aus, dass ihm »Israel« für »Juden« stand, der Staat der Juden mithin das jüdische Volk kodierte, so ist das hier anvisierte Problem prägnant auf den Punkt gebracht: Philosemitismus, Antisemitismuskritik und Israelsolidarität als (anti-)deutscher Befindlichkeitsdiskurs. Nun mag man einwenden, das sei letztlich nicht gar so falsch – ist doch der Antisemitismus kein Problem des Juden, sondern in erster Linie das des Antisemiten. Wohl wahr, man kann dieser alten Sartreschen Einsicht noch immer weitgehend beipflichten.

Und doch wird man sich füglich fragen lassen müssen, wann die instrumentalisierende Funktionalisierung »des Juden« für wie immer emanzipativ gemeinte Zwecke ins Gegenteilige umschlägt und die Abstraktion dessen, was man zu verteidigen wähnt, der gleichen fremdbestimmten Struktur verfällt, kraft der (bei umgekehrten Vorzeichen) der Antisemitismus erst eigentlich möglich wird. Die Vereinnahmung konkret ausgeblendeter Juden als »Juden«-Matrix der eigenen Identitätsbestimmung mag sich spätestens dann als fatal erweisen, wenn es darum geht, dem konkreten Juden, der sich als solcher stereotyp-heteronomer Abstraktion entschlägt, in der eigenen Lebenswelt zu begegnen. Es mag sich dann peinlicherweise herausstellen, wie sehr der Jude als Projektionsfläche wohlmeinender Deutscher fungiert. Die vom Philosemiten latent betriebene Entindividualisierung des individuellen Juden hat dem manifesten judenfeindlichen Ressentiment des Antisemiten nichts voraus. Der Aufschrei gegen den Antisemitismus kann durchaus Spuren dessen aufweisen, was der Struktur nach als antisemitismusfördernd zu werten wäre. Wenn also stimmt, dass die Deutschen den Juden Auschwitz nie verzeihen werden, dann stimmt auch, dass der »wiedergutmachende« deutsche Philosemit keinem Juden seine auschwitzferne Individualität verzeihen kann.

Muss man aber gleich Philosemit sein, wenn man den Antisemitismus anprangern und bekämpfen möchte? Natürlich nicht. Da nun aber die unentrinnbare Bürde einer monströsen Geschichtskatastrophe jegliche Beziehung zwischen Deutschen und Juden affizieren muss, Auschwitz mithin zum Paradigma dieser Beziehung geronnen ist, bestehen nun mal wenige »Fluchtwege« aus dem sich stets aufs Neue verfestigenden Neuralgiezirkel. Viele begehren – normalisierungssüchtig –, sich von der Geschichte ganz abzuwenden. Andere »bewältigen« das Unbewältigbare durch einen primitiven Projektivantisemitismus, wieder andere durch einen ressentimentgeladenen, zutiefst unreflektierten Antizionismus. Manche verharren in einem apolitisch gelähten Ehrfurchtsschweigen – ja, und zunehmend viele sind zu Sachwaltern einer neuen Antisemitismusbekämpfung mutiert, und zwar mit solcher Verve, dass man den Eindruck gewinnt, der Anti-Antisemitismus sei zum neuen zivilgesellschaftlichen Lustprinzip einer gewissen deutschen Öffentlichkeit avanciert. In schdanowistischer Torhütermentalität wird alles angeprangert und verfolgt, oft auch pauschal denunziert, was nach »Antisemitismus« riecht, oder genauer, was sich unter dem neuen Begriff von Antisemitismus, den sich diese Öffentlichkeit zurechtgebastelt hat, subsumieren lässt, wobei sich Aufklärungselan und paranoider Pathos solcherart wechselseitig durchwirken, dass politische Emanzipationspraxis zur befindlichkeitsgeschwängerten Lust am publiken Verfolgungswahn verkommt. Man gefällt sich als »hauptamtliche Antisemiten-Jäger« (gut deutsch der Verbeamtung von Emanzipation frönend), beruft sich dabei auf Adornos neuen kategorischen Imperativ, wobei sich freilich der alte Frankfurter Denker im Grabe umdrehen dürfte, wenn er erführe, von welchem Ungeist diese Vereinnahmung beseelt ist, und geht alles brutal-denunziatorisch an, was sich nicht den Vorgaben des manipulativen Antisemitismus-Diskurses unwidersprochen fügt. Auch Juden sind vor der Definitionsallmacht dieser vermeintlichen Sachwalter ihrer Belange nicht gefeit.

Ist das schlimm? – mag man sich fragen. Ist es nicht begrüßenswert, dass gerade in Deutschland und gerade angesichts der neuen Erstarkung neonazistischer Tendenzen der Antisemitismus mit so viel Elan attackiert wird? An sich schon. Nur stellt sich zunehmend die Frage, ob tatsächlich ein erstarkender Antisemitismus angegangen wird, der beispielsweise in der »braunen Szene« immer schon sein zuverlässiges historisches und gesellschaftliches Zuhause hatte und noch immer hat; oder ob nicht doch der ungleich »attraktivere« Weg der politisch-korrekten Polemik gewählt wird, bei der der periodisch sich einstellende antisemitische Verbalskandal um eine Person des öffentlichen Lebens mit mehr oder minder auffälliger Breitenwirkung zur Drohkulisse einer heraufbeschworenen »Verantisemitisierung«, gar Neonazifizierung der gesamten Gesellschaft hoch- beziehungsweise niederstilisiert wird. Da der Antisemitismus immer schon soziale (oft auch sozio-öknomische), sozialpsychische und kulturell-ideologische Ursachen hat – man hüte sich stets davor, den Antisemitismus zu enthistorisieren oder gesellschaftsfern zu abstrahieren – und da man diese Ursachen bei der gängigen »Bekämpfung« von Antisemitismus geflissentlich zu ignorieren pflegt, erweisen sich die medienwirksamen Empörungs-Knalleffekte um die enttabuisierten, bewusst-provokant orchestrierten miniantisemitischen Verbaleklats als bewusstseinstrübende Ideologie der sogenannten Antisemitismus-Bekämpfung. Die sensationslüsterne Aufgewühltheit begnügt sich mit dem Lustgewinn an öffentlicher Erregung; um Gesellschaftskritik, gar emanzipativen sozialen Wandel bekümmert sie sich zumeist herzlich wenig, wenn überhaupt je. Und in der Tat mag sich die Frage stellen, was da letztlich bekämpft wird: die sich politischkorrekt nicht gehörende Zulassung des antisemitischen Verbalressentiments, mithin die publike Akzeptanz seiner manifesten Erscheinung, oder die strukturellen Ursachen, also gesellschaftlich wirkmächtigen Bedingungen für Entstehung, Verfestigung und Sedimentierung dieses Ressentiments. Handelt es sich um Ersteres, so liegt dem ein Antisemitismusbegriff zugrunde, der sich mit dem (durchaus notwendigen) Geplänkel einer feuilletonistisch-publizistischen Kultur debattierender Zerredung, mit akademischen Diskursanalysen und massenmedialen Talkrunden »fürs Volk« begnügt. Sein Geltungsbereich ist die Sphäre parlierender Entrüstung und getragener Nachdenklichkeit von besorgten Gutmenschen. Handelt es sich hingegen um Letzteres, so sieht man sich vor ein Problem ganz anderer Größenordnung gestellt. Denn man kommt dann nicht um die ehrliche Einschätzung von Stellenwert und Bedeutung dessen, was – salopp als »Antisemitismus« eingestuft – eine fundamentale Gesellschaftskritik und rigorose politische Tathandlungen erfordern würde.

So muss man sich beispielsweise fragen, was mit »Bedrohung von Juden« im heutigen Deutschland gemeint sei. Sind in Deutschland lebende Juden heutzutage in ihrer Existenz bedroht? Besser gefragt: Lässt sich eine Entwicklung in Deutschland denken, die die Existenz von Juden ernsthafter Bedrohung aussetzen würde? Die Antwort darauf muss notwendigerweise spekulativ bleiben. Aber abgesehen von massiver Bewachung jüdischer Institutionen, die primär der Bedrohung durch arabischen Terror geschuldet ist, besteht seit Jahrzehnten keinerlei physische Bedrohung von in Deutschland lebenden Juden. Dies hat nicht nur damit zu tun, dass jüdisches Gemeindeleben in der bundesrepublikanischen Nachkriegsära ohnehin nur spärlich aufkeimte (die Zahl der Juden in der DDR war ganz nichtig), sondern vor allem damit, dass das allgemeine Entsetzen vorm Grauen der jüngsten deutschen Vergangenheit zu einer tabuisierten Unantastbarkeit von Juden geronnen war. Die politische Aufregung um die Erstarkung der NPD Mitte der Sechzigerjahre galt nicht der möglichen realen Bedrohung von Juden, sondern der Durchbrechung des Tabus, das im Zuge der sogenannten »Vergangenheitsbewältigung« jedem politischen Funken, der sich anschickte, den antinazistischen Konsens provokant anzusengen, ein politisch prästabilisiertes Löschungs-Veto zu erteilen trachtete. Es handelte sich um eine Regung in der Sphäre symbolischer politischer Interaktion, um ein Gerangel im Reich der Signifikanten, nicht um reale Bedrohung von Juden. So werden bis zum heutigen Tag jüdische Friedhöfe in Deutschland geschändet, auch Gebäude jüdischer Institutionen mit antisemitischen Verbalinjurien beschmiert. Aber das sind auch die Grenzen: Jüdische Menschen bleiben unangetastet, man regt sich an ihren steinernen Monumenten ab. Dem ist entgegengehalten worden, es handle sich um ein an einem sehr dünnen Faden hängendes Tabu – es reiche hin, dass sich in der politischen Klasse ein Stimmungswechsel vollziehe und ein Zeichen »von oben« gesetzt werde, damit die fortwesende antisemitische Hölle in Deutschland wieder losbreche und große Teile der Gesellschaft erfasse. Eine zweifellos düstere Prognose, wenngleich eine eher zweifelhafte. Denn nicht nur lässt sich vermuten, dass ein für Juden antisemitisch-bedrohlich gewordenes Deutschland von Machtinstitutionen der westlichen Öffentlichkeit wohl kaum ohne deutliche Nachteile für ein solches Deutschland hingenommen würde, sondern in Deutschland selbst dürften sich massive zivilgesellschaftliche Kräfte mobilisieren, um einer solchen unheilvollen Entwicklung entgegenzuwirken. Diejenigen aber, die einer solchen Prognose aus uneingeschränkter Überzeugung das Wort reden, mithin fest davon überzeugt sind, dass es nur noch eine Frage der Zeit sei, bis es Juden in Deutschland wieder an den Kragen geht, dürften sich nicht mit ihrer Einsicht begnügen. Aus der sich von dieser Einsicht ableitenden Verantwortung müssten sie unermüdlich dafür sorgen, dass Juden schleunigst aus Deutschland herauskommen. Dass sie sich nie und nimmer einfallen ließen, diesen Schritt zu unternehmen, lässt darauf schließen, dass sie ihrer Katastrophalprognose wohl selbst nicht sonderlich trauen, dafür aber als gestandene Protagonisten im Spielfeld pseudoemanzipativen Raunens die endzeitliche Katastrophe in ein diskursiv-polemisch lohnendes kulturelles Kapital umso perfekter für eigene Belange umzusetzen verstehen. Gleiches gilt übrigens für jene in Deutschland lebenden jüdischen Studenten, die sich bei einer Veranstaltung darüber beklagten, dass sie sich zuweilen in der Tat nicht mehr als Juden auf die Straße wagen könnten; danach gefragt, warum sie sich nicht schleunigst diesem üblen Zustand durch Auswanderung entzögen, verfielen sie in den Gestus indignierter Aufgebrachtheit von Menschen, denen man gerade ein Stück ihrer (diasporischen) Identität geraubt hatte – die der existentiell gelebten Bedrohung durch eine zutiefst feindliche Umwelt.

Das will wohlverstanden sein: Es soll hier mitnichten der Ungeist einer neuerlichen Legitimation von Antisemitismen im öffentlichen deutschen Diskurs, schon gar nicht die Zunahme neonazistischer Politpraktiken und Agitation verantwortungslos verharmlost beziehungsweise schöngeredet werden. Das, was sich in der alten Bundesrepublik spätestens seit Ende der Sechzigerjahre an kritischer Öffentlichkeit und aufklärerischer politischer Kultur herausgebildet und sedimentiert hat, muss stets aktiviert werden, um besagtem Ungeist rigoros entgegenwirken zu können. Dieses Postulat verliert selbst dann nicht an Geltungsanspruch, wenn man in Kauf nimmt, dass es um den kritischen Geist und seine Träger zurzeit nicht gerade zum Besten bestellt ist. Denn selbst unter Bedingungen eindimensionierender Entsorgung der umfassenden Kritik am Bestehenden darf und muss gefordert werden, dass die Enttabuisierung dessen, was, wie immer scheinhaft, in den Stand des Unantastbaren gesetzt worden ist, kritisch reflektiert werde. Zwischen solcher Kritikforderung und der paranoid-leichtfertigen Heraufbeschwörung eines neuen, für Juden bedrohlichen Antisemitismus liegt freilich eine Kluft, die ihrerseits der Reflexion bedarf.

Denn wenn dem in der Tat so ist, dass der Antisemitismus einerseits wieder salonfähig wird (beziehungsweise Tabus seiner Eindämmung gebrochen werden), andererseits aber auch zum konjunkturell gestylten »Thema« mit entsprechender Feuilleton-Resonanz verkommt; wenn darüber hinaus gefragt werden muss, ob es gerade Juden sind, welche die real bedrohteste und ungeschützteste Minorität im deutschen xenophobischen Diskurs abgeben, dann muss zugleich auch geklärt werden, ob die in diesem Zusammenhang allzu schnell und leichtfertig abgerufene Auschwitz-Metapher die adäquate Kategorie für die geforderte Auseinandersetzung mit dem zu Bekämpfenden sein könne; ob mit der veralltäglichenden Aushöhlung dieses Begriffs nicht zugleich die systematische Banalisierung des Antisemitismus als Auslöser einer geschehenen welthistorischen Katastrophe und als Folie künftiger Bestrebungen, Rassismus und Fremdenhass zu bekämpfen und auszurotten, stattfinde. Wenn sich zudem der Verdacht hinzugesellt, dass mit der vorgeblichen Bekämpfung des Antisemitismus etwas ausgetragen wird, das sich zwar für die »Lehre aus Auschwitz« ausgibt, letztlich aber als projektive Entleerung dessen erweist, was als zu Mahnendes im Bewusstsein erhalten werden soll, dann kommt man schlechterdings nicht um die ärgerliche Einsicht herum, dass deutsche Befindlichkeiten wieder einmal am Werk sind, Befindlichkeiten, die den Antisemitismus als Fahrplan der Ausfechtung von Heteronomem vereinnahmen. Es wird an diesem Phänomen besonders deutlich, wie sehr doch der Antisemitismus dem antisemitismusfeindlichen Philosemitismus stets verschwistert ist: In beiden Fällen hält »der Jude« für etwas her, wird mithin dahingehend seines konkreten Daseins beraubt, dass er als leeres Gefäß für austauschbare Inhalte, fürs fungibel Abladbare in instrumentalisierender Absicht konstruiert wird. Ob dabei Hass und Aggression oder Schuld und wiedergutmachende »Liebe« abgeladen werden, bleibt sich im Hinblick aufs Resultat der entmenschlichenden Abstraktion des Juden letztlich gleich. Immerhin hätten Philosemiten aber keine Konzentrationslager errichtet, lässt sich dagegen einwenden. Wohl wahr. Aber genau darum geht es ja im heutigen Deutschland nicht; es geht beim gegenwärtigen Antisemitismus-Diskurs nicht um die Möglichkeit einer neuen Shoah. Dass aber gerade die Assoziationsfolie des KZ (als »Auschwitz« kodiert) für etwas in Anschlag gebracht wird, das sich ihm als Reales entzieht (und mag dabei das Pathos des aus der Vergangenheit fürs Künftige abgeleiteten Anmahnens sich noch so sehr selbst hochpeitschen), indiziert, wie erbärmlich sich der Begriff des historischen Grauens im Spiegel der befindlichkeitsgeschwängerten Realitätsbewältigung der Gegenwart ausnimmt. »Antisemitismus«-Bekämpfung als Reparation für »Auschwitz« – eine neue ideologische Variante des psychologischen Grundverhältnisses, wonach die Deutschen den Juden Auschwitz nie verzeihen werden.

Ein zweiter Aufschrei lässt sich an dieser Stelle vernehmen: Ist es zulässig, im hier erörterten Zusammenhang pauschal von »Deutschen«, von »deutschem Antisemitismus-Diskurs« und von »deutscher Auseinandersetzung mit der Vergangenheit« zu reden? Verbietet sich eine solch generalisierende Nomenklatur nicht schon deshalb, weil doch sehr unterschiedliche, gar gegensätzliche Stimmen und jedenfalls eine heterogen gestimmte deutsche Öffentlichkeit auf kurzfristige tagespolitische Auflodeungen wie auf geschichtlich verfestigte Ideologeme beziehungsweise Tabuübertretungen reagieren? Dem ist gewiss so, und gewiss ist der eine oder andere Punkt in der vorliegenden Erörterung überspitzt formuliert worden. Und doch lässt sich darauf insistieren, dass die plurale Stimmenvielfalt einem umfassenden (hier idealtypisch angesprochenen) Muster subsumiert sei, das sich an der elementaren Neuralgie des Verhältnisses von Deutschen-und-Juden-nach-Auschwitz schärft und bei periodisch aufflammenden Debatten um die nun mal als »deutsch« apostrophierte und als ebendiese verhandelte »Vergangenheit« in einer sich stets zugleich einstellenden Polarisierung mit besonderer Deutlichkeit zutage tritt. Antisemitische Abneigung gegen Juden und philosemitische »Judenliebe« erweisen sich dabei, ebenso wie vorgebliche, vor allem bei Jugendlichen anzutreffende »Indifferenz« Juden gegenüber, als exemplarische Reaktionsmuster, die eines gemeinsam haben: die abschätzige, verklärende oder eben »teilnahmslose« Abstraktion von »Juden«, die als solche zur Projektionsfläche für selbstbezogene Befindlichkeitskämpfe und Identitätsgerangel, welche sich einzig der unhintergehbaren neuralgischen Verfasstheit eines jeden »Deutschen« gegenüber »dem Juden« verdankt, reduziert werden. Ob es in der gegenwärtigen Geschichtsphase einen Ausweg aus diesem Zirkel gibt, sei dahingestellt. Ganz gewiss findet er sich jedoch ebenso wenig in der normalisierungssüchtigen Abkopplung von der deutschen Vergangenheit wie in der »Bekämpfung« eines katastrophisch herbeigeschrienen Antisemitismus, so als stünde nichts weniger als die Heraufkunft des Vierten Reiches bevor.

Die eklatanteste, zugleich auch politisch am meisten geladene Form der instrumentalisierenden Abstraktion des Juden für heteronome Zwecke manifestiert sich in der metonymisch verwendeten Gleichsetzung des Juden mit Israel und, davon kurzschlüssig abgeleitet, des Antisemitismus mit Antizionismus oder gar schon mit simpler Israelkritik. Man ist zunächst geneigt, die Analogisierung wie selbstverständlich hinzunehmen: Da sich der Zionismus als die nationale Befreiungsbewegung des jüdischen Volkes und den Staat Israel als Staat der Juden (zuweilen auch als »jüdischen Staat«) versteht, liegt es scheinbar nahe, Israel als Pars pro Toto eines wie immer zu denkenden Jüdischen anzusehen. Da zudem die Gründung des Staates Israel unmittelbar nach der Shoah stattfand und nicht zuletzt infolge dieser Katastrophe des jüdischen Volkes erheblich forciert wurde, wird Israel nicht nur mit Juden gleichgesetzt, sondern sowohl in der proklamierten Ideologie des Zionismus als auch im Selbstverständnis vieler Juden als »Zufluchtsstätte des jüdischen Volkes« apostrophiert, die der jüdischen Diaspora, mithin einer jahrtausendealten Verfolgungsgeschichte ein Ende setzen soll. Dass diese ex negativo gebildete Gleichsetzung vieles an ideologischer Verzerrung schon deshalb in sich birgt, weil viele Juden keine Zionisten, viele Zionisten keine Israelis und viele Israelis keine Juden sind, fällt im hier erörterten Zusammenhang zunächst nicht ins Gewicht. Denn es reicht schon, davon auszugehen, dass die allermeisten Juden eine durch die schiere Existenz des Judenstaates genährte Israel-Affinität entwickelt haben, um die Verbindung zwischen »Juden« und »Israel« als selbstverständlich gegeben zu akzeptieren.

Was sich indes an der (wie immer ideologisierten) jüdischen Israel-Affinität aus der Perspektive besagter Leiderfahrung als unhinterfragbar ausnehmen mag, erhält in der Israel-Rezeption von Deutschen gemeinhin einen ganz anderen Stellenwert, und zwar besonders dann, wenn Deutsche »Israel« und »Juden« in Beziehung zueinander setzen. Denn dass Deutsche die Staatsgründung Israels als eine Art »Wiedergutmachung« der Geschichte für das von ihnen geschichtlich am jüdischen Volk Verbrochene ansehen, mithin einer grundsätzlichen Israelsolidarität das Wort reden, mag als nur zu natürlich erscheinen. Welches Kollektiv, wenn nicht das deutsche, müsste so »fühlen«? Ob dabei die offiziellen Staatsabkommen zwischen der alten Bundesrepublik und Israel (wie etwa das Wiedergutmachungsabkommen von 1952 oder die Aufnahme voller diplomatischer Beziehungen zwischen beiden Staaten im Jahre 1965) diesem »Gefühl« nachkommen konnten, darf mehr als bezweifelt werden. Zweifellos drückte sich demgegenüber in fortlaufenden Unternehmungen wie »Aktion Sühnezeichen« ein genuines Bedürfnis aus, etwas von der letztlich unabtragbaren historischen Schuld durch eine fortwährende, zweckgebundene Handlungspraxis zu »sühnen«. Und doch darf man sich fragen, ob sich an der gängigen deutschen Israel-Rezeption und Israelsolidarität nicht primär jenes Projektionsmuster festmacht, welches der neuralgischen Grundbeziehung zwischen Deutschen und Juden nach der Shoah zwangsläufig zugrunde liegt. Denn nicht nur muss einerseits ein von nichtjüdischen Deutschen deklarativ gefeierter Antizionismus, der in der grundsätzlichen Infragestellung des Existenzrechts Israels kulminiert, auf seine latenten Motivationen hin abgeklopft, mithin der ihm möglicherweise einwohnende antisemitische Impuls entlarvt werden; nicht minder dringlich ist andererseits die Dekodierung einer allzu überschwänglichen deutschen Israelsolidarität angeraten, die bei jedem massiven Militärschlag Israels fröhliche Urständ feiert, ohne sich freilich je die Larmoyanz über die vermeintliche Bedrohung der Existenz Israels vermiesen zu lassen. Die Vernichtungsfantasie des deutschen Antisemiten ist der Freude an der von Juden praktizierten Gewalt des deutschen Philosemiten aufs Engste verschwistert. Bezeichnend ist dabei das sich im Topos der »Existenz des Judenstaates« deutlich niederschlagende projektive Moment. Was der antizionistische Antisemit wunschgedanklich imaginiert, komplementiert der zionismussolidarische Philosemit durch die »besorgte« Heraufbeschwörung desselben wunschgedanklichen Inhalts. Gemessen daran, dass Israel schon seit Jahrzehnten nicht in seiner Existenz bedroht ist (und nicht sein kann: jeder Staat im Nahen Osten, der sich anmaßte, es in seiner physischen Existenz zu bedrohen, würde unweigerlich seinen eigenen Untergang mit festschreiben), nimmt sich die permanente Imagination besagter Existenzbedrohung mehr als prekär aus: Was der brachiale antizionistische Antisemit gern »am Juden« austoben würde, aber nicht austoben darf und daher zur Fantasie der Vernichtung des Judenstaates gerinnen lässt, lebt der israelsolidarische Philosemit an dem aus, was der zionistische Judenstaat gewaltdurchwirkt an anderen austobt und was von anderen an ihm ausgetobt wird. Deutsche Israelfreunde pflegen den Kampf Israels »um seine Existenz« bis zum letzten israelisch-jüdischen Blutstropfen auszufechten.

Die hier skizzierte Dichotomie trägt freilich idealtypischen Charakter. Der proisraelische Philosemit kann sich gleichwohl durchaus auch als selektiv in seiner »Judenliebe« erweisen, wie denn der gängige Antisemit gar nicht israelfeindlich zu sein braucht. Denn während Letzterer sich ohne Weiteres alle Juden nach Israel wünschen mag, damit sie aus seiner Lebenswelt verschwinden, kann Ersterer bitterböse werden, wenn er einem israelkritischen Juden oder einem zionismuskritischen Israeli begegnet; zuweilen wird er, der Deutsche, sich nicht entblöden, ihn, den Juden, als Antisemiten zu schmähen – denn nie wird der »wiedergutmachende« philosemitische Israelfetischist, der seine objektive Zugehörigkeit zum Tätervolk kaum je verwinden kann, dem israelkritischen Juden, der aus Auschwitz nicht die Konsequenz eines militaristisch ideologisierten und gewaltdurchwirkten Israels gezogen hat, diese andere Art des Judeseins verzeihen. Als im Jahre 1999 deutsche Kampfflugzeuge im Kosovo zum Einsatz kamen, schrieb Frank Schirrmacher von der *Frankfurter Allgemeinen Zeitung*: »Dieser Krieg wird in Deutschland, anders als in anderen Ländern, fast ausschließlich mit Auschwitz begründet. Und vielleicht stimmt es ja, und die deutschen Tornados im Himmel über Jugoslawien bombardieren in Wahrheit nicht die Serben, sondern die deutsche Wehrmacht von 1941.« Was bombardieren in den Augen deutscher Israelanhänger israelische Kampfflugzeuge, wenn sie über palästinensische Ziele fliegen? Etwa auch die deutsche Wehrmacht? Gar

Auschwitz? Das Perverse dieser Art der Projektion erweist sich nicht nur an der Widerlichkeit der späten Kompensation dessen, was historisch nicht stattgefunden hat, mithin an der instrumentellen Funktionalisierung der Nachfahren der Opfer für die neurotischen Bedürfnisse der Nachfahren der Täter, sondern auch daran, dass mit der legitimierten Täterwerdung »der Opfer« sich mutatis mutandis eine Entlastung dessen vollzieht, was immer schon als die pathologische Grundlage der vorgeblichen deutschen Israelsolidarität angesehen werden darf. Die gängige Variante dazu: der antizionistische Antisemitismus. Auch er speist sich ja aus der historischen Schuld und der psychischen Bemühung um ihren projektiven Abbau. Was allerdings beim Antisemiten in diesem Kontext in Aggression gegen den Juden umschlägt, wird beim Philosemiten auf den aggressiven Juden übertragen – einzig er vermag, den historisch schuldig gewordenen Deutschen kraft selbst aufgeladener Schuld zu entschulden: israelische Sicherheitspolitik als Heilung deutschbefindlicher Neuralgien.

Nun spielt sich aber Israels Sicherheitspolitik in einem bestimmten Kontext ab, nämlich dem einer seit Jahrzehnten betriebenen Okkupation und brutaler Unterdrückung der palästinensischen Bevölkerung im Westjordanland und im Gazastreifen. Will man den geschichtlichen Kontext weiter stecken, so kann man auf 1948 zurückgehen, dem Jahr der israelischen Staatsgründung, zugleich aber auch dem der »Nakba«, der großen Katastrophe des palästinensischen Volkes; man mag letztlich auch aufs Ende des 19. Jahrhunderts zurückgreifen, der Entstehungszeit des politischen Zionismus als der nationalen Befreiungsbewegung des jüdischen Volkes, die aber zugleich eine massive Kolonisierungsbewegung in Gang setzte, die das Territorium Palästinas eben nicht, wie es die zionistische Ideologie von Anbeginn weismachen wollte, als »Land ohne Volk für ein Volk ohne Land« besiedelte, sondern auf ganz bewusste Landnahme eines bereits bevölkerten Territoriums aus war. Man beurteile den Nahostkonflikt, wie man möchte – an dem von Juden am palästinensischen Volk begangenen historischen Unrecht kommt man schlechterdings nicht vorbei. Und bringt man in Anschlag, dass die zionistische Staatsgründung (oder doch zumindest ihre forcierte Beschleunigung) sich in erheblichem Maß der von Deutschen am jüdischen Volk verbrochenen Vernichtungskatastrophe »verdankte«, so muss auch die Rezeption des Nahostkonflikts durch Deutsche von der schweren Last der deutsch-jüdischen Vergangenheit affiziert werden. Mehrere Ausrichtungsmuster sind dabei möglich: Manche werden sich von dem Umstand, dass die Palästinenser zu historischen »Opfern der Opfer« geworden sind, »entlastet« fühlen und in eine sachlich disproportionale, womöglich durchaus auch antisemitisch durchwirkte Israel- beziehungsweise Zionismuskritik verfallen; andere werden sich in ihrer Israelkritik mit der Begründung zurückhalten, keinem Deutschen stünde es an, einen Juden, mithin Israel als Judenstaat je zu kritisieren; wieder andere werden sich aber in eine umso euphorischere, ihrem Wesen nach fetischistische Solidarität mit »Israel« hineinstürzen, nicht zuletzt, um somit die letzte Konsequenz aus der verbrecherischen Geschichte ihres Landes gezogen zu haben. Die hier idealtypisch aufgelisteten Muster weisen allesamt einen projektiven Charakter auf, bei dem Deutschbefindliches, »Juden« und »Israel« nur indirekt Angehendes, ausgetragen wird. Heißt das nun, dass Deutsche in der gegenwärtigen Geschichtsphase im Wesentlichen unfähig seien, einen sachgerechten Zugang zu Israel und zu Juden (was im Übrigen mitnichten dasselbe ist) zu entwickeln? Sind sie dazu verurteilt, alles Jüdische von Grund auf neuralgisch zu rezipieren? Geht man bis auf die tiefenpsychische Matrix der Belastung durch die deutsch-jüdische Geschichte zurück, muss man diese Frage zum gegenwärtigen Zeitpunkt in gewisser Hinsicht bejahen. Beredten Ausdruck verlieh diesem Grundgefühl Karl-Heinz Hansen, Bundestagsmitglied zwischen 1969 und 1983, dem während der »Walser-Debatte« von 1998/99 in einem Leserbrief an die *Süddeutsche Zeitung* der Kragen platzte: »Wenigstens solange noch ein einziges Opfer des deutschen Verbrecherstaates unter uns lebt, sollten Leute wie Walser und Dohnanyi diese nicht beleidigen dürfen und uns nicht mehr mit ihren persönlichen Wehwehchen belästigen. Sie sollten schlicht und einfach die Klappe halten.« Der in diesen Worten mit Emphase beklagten Instrumentalisierung des Schuldimpulses auf deutscher Seite ist freilich eine nicht minder instrumentalisierten Heteronomisierung des Schuldzusammenhangs auf israelischer Seite eng verschwistert. Nicht von ungefähr sind es unter allen Kollektiven gerade Deutsche und Israelis, die unermüdlich auf »Normalität« und »Normalisierung« des eigenen Kollektivs pochen. Nichts vermag das Anormale ihrer pathologischen Grundbeziehung besser zu manifestieren als gerade diese (ideologische) Normalitätssehnsucht.

Nun lässt es sich aber so nicht gut leben. Das gängige Verhältnis des jüdischen Israeli zu Deutschland mag dabei im hier debattierten Zusammenhang unerörtert bleiben. Was bedeutet demgegenüber obiges Verdikt für Deutsche? Sie können ja nicht außerhalb jeglicher Beziehung zu Israel (und Juden) stehen. Die objektive Wirklichkeit des stets entflammbaren Nahen Ostens und der in seinem Kontext besonders gravierenden Besatzungsrealität in Palästina fordert ihnen unweigerlich eine wie immer schwach bewusste und nur partiell bestimmte Positionierung ab. Von selbst versteht sich dabei, dass alles, was den Geruch von Antisemitismus aufkommen lässt, geschweige denn manifester Antisemitismus, kritisch angegangen und rigoros bekämpft werden muss. Nicht minder kritisch ist freilich die Fetischisierung der Antisemitismusbekämpfung anzuvisieren, die sich in ihrer pseudoemanzipativen, paranoiden Geste immer mehr als kontraproduktiv für das vorgegebene eigene Anliegen erweist. Die Erzählung vom kleinen Kind, welches das eine um das andere Mal »Wolf! Wolf!« schrie, ohne dass von diesem direkte Gefahr drohte, dem aber dann auch niemand mehr glaubte, als es das erste Mal vor einem wirklichen Wolf zu warnen trachtete, mag da in den Sinn kommen. Was es zu bekämpfen gilt, muss eine Realität haben; die Protagonisten des Antisemitismus-Diskurses müssen sich aber vor allem darum bemühen, diesen Diskurs auf die ihn zunehmend durchwirkenden Elemente befindlichkeitsgeprägter Projektion und damit aufs Engste verschwisterter Abstraktion des »Juden« reflexiv zu durchforsten.

Und es ist nun in diesem selbst reflektierten Zusammenhang, dass sich die Frage der adäquaten Israelkritik, beziehungsweise der unhinterfragten Israelsolidarität in ihrer umfassenden Komplexität und tendenziellen Ideologielastigkeit stellt. Denn gerade, weil Israel aus einem ganz bestimmten geschichtlichen Kontext entstanden ist, der die Realität eines ideologisch Zusammengeschweißten zwangsläufig zeitigen, mithin die fundamentalen Widersprüche und zentralen Konfliktachsen dieser historisch determinierten Gewachsenheit durch eine fortwährend perpetuierte Einheitsideologie überbrücken musste, stellt sich nicht nur für den Außenstehenden, aber gewiss auch für ihn, die Frage, mit welchem Israel er sich solidarisiere, wenn er einer am wirklichen Leben vorbeiziehenden Abstraktion nicht auf den Leim gehen möchte. Meint er das säkulare (liberale oder sozialistische) Israel oder das religiöse (halachisch-orthodoxe beziehungsweise nationalreligiöse)? Das Israel einer aschkenasischen Hegemonie oder das eines in den letzten Jahrzehnten von orientalischen Juden in ganz andere Bahnen des Selbstverständnisses getriebene? Das »jüdische« Israel einer seit über siebzig Jahren systematisch betriebenen Diskriminierung und perpetuierten Unterprivilegierung eines Fünftels seiner Bevölkerung, der in Israel noch vor der Staatsgründung lebenden arabisch-palästinensischen Minderheit? Das Israel einer von Privatisierung und beschleunigt forciertem Sozialabbau gebeutelten Gesellschaft, die sich inzwischen durch eine sich immer bedrohlicher vertiefende sozial-ökonomische Kluft kennzeichnet? Das Israel der ultrarechten Siedlerbewegung, in der eine expansive Großisrael-Ideologie, ein religiös-fundamentalistischer Messianismus und eine politisch wie militärisch durchwachsene Gewaltbereitschaft zur nahezu autonomen Wirklichkeit eines Staates im Staat geronnen ist? Das Israel der in den letzten Phasen ihres Untergangs begriffenen Kibbutz-Bewegung? Der gerade von der Arbeitspartei zerschmetterten Gewerkschaften? Des durch die deteriorierte ökonomische Lage ins Wanken geratenen Gesundheits- und Erziehungswesen? Das durch die in den Neunzigerjahren vom Staat organisierte Masseneinwanderung aus der ehemaligen Sowjetunion demografisch und kulturell solchermaßen transformierte Israel, dass es mit dem idealisierten »alten Israel« so gut wie keine Gemeinsamkeit mehr aufweist? Vom Umgang mit den Hunderttausenden Gastarbeitern aus verschiedenen Ländern der Zweiten und Dritten Welt, die ein oft entrechtetes Sklavendasein im ehemals sich sozialistisch gerierenden Israel fristen, soll hier geschwiegen werden. Immer länger ließe sich die Ausstaffierung der Liste eklatanter Widersprüche und innerer Ungereimtheiten der israelischen Gesellschaft fortsetzen, die aber letztlich allesamt auf eines hinauslaufen: Wer sich abstrakt mit »Israel« solidarisiert, segnet mutatis mutandis alle diese Widersprüche ab, trägt mithin dazu bei, dass die von diesen strukturellen Antinomien und latenten Konfliktherden innerisraelisch ausgehende Bedrohung der israelischen Gesellschaft erst gar nicht angegangen werden kann – und zwar nicht nur, weil er mit einem pauschalisierenden »Israel«-Begriff alles Heterogene über einen (simplifizierenden) Kamm schert, sondern auch, weil damit der für die schmerzhafte, zugleich aber auch notwendige Auseinandersetzung mit der Zerrissenheit der israelischen Gesellschaft unabdingbare Frieden mit den Nachbarn, vor allem mit den Palästinensern quasi ins Abseits gestellt, gleichsam entsorgt wird. Wer das Wohl Israels will, kann sich schlechterdings nicht mit einem zur puren Projektionsfläche eigener Befindlichkeiten geronnenen »Israel« solidarisieren. Wer aber trotz alledem noch immer darauf beharrt, Israelsolidarität wegen von außen drohenden Gefahren bekunden, mithin durch nämliche Solidarität »Juden« vor Antisemitismus schützen zu sollen, muss sich schon fragen lassen, ob er Israel beziehungsweise Juden meine oder ob ihm

»Israel« und »Juden« nicht letztlich doch zu dem verkommen sind, was das antisemitische Ressentiment und den israelfeindlichen Impuls mit nicht minderer ideologischer Verve zu bedienen vermöchte.

2018 – Hitlers verlängerter Arm

Seit der Publikation des obigen Artikels sind, wie gesagt, dreizehn Jahre vergangen. Eine lange Zeit, in politischen Kategorien. Wo soll man bei der Darlegung dessen, was sich inzwischen im Zusammenhang mit dem hier erörterten Thema zugetragen hat, beginnen? Am besten wohl mit einigen beredten Fakten aus der letzten Zeit. In der von Annette Groth und Günther Rath herausgegebenen Broschüre *Meinungsfreiheit bedroht? Die Gefährdung der Meinungsfreiheit in Deutschland durch die Kampagnen der sogenannten ›Freunde Israels‹*[2] werden unter Anderem be- oder verhinderte Veranstaltungen der letzten Jahre aufgelistet, die sich mit Menschenrechten, mithin mit dem israelisch-palästinensischen Konflikt befassten. Von den insgesamt 71 in dieser Liste genannten Veranstaltungen seien hier neun erwähnt, die man allein im Jahre 2017 zu vereiteln trachtete.

- Im Januar 2017 fand im Fachbereich Politik- und Sozialwissenschaften der Freien Universität Berlin ein Seminar zum Thema »Rassismus im Kapitalismus« statt. Geleitet wurde es von der Politologin Eleonora Roldán Mendívil. Raumgeber war das Otto-Suhr-Institut. Nach Intervention einer anonymen Gruppe »gegen Antisemitismus an der FU« und der *Jüdischen Rundschau* wurde beschlossen, der Dozentin wegen Antisemitismus-Verdacht keine weiteren Lehraufträge zu erteilen.
- Am 13.01.2017 hielt an der Universität Freiburg Farid Esack aus Südafrika einen Vortrag zum Thema »BDS und Antisemitismus«. Veranstalter war Café Palestine, Raumgeber die

Freiburger Universität. Mit dem Vorwurf, BDS sei antisemitisch, wurde von der Deutsch-Israelischen-Gesellschaft und dem sogenannten »Referat gegen Antisemitismus« Druck auf die Universitätsleitung ausgeübt, die Raumvergabe zu widerrufen.

- Am 21.01.2017 hielt Abi Melzer im Gästehaus der Universität Bremen einen Vortrag über »Israel-Kritik und Antisemitismus«. Eingeladen wurde er dazu vom Kriminalwissenschaftler Johannes Feest. Raumgeber war die Universität Bremen. Die jüdische Gemeinde ersuchte den Rektor der Universität, die Veranstaltung zu unterbinden, jedoch vergeblich.
- Am 07.02.2017 fand im Bürgerhaus von Gräfelfing (München) ein vom Pianisten Michael Leslie gegebenes Benefizkonzert für Gaza statt. Leslie war auch der Veranstalter. Raumgeber war die Gemeinde Gräfelfing, deren Bürgermeister sich für das Konzert standhaft einsetzte. Fünf Schülerinnen des Gymnasiums Gräfelfing und die Liberale Jüdische Gemeinde »München Beth Shalom« ließen es sich nicht nehmen, Vorwürfe zu erheben, humanitäre Zwecke seien nur vorgetäuscht, in Wahrheit würden BDS und Terrorgruppen in Gaza unterstützt.
- Zwischen dem 11. und dem 18.03.2017 sollte im Wiener Amerling-Haus eine »Israeli Apartheid Week« stattfinden. Veranstalter war das Werkstätten- und Kulturzentrum Wien, dessen Verein auch als Raumgeber fungierte. Nach der Androhung von Subventionsentzügen knickte der Vorstand des Werkstätten- und Kulturzentrums »vorauseilend« ein. Eine Studierenden-Vertretung war gegen die Veranstaltung.
- Am 25.04.2017 hielt Faisal Garba von der University of Cape Town an der Johannes-Gutenberg-Universität in Mainz einen Vortrag zum Thema »Studierenden- und Arbeiter*innenbewegung in Südafrika«. Veranstalterin war die Linke Liste JGU Mainz. Raumgeber war die Universität, die aber die Zusicherung von Räumen widerrief; dies geschah auf Betreiben des Universitätspräsidenten Georg Krausch und »Antideut-

schen«. Dem Referenten wurden antisemitische Äußerungen unterstellt, was faktisch auf ein Verbot der politischen Partizipation und der Bildung von Studierenden der JGU hinauslief.

- Für den Zeitraum vom 12. bis zum 14.05.2017 war an der Evangelischen Akademie Tutzing eine Konferenz zum Thema »Nahost im Spannungsdreieck: Israelisch-palästinensische Friedengruppen als Lernorte für deutsche Politik« geplant. Veranstalter waren die Evangelische Akademie Tutzing mit Kooperanden, die auch die Räume zur Verfügung stellen sollte. Die Tagung wurde durch den Leiter Udo Hahn abgesagt, und zwar mit der Begründung, es mangele an maßgeblicher Gesprächspartnerschaft. Vorwürfe wurde erhoben, einige der Referenten stünden der BDS nahe, seien mithin antisemitisch.
- Am 27.05.2017 fand am Aquino-Tagungszentrum in Berlin ein Thementag »50 Jahre israelische Besatzung – wir dürfen nicht schweigen« statt. Veranstalter war Kairos Palästina-Solidaritätsnetz Deutschland. Raumgeber war die Katholische Akademie Berlin. Am 30.03.2017 wurde der vor Monaten bereits geschlossene Mietvertrag plötzlich gekündigt. Aber mangels stichhaltiger Begründung erging die Aufforderung, den Vertrag einzuhalten.
- Am 09. und 10.06.2017 fand im Frankfurter Tagungszentrum Ka Eins die Konferenz »50 Jahre israelische Besatzung in Palästina« statt. Veranstalter waren der Deutsche Koordinierungskreis Palästina Israel, die »International Physicians for the Prevention of Nuclear War« (IPPNW) und pax christi. Raumgeber war das Ökohaus in Frankfurt. Nach Beschimpfungen und Drohungen folgte die Kündigung des Mietvertrages durch das Ökohaus. Per Gericht wurde aber die Einhaltung des Vertrags erwirkt. Bürgermeister Uwe Becker, gestützt durch israelische Publizisten sowie von Volker Beck und Jutta Ditfurth, behauptete, die Veranstaltung sei antijüdisch.

Was schon bei dieser kleinen Auswahl im Vergleich zur Lage im Jahre 2005 auffällt, ist der Übergang von Verbalinjurien, die sich noch mit Schmähungen begnügten, zur aktiven Verhinderung von israelkritischen Veranstaltungen, bei der sich der verleumderische Antisemitismus-Vorwurf mit der Forderung nach Raumverbot paart. Es geht demnach nicht mehr nur um einen an sich schon völlig hanebüchenen Meinungsstreit, sondern um die dezidierte Ausgrenzung und Verfolgung jener, die man mundtot zu machen trachtet. Hanebüchen ist der Meinungsstreit, weil schon die Verleumdung ausreicht, um den Bezichtigten in Zugzwang zu bringen; im Grunde müsste man die Verleumder höhnisch-gelassen in die Schranken weisen, so wie man sonstige Lästigkeiten des Lebens loszuwerden pflegt. Dies ist aber leichter gesagt als getan, weil da eine Inkriminierungskonstellation am Werk ist, die kraft ihrer Zusammensetzung eine immense Macht generiert hat: Von Vertretern der politischen Klasse (Uwe Becker, Volker Beck, Jutta Ditfurth) über israelsolidarische Organisationen (»Deutsch-Israelische Gesellschaft«), Studierendenvertretungen (»Referat gegen Antisemitismus«, »gegen Antisemitismus an der FU«), jüdische Institutionen (»Liberale Jüdische Gemeinde Beth Shalom«, »Jüdische Gemeinde Bremen«), jüdische Medien (*Jüdische Rundschau*) und israelische Publizisten (Benjamin Weinthal) bis hin zu diffusen »antideutschen« Gruppen (die zuweilen auch als »fünf Schülerinnen des Gymnasiums« Einfluss zu üben vermögen) öffnet sich ein Spektrum aggressiv-perfider Ideologen und ignoranter Propagandisten, die sich eines selbstgefälligen Anti-«Antisemitismus«-Festivals befleißigen. Dieses gefächerte Diffamierungsfeld wäre für sich genommen nicht von Belang – »Antideutsche« sind eine verschwindende Minderheit, die jüdischen Gemeinden klein und letztlich unscheinbar, Jutta Ditfurth und Uwe Becker zu unerheblich –, wenn sie sich nicht eines gewaltigen Hinterlands sicher sein könnten: Dem Hinterland der offiziellen deutschen Politik, des vorherrschenden Tenors in der hegemonialen bürgerlichen Medienwelt und der im Hintergrund die Bezichtigungspraxis unentwegt mitorchestrierenden israelischen Botschaft, mithin des israelischen Außenministeriums. Das heißt, mehr als dass die »antideutsche« Ideologie eine Massenbasis von Trägern aufzuweisen hätte, weiß sie sich eins mit der Ausrichtung der staatsoffiziellen Politik Deutschlands und der selbst gewählten ideologischen Haltung eines Großteils der deutschen Presse. Mehr als dass die jüdischen Gemeinden und Medien etwas Bedeutendes, geschweige denn Wesentliches, zur Antisemitismusbekämpfung beizutragen hätten, fungieren sie als willfährige Sprachrohre der israelischen »Hasbara« (Der hebräische Name dessen, was als die israelische Propaganda apostrophiert werden kann. Ein euphemistischer Begriff, der das Propagandistische als das »Erklärende« zu kaschieren trachtet). Diesen Wirkzusammenhang gilt es im Hinblick auf seine verschiedenen Protagonisten zu analysieren.

Deutsche Politik

Was unter Faschismus zu verstehen sei, war nie ganz eindeutig bestimmbar. Zwar verband sich mit dem Begriff stets rechter Radikalismus und diktatorischer Autoritarismus, zuweilen auch Totalitarismus und nationaler Chauvinismus; aber allein schon die Tatsache, dass der deutsche Nationalsozialismus ebenso unter dem Begriff subsumiert wurde, dabei jedoch auch die Kategorie des »Sozialismus« als Teil seiner Nomenklatur vereinnahmen zu können meinte, verweist darauf, wie prekär der historische Geltungsbereich dieser Konzeption war und geblieben ist. Bedenkt man zudem, dass sich Stalins Krieg gegen Hitler als »antifaschistischer Kampf« verstand, mag sich darüber hinaus die Verschwisterung von Faschismus und Totalitarismus als problematisch ausnehmen, wenn man sich denn des von Hannah Arendt zutiefst ideologisierten Totalitarismusbegriffs[3] überhaupt erst bedienen möchte. Auch der dem Nazismus wesenhaft inhärierende Antisemitismus, der eliminatorische zumal, war nicht allen faschistischen Regimes zu eigen, wie man vom spanischen und teilweise auch vom italienischen Faschismus weiß.

Indessen indizierte bereits Max Horkheimers Diktum von 1939[4], »Wer vom Kapitalismus nicht reden will, der sollte vom Faschismus schweigen«, dass es beim Faschismus um mehr geht als um Strukturen einer antidemokratischen und antiparlamentarischen, mithin antiliberalen politischen Kultur. Denn wenn der Faschismus, wie Horkheimers Analyse zu entnehmen ist, sich als Epiphänomen des Kapitalismus manifestiert beziehungsweise der Kapitalismus die tendenzielle Entwicklung zum Faschismus in sich birgt, so ist auch der Liberalismus als ideologischer Träger des Kapitalismus nicht aus diesem Konnex abzuspalten. Anders ausgedrückt: Nur weil der Faschismus in seiner autoritär gestandenen Form den parlamentarischen Liberalismus bekämpfte, bedeutet dies nicht, dass er deshalb auch schon der kapitalistischen Produktionsweise, welche jenes rigoros Bekämpfte zur Voraussetzung hatte, feindlich gegenüber eingestellt war. Ganz im Gegenteil: Mochte er sich noch so »sozialistisch« gebärden, ging der Faschismus stets eine bestens funktionierende Zweckheirat mit dem Kapitalismus ein. Der politisch-agnostische Kapitalismus seinerseits verbandelte sich mit dem Faschismus mit nicht minderer Leichtigkeit als mit dem Liberalismus, den er zum Überbau gerinnen ließ, nachdem er seinen historischen Siegeszug in der gesellschaftlichen Basis angetreten war.

Dies sollte man sich stets vor Augen halten, wenn man im heutigen Deutschland von Antifaschismus redet, besonders wenn er von der Bundesregierung proklamiert wird. Dass er zur staatsoffiziellen Ideologie gerinnen musste, liegt auf der Hand – sahen doch die Siegermächte in der Absage an den nazistischen Staat die Bedingung für den schnellen Wiederaufbau des in Trümmer liegenden westdeutschen Staates, den der Westen, geopolitisch bewegt, seinerseits als kapitalistische Bastion gegen den in Ost- und Mitteleuropa eingedrungenen Kommunismus zu errichten trachtete. Die antifaschistische Distanzierung von der jüngst durchlebten politischen Vergangenheit war, so besehen, in der alten Bundesrepublik von Anbeginn opportunistisch eingefärbt. Mochten die späterhin gerühmten »Lernprozesse« die politische Kultur des westdeutschen Staates in der Tat geprägt haben, so waren sie doch das späte Resultat eines zweckrational akzeptierten, letztlich aufgezwungenen Deals: Man durfte sich als entnazifiziert wähnen, wenn man das Lippenbekenntnis des Antifaschismus leistete, womit man die nötige Bedingung erfüllte, um wieder in die Völkergemeinschaft aufgenommen zu werden. Die historische Lebenslüge wurde dabei von der politischen Klasse Deutschlands (mithin von einem Großteil der deutschen Bevölkerung) nicht weniger geschichtsvergessen willkommen geheißen als von den geopolitisch kalkulierenden Besatzungsmächten, allen voran den USA.

Und es ist dies der Zusammenhang, in dem es zu den Wiedergutmachungsabkommen zwischen Israel und der BRD kommen konnte. Nicht nur vollzog man den Reparationsakt, als welcher er sich verstand, auf der Ebene einer Materialisierung der Sühne, sondern man durfte sich dabei auch staatsoffiziell vormachen, etwas abzugelten, gar »wiedergutmachen« zu wollen. Das nicht minder zweckrational agierende Israel firmierte dabei bewusst und willig als komplementärer Partner der selbst auferlegten Deal-Verlogenheit. Diese Tatsache darf gleichwohl nicht darüber hinwegtäuschen, dass nichts an der den Juden durch Deutsche widerfahrenen Kollektivkatastrophe wiedergutgemacht werden konnte und kann – schon gar nicht in Form einer Tauschwert-Kalkulation der monströsen Leiderfahrung; vom »schwarzen Loch Auschwitz« hat sich das jüdische Kollektiv in der Welt bis zum heutigen Tag nicht erholt; fraglich, ob es sich je davon wird erholen können. Was aber im hier erörterten Kontext von Belang ist, sollte nicht moralisch, sondern strukturlogisch anvisiert werden: Nicht nur diente die materielle Belastung zur offiziell messbaren Entlastung der nationalen Schuld, während de facto viele Protagonisten der »alten« Nazi-Eliten aus Politik, Verwaltung, Ökonomie, Wissenschaft und Kultur relativ ungestört die neuen Herrschafts- und Führungssphären des sich schnellstmöglich konsolidierenden westdeutschen Staates kolonisieren durften, sondern man hatte sich damit auch kollektiv einer neuen politischen Kultur verschrieben, der des deutschen Antifaschismus. Von Israel wurde zudem die gerade ins Leben gerufene BRD bereits als ein »anderes Deutschland« abgesegnet. Nicht von ungefähr sollten dann recht bald »Schlussstrich«-Postulate im öffentlichen deutschen Diskurs ertönen, nicht zuletzt mit der Begründung, man habe nun »genug gezahlt« – eine Tendenz, die später in Martin Walsers Paulskirchen-Rede von 1998 und dem von ihm in dieser artikulierten Überdruss an der »Dauerpräsentation unserer Schande« zum Paradigma einer Wende in der deutschen Auseinandersetzung mit Deutschlands horrenden Vergangenheit im 20. Jahrhundert gerinnen sollte.

Dies muss hier hervorgehoben werden. Denn die politisch und sozial kritisch agierende Studentenbewegung der Sechzigerjahre und die aus ihr hervorgegangene Neue Linke vermochten dem restaurativen Nachkriegsklima der Adenauer-Ära insofern ein Veto entgegenzusetzen, als dass die allzu schnell und wie selbstverständlich eingetretene, wirtschaftswunderlich gepolsterte »Normalität« der BRD-Bevölkerung mit einer ersten genuinen Aufarbeitung der deutschen Vergangenheit performativ hinterfragt wurde. Diese Strömungen durften selbst noch im Historikerstreit zwanzig Jahre später einen späten Erfolg verzeichnen, als sich ein Großteil der kritischen Intelligenz Westdeutschlands gegen die provokant-restaurativen Thesen eines Ernst Nolte stellte.[5] Gleichwohl zeichnete sich mit Walsers berüchtigter Rede, acht Jahre nach der Vereinigung beider deutschen Staaten, besagte Wende ab. Bezeichnend genug war dabei, dass, während viele von Walsers Generationsgenossen und nicht wenige aus der Enkel-Generation sich mit den Kernaussagen des sinnierenden Schriftstellers identifizierten, die sonst stets artikulierten Vertreter der 68er-Generation in diesem Zusammenhang nahezu völlig verstummten.

Der Zeitgeist hatte sich damals in der Tat merklich gewandelt. Kurz nach der Walser-Debatte durfte die deutsche Öffentlichkeit registrieren, dass ein grüner Außen- und ein roter Verteidigungsminister mit größter Emphase deftiges Vokabular rekrutierten, um den Einsatz deutscher Kampfflugzeuge im Kosovo zu rechtfertigen. Joschka Fischer erklärte: »Ich habe nicht nur gelernt: Nie wieder Krieg. Sondern auch: Nie wieder Auschwitz«; sprach mithin von »Miloševìcs SS«. Rudolf Scharping redete von »Selektionen«; und die Regierung, der beide Minister angehörten, berichtete von serbischen »Konzentrationslagern«. Dass dieser Tabubruch der nachkriegsdeutschen politischen Kultur gerade von linker Seite kam, war kein Zufall. Er gab die Marschroute an für die zunehmende Ideologisierung des deutschen Antifaschismus-Postulats, nachdem seine Apostrophierung als Staatsräson der alten DDR historisch abgelegt und politisch entsorgt worden war.

Interessant ist aber, welch unterschiedliche Gesinnungsstrategien sich aus diesem neuen Zeitgeist herausbildeten. Zum einen belebte sich das »Schlussstrich«-Postulat real mit der Konjunktur einer neonazistisch-faschistoiden »Renaissance«. Zwar ist diese nicht als Deutschland-spezifisch, sondern als eine viele Länder Europas tangierende strukturell-ideologische Folge sozial-ökonomischer Spannungen und Konflikte angesichts massiver Migrationsbewegungen aus der hungernden Dritten und der im globalen kapitalistischen Wettkampf defizitär gebliebenen Zweiten Welt in die Länder der reichen und satten Ersten zu begreifen. Spezifisch für Deutschland (nach 1990) ist dabei gleichwohl Verfall und Ruin ganzer Lebenswelten in diversen Regionen der ehemaligen DDR, die – im neuen deutschen Einheitsstaat infrastrukturell, mithin beschäftigungsmäßig zurückgeblieben und entsprechend geplagt von einer relativ hohen Arbeitslosigkeitsrate – zu Brutstätten neonazistischer Agitation und Praxis verkamen. Komplementär dazu enttabuisierte sich auch das Ressentiment ethnischen Vorurteils und gestandener Fremdenfeindlichkeit, wie es – empirisch ausgestellt und »wissenschaftlich« argumentierend – in Thilo Sarrazins Beststeller *Deutschland schafft sich ab: Wie wir unser Land aufs Spiel setzen*[6] seinen wohl beredtsten Niederschlag erfuhr. Dass dieses ideologisch brisante Werk einen bekennenden Sozialdemokraten zum Autor hat, mag hier unerörtert bleiben. Als symptomatisch gelten darf allerdings der außerordentliche Zuspruch, den Sarrazins Thesen in der breiten deutschen Öffentlichkeit erfuhren. Was immer die realen Probleme Deutschlands in den Sphären sozialer und kultureller Integration beziehungsweise Inklusion/Exklusion von Migrationsgruppen sein mögen, wurde mit Sarrazins Schrift und der von ihr gezeitigten publiken Resonanz ein zentrales moralisches Tabu in Deutschlands politischer Kultur insofern gebrochen, als neu bestimmt und legitimiert wurde, was man »wohl noch sagen dürfe«. Indiziert wurde damit das eigentlich Beschwiegene – namentlich, wie prekär es um die nachkriegsdeutsche Kultur des Antifaschismus womöglich bestellt sein könnte, wenn die zurzeit noch gut funktionierende liberale Demokratie Deutschlands dereinst sozial-ökonomisch ins Wanken geraten sollte.

Im gleichen historischen Zusammenhang, aber mit einer gänzlich unterschiedlichen Gesinnungsemphase reagierten jene aus der radikalen Linken kommenden Gruppen, die dem ideologisch restaurativen »Schlussstrich«-Postulat ein beherztes »Nie wieder Deutschland« entgegensetzten. Dieser pointierte Slogan, der die moralisch-politische Opposition gegen die der »Wiedervereinigung« zugrunde liegende Geschichtslogik anzeigen sollte, mithin sich als genuin antifaschistisch verstand, indem er sich das historische Deutschland des nazistischen Faschismus zur Matrix seiner Kampfansage nahm, erwies sich indes bald genug als ideologische Falle. Denn beraubt der realen Möglichkeit, sich noch auf ein mit der DDR untergegangenes »anderes Deutschland« berufen zu können, verschrieben sich die sich vor einigen Jahren noch als »Antideutsche« apostrophierenden Träger dieses Slogans einer Art Abwandlung der »Nie wieder Auschwitz«-Parole, indem sie sich »die Juden« als historische

Opfer der Nazi-Barbarei, zum prononcierten Objekt ihrer Solidarisierungsbegierde erkoren. Das war nachvollziehbar, wenngleich nicht gerade »originell« – das Postulat einer dezidierten »Solidarität mit Juden« hatte bereits Axel Springer auf die Fahne seines nicht gerade von emanzipativer Emphase getriebenen Medienimperiums im Deutschland der Nachkriegszeit geschrieben. Was nun aber die antifaschistischen »Antideutschen« mit diesem Grundpostulat trieben, entleerte, wie sich erweisen sollte, nicht nur seine Substanz, sondern ließ ihre ursprüngliche Gesinnungsausrichtung geradezu ins Gegenteil ihrer emanzipativen Intention umschlagen. Solidarität mit Juden meinte für sie nämlich unabdingbare Solidarität mit Israel und dem Zionismus, und zwar völlig unabhängig davon, wie sich dieses Israel politisch und sozial de facto gestaltete. Es war und ist nicht das real existierende Israel, sondern ein abstraktes »Israel«, dem sie sich verpflichtet wissen, ungeachtet des Besatzungsregimes, das es seit einigen Jahrzehnten betreibt, ungeachtet der Unterdrückung des palästinensischen Volkes und der gegen dieses Volk historisch wie gegenwärtig begangenen Verbrechen. Nicht von ungefähr radikalisierten diese »Antideutschen« ihre Sicht dahingehend, dass sie die arabisch-muslimische Welt holzschnittartig dem Primat ihrer »Israelliebe« unterordnen. Die daraus resultierende Islamophobie weiß sich dabei jener eines Thilo Sarrazin durchaus verwandt, redet mithin einem neuerlichen, deutschen Konsens das Wort, bei dem der tabuisierte Antisemitismus durch eine vom selben Ressentiment herrührende Islamophobie ersetzt worden ist. Als vollends absurd erweist sich ihr euphorisierter Philosemitismus dort, wo er Kapitalismuskritik als antisemitisch entlarven zu sollen meint. Nicht nur redet er dabei einem alten antisemitischen Ideologem das Wort, wonach Juden sich stets nur in der Zirkulationssphäre zu betätigen pflegen, sondern er leistet damit eine mittlerweile nicht nur objektiv-unbewusste, sondern eine durchaus gemeinte Apologie des Kapitalismus. Das Heteronome dieser Denkstruktur mag hier unerörtert bleiben. Zu fragen bleibt gleichwohl, ob man zumindest ideologisch mittlerweile an den Punkt gelangt ist, wo sich sagen lässt: »Wer vom Kapitalismus nicht reden will, der sollte vom Antifaschismus schweigen.« Denn mit Antifaschismus, vor allem aber mit genuinem Kampf gegen den Faschismus, hat das, was seine lautstärksten Platzhalter heute in Deutschland betreiben, wahrlich nicht mehr sehr viel zu tun.

Dies hat nicht zuletzt mit einer der hier anvisierten Entwicklung zugrunde liegenden autoritären Matrix zu tun. Der Historiker Friedrich Meinecke attestierte seinerzeit der im 19. Jahrhundert herausgebildeten und weit ins 20. Jahrhundert hineinreichenden politischen Kultur Deutschlands eine »Obödienzgesinnung«,[7] welche er auf eine typisch deutsche Autoritätshörigkeit zurückführte. Darum ging es im Kern auch bei der wissenschaftlichen Erkundung des sogenannten »autoritären Charakters«,[8] den die Denker der Frankfurter Schule bereits in den Zwanzigerjahren des letzten Jahrhunderts als einen der wirkmächtigen Faktoren ihrer kritischen Gesellschaftsanalyse des Spätkapitalismus hervorhoben. Als charakteristisch für den eher demokratischen Charakter des Kapitalismus betonten sie allerdings nicht die traditionelle, stark personenbezogene Autoritätsverehrung und -abhängigkeit, sondern die minder direkt sichtbaren, sich in normativen Praxissphären und ideologischen Wertesystemen niederschlagenden Formen des Autoritären, mithin in der fremdbestimmten Projektion psychischer Bedürfnisse auf Institutionen und ihre Vertreter, auf abstrakte Gebilde wie den Staat, auf politische, ökonomische und kulturelle Konstellationen von Herrschaft und Macht, allen voran die Übermacht des Faktischen. Theodor W. Adorno und Herbert Marcuse ging es noch ums Widerständische, um die bewusste Negation des falsch Bestehenden, um Hinterfragung von Konsensuellem, um die emanzipative Kritik alles repressiv Ausgeübten und unbedacht Hingenommenen. Das war letztlich das sozio-politische Projekt der 68er-Bewegung, die sich in der alten BRD eben noch als neue Linke verstand. Aber was ist von dieser Grundausrichtung übrig geblieben? Nicht sehr viel, wie es scheinen will.

Die Konstellation der politischen Klasse Deutschlands, der etablierten Massenmedien, des öffentlichen Diskurses im Allgemeinen sowie des kritischen Diskurses der sich selbst noch als links begreifenden Intelligenz im Besonderen wiegt sich in einer eigentümlichen stillschweigenden Übereinkunft, bei der unsichtbare Grenzen des Konsenses eine verinnerlichte Zensurfunktion ausüben. Deutschlands Kriegspolitik und die durch diese verfolgten Interessen werden kaum noch hinterfragt. Nicht der neonazistische Antisemitismus wird debattiert und angegangen (wie im Umgang mit dem NSU zu beobachten), sondern – staatsoffiziell! – der »linke Antisemitismus«, der wie selbstverständlich mit jeglicher Israelkritik gleichgesetzt wird, während Deutschlands Militärkooperation mit Israel sich immer enger gestaltet. Von Sozial-, gar Kapitalismuskritik ganz zu schweigen; die »Wiedervereinigung« hat das Ihre dazu beigetragen, nicht nur diese verstummen zu lassen, sondern den Antifaschismus auch solcherart zu verdinglichen und ideologisch zu vereinnahmen, dass man den Eindruck gewinnen mag, ihm sei es schon immer um Kriegstreiberei, Kapitalismusapologie und ideologisch falscher »Israelsolidarität« zu tun gewesen. Es geht um nicht weniger als um den dezidierten Verrat an dem, was man sich immerhin angeschickt hatte »wiedergutzumachen« – Verrat an der antifaschistischen Aufarbeitung der deutschen Vergangenheit.

Das will wohlverstanden sein: Es ist nachvollziehbar, dass das offizielle Deutschland (mit Bezug auf die deutsch-jüdische Geschichte im 20. Jahrhundert) eine spezielle Beziehung zu Israel bekundet und politisch in der Tat verfolgt. Den Juden gegenüber, an denen ja Deutschland das Monströse verbrochen hatte, kann der heutige deutsche Staat diese Beziehung nicht formal proklamieren, weil die Juden, insofern sie nicht seine Bürger sind, anderen Staaten angehören und als Bürger in deren Verantwortungsbereich fallen. Seine praktisch sich auswirkende Solidarität kann der deutsche Staat, so besehen, nur dem Staat der Juden gegenüber aussprechen. Und das wird wohl auch der

Sinn der Aussage gewesen sein, welche die deutsche Kanzlerin am 18.03.2008 vor dem israelischen Parlament gemacht hat: »Gerade an dieser Stelle sage ich ausdrücklich: Jede Bundesregierung und jeder Bundeskanzler vor mir waren der besonderen historischen Verantwortung Deutschlands für die Sicherheit Israels verpflichtet. Diese historische Verantwortung Deutschlands ist Teil der Staatsräson meines Landes.« Zwar darf man sich fragen, was konkret darunter zu verstehen sei, dass sich Deutschland für die Sicherheit Israels verpflichtet. Würde Deutschland Soldaten nach Israel entsenden, wenn es darauf ankäme? Und würde die israelische Bevölkerung sich so etwas überhaupt vorstellen können? Oder handelt es sich lediglich um Waffenlieferungen und Geheimdienstaustausch, Praktiken, die ohnehin bestehen?[9] Aber selbst, wenn es sich um hohles Gerede handelt, ist zumindest die sich als »historische Verantwortung« verstehende Motivation dahinter begreiflich. Gleiches gilt für den am 16.12.2013 abgeschlossenen Koalitionsvertrag der Großen Koalition, in dem es heißt: »Wir bekennen uns zu der besonderen Verantwortung Deutschlands gegenüber Israel als jüdischem und demokratischem Staat und dessen Sicherheit. Das Existenzrecht und die Sicherheit Israels sind für uns nicht verhandelbar.« Prekär wird es freilich, wenn es weiter heißt: »Unser Ziel ist eine Zweistaaten-Lösung mit einem Staat Israel in anerkannten und dauerhaft sicheren Grenzen sowie einem unabhängigen, demokratischen und lebensfähigen palästinensischen Staat, die Seite an Seite in Frieden und Sicherheit leben.«[10] Denn da bekundet nun Deutschland eine Zielsetzung, die mit Israels realer Politpraxis nicht gerade kompatibel ist: Was, wenn sich herausstellt, dass Israel die so definierte Zweistaaten-Lösung gar nicht will oder gar alles daransetzt, ihre Verwirklichung zu unterminieren, wie an Israels expansiver Siedlungspolitik im Westjordanland seit Jahrzehnten zu beobachten ist? Aber etwas noch Grundlegenderes bleibt in diesem Passus des Vertrags nebulös: Was, wenn abzusehen ist, dass gerade die von Israel bewusst betriebene Politik Israels Sicherheit, mithin seine Existenz mittelfristig aufs Spiel setzt? Wie sähe unter dieser Bedingung die proklamierte »besondere Verantwortung Deutschlands« Israel gegenüber aus? Müsste die Große Koalition sich in einem solchen Fall nicht Israels Politik dezidiert und für jedermann sichtbar widersetzen? Davon, was es bedeutet, dass Israel ein »jüdischer Staat« sein soll, darf hier geschwiegen werden. Das weiß man in Israel selbst nicht genau. Dass aber unter den entstandenen historischen Bedingungen von Israel als einem »jüdischen und demokratischen Staat« die Rede sein soll, gleicht, wie bereits dargelegt, geradezu der Bestrebung nach einer Quadratur des Kreises.

»Hitlers verlängerter Arm« muss entsprechend als der die Politik Deutschlands bis zum heutigen Tag affizierende Schatten der deutschen Vergangenheit verstanden werden. Als solcher mag er sich moralisch positiv auswirken, wie etwa in der ersten Reaktion der deutschen Bundeskanzlerin auf die Europa überflutende Welle von Flüchtlingen aus Kriegs- und anderen Notregionen in Afrika und Kleinasien. Dieser erste Impuls, der im Vergleich zu anderen Ländern in seiner Humanität herausragte, wurde zwar bald genug von rechtsextremen und rechtspopulistischen Bewegungen in Deutschland – auch sie ihrerseits eine Auswirkung von »Hitlers verlängertem Arm« – konterkariert, was Merkel in einen realpolitischen Zugzwang versetzte; und doch darf er als positives Resultat des historisch begründeten »schlechten Gewissens« Deutschlands gewertet werden. Hingegen kann sich aber »Hitlers verlängerter Arm« auch als ein Überschuss innerhalb der gängigen symbolischen Politpraxis erweisen. So etwa, wenn der Deutsche Bundestag am 16.01.2018 die Bundesregierung aufforderte, einen »Antisemitismusbeauftragten« zu berufen. Unmittelbarer Anlass war das Verbrennen einer Israelfahne am Rande einer Demonstration in Berlin im Dezember 2017. Die Begründung für die parlamentarische Initiative lautete unter anderem: »Antisemitismus […] nimmt mit dem Antizionismus und der Israelfeindlichkeit auch neue Formen an.«[11] Man fragt sich freilich, warum im Parlament keine Forderung, einen Beauftragten für Rassismus im Allgemeinen zu berufen, laut wurde, einen Beauftragten, der sich auch mit fremdenfeindlichen, islamophobischen und sonstigen Alltagsfaschismen zu befassen hätte? Die Antwort darauf dürfte sich von selbst verstehen. Denn »Juden« – allein schon das Wort – bilden bis zum heutigen Tag den neuralgischen Punkt par excellence im öffentlichen Diskurs Deutschlands, daher auch die hohe Popularität des Schlagwortes »Antisemitismus«. Und wenn man Antisemitismus gleich noch mit Antizionismus und Israelfeindlichkeit gleichsetzen kann, dann sind alle Koordinaten der »Aufarbeitung der Vergangenheit«, wie sie sich in Deutschland mit Bezug auf Israel spätestens seit 1952 gebildet haben, bedient. Was nun aber, wenn Israel das Kontingent an Gründen dafür liefert, dass man seiner Politik gegenüber feindlich wird, wenn man human oder auch nur anständig bleiben will? Was, wenn das Verbrennen der Israelfahne sich als ein Akt erbärmlicher Ohnmacht ausnimmt, gemessen daran, was im Namen dieser Fahne in den von Israel besetzten Gebieten tagtäglich und allnächtlich begangen wird? Was, muss man sich weitergehend fragen, wenn der Antisemitismus von Israel als Grundbestand seiner zionistischen Selbstsetzung gewollt, ja ideologisch herbeigesehnt wird? Darüber wird noch im Weiteren zu reden sein.

Die jüdischen Gemeinden

Das Gros der etwa 30000 Juden der alten Bundesrepublik waren Shoah-Überlebende osteuropäischer Provenienz, die sich um die Belange der »jekkischen« Funktionsträger (Jekkes sind in diesem Zusammenhang Juden aus den deutschsprachigen Ländern) herzlich wenig kümmerten, ihnen selbst zumeist gar mit Misstrauen begegneten. Selbst – oder gerade – ein Mann wie Ignatz Bubis kam ihnen suspekt vor, als er begann, politisch zu werden, und sich in der deutschen Öffentlichkeit zunehmend artikulierte: »Was hat er bei den Gojim verloren?«, fragte man sich unter der Hand. Und als er in den Achtzigerjahren gar zu proklamieren begann, jüdisches Gemeindeleben möge in Deutschland wieder erblühen, war das zwar objektiv die Absegnung von bereits Geschehenem, aber die allermeisten seiner jüdischen Generationsgenossen begriffen nicht, was ihn motivieren mochte, ihrer eigenen Lebenslüge den offiziellen Befreiungsschlag zu versetzen. Sie verstanden auch nicht, was ihn zur berüchtigten Walser-Bubis-Debatte trieb.

Die Grundgesinnung dieser lebensgeschichtlich Geschundenen war gleichsam von der Praxis einer apolitischen Zurückhaltung geprägt. Gewiss, sie konnten mit dem Faschismus nichts zu tun haben wollen; zu katastrophal hatte er sich an ihrem Leben ausgetobt. Aber die humane politische Konsequenz daraus zogen kaum sie selbst, sondern eher ihre Söhne und Töchter, mithin die – an sich sehr dünne – jüdische Intelligenzschicht der zweiten Generation, die es mit Gymnasialausbildung und universitärem Studium auch wahrhaft leichter hatte als die Generation der Eltern, die den Neubeginn in ihrem Leben nicht als Weltveränderung, sondern als schieres Überlebt-Haben und Weiterleben verstanden.

Das sollte sich auch in der primär projektiven Beziehung der in Deutschland lebenden Juden zu Israel niederschlagen. Von Israelis eher mit Verachtung, oft auch mit Abscheu betrachtet, weil sie ihr Leben im Land der Täter einrichteten, übten sich die bundesrepublikanischen Juden zumeist in unbedingter Solidarität mit und gefestigtem Fernpatriotismus zu Israel, wobei freilich »Israel« stets ein Abstraktum blieb: Selbst wenn sie Verwandte im Land hatten, die sie in den Ferien besuchten, und erst recht, wenn sie das Land von der Warte der Luxushotels am Strand von Tel Aviv wahrnahmen, ließen sie sich kaum je auf eine kritische Auseinandersetzung mit allem ein, was sich in Israel sozial und politisch real abspielte – Israel wurde stets entweder idealisiert oder hingenommen als die levantinische Last, die man als treuer Jude nun mal zu (er-)tragen habe. Man bewunderte das Militär, verschloss die Augen vor der Armut, hasste die Araber und war vor allem dahingehend »loyal«, dass man kein böses Wort auf das Land kommen ließ. Dass sich in Israel niemand um die in Deutschland lebenden Juden scherte, war ebenso normal wie deren komplementäre »Liebe« zur Abstraktion »Israel«. Sie verhielten sich im wahrsten Sinne des Wortes diasporisch.

Der Tod Ignatz Bubis' symbolisierte, so besehen, einen über das Persönliche hinausgehenden Vorgang: Die Zeit der überlebenden Opfergeneration wurde nach und nach zur historischen Zeit, und es war absehbar, dass sich die primär durch diese Generation lebensgeschichtlich verkörperte Menschheitskatastrophe in absehbarer Zukunft in pure Geschichte verwandelt haben würde – womit dann die Rezeption des Geschehenen von keinem der am Geschehenen Beteiligten weiterhin getragen werden würde. Die durch die Friedenspreis-Rede Martin Walsers ausgelöste »Walser-Bubis-Debatte« hatte in dieser Hinsicht in der Tat eine Art Schlussstrich gezogen: Sie wurde zur wohl letzten *öffentlichen*, deutschen Kontroverse, an der die noch lebenden Protagonisten der Opfer- und der Täter-Generation beteiligt waren. Ein allerletztes Mal haben prominente Vertreter der Katastrophengeneration publike Zeichen für ihre Auffassung des künftig zu Erinnernden gesetzt. An der Praxis dieser zukünftigen Kultur des Gedenkens würden sie selbst nicht mehr teilhaben können.

Zu denken gibt dabei nicht nur Bubis' am Ende seines Lebens resignierender Ton hinsichtlich dessen, was er während seiner Amtszeit als Präsident des Zentralrats in der Beziehung zwischen jüdischen und nichtjüdischen Deutschen bewirkt hätte. Er hat aber vermutlich mehr bewirkt, als er selber zu realisieren vermochte: Allein schon sein öffentlich erhobenes Postulat, jüdisches Gemeindeleben möge in Deutschland wieder offiziell legitimiert und lebensweltlich entfaltet werden, kam, gemessen an den Denk-, vor allem aber Gefühlsnormen der meisten seiner in Deutschland lebenden jüdischen Generationsgenossen, einem Tabubruch mit weitreichenden Auswirkungen nahe. Und dennoch stellte sich die späte Nachdenklichkeit nicht von ungefähr ein. Denn in der Tat hatte die Auseinandersetzung mit Walser ein Moment des Unüberbrückbaren zutage gefördert: Sosehr man sich dem Risiko der fremdbestimmten Vereinnahmung von vornherein aussetzt, wenn man sich auf die bewusste Funktionalisierung des Gedenkens zum intressengeleiteten Politikum einlässt, wie es Bubis nolens volens tat, war doch Martin Walsers aufrechnende Behauptung, er habe sich mit dem Problem der kollektiven Erinnerung auseinandergesetzt, als Bubis, sein »Kontrahent«, noch mit ganz anderen Dingen beschäftigt gewesen sei, ein geradezu unfassliches Novum.[12] Eine Symmetrie war zwischen dem die künftige Erinnerung Verweigernden und dem auf die Erinnerung pochenden Überlebenden hergestellt worden, eine Symmetrie, die offenbar akzeptiert wurde – wenige nur hatten sich über den Vergleich entsetzt – und somit die Gleichwertigkeit der Erinnerung und der Entsorgung ebenderselben mutatis mutandis legitimierte. Dass Walser alsbald mit unverhohlener Begeisterung von Kreisen zitiert werden konnte, die eine Ideologie der »Normalität« betrieben und den »Schlussstrich« schon seit Langem anstrebten, war nicht verwunderlich; dass aber seine Argumentation, die diese Art von Beifall zu zeitigen vermochte, leichtfertig der des ehemaligen Opfers ohne nennenswerten Widerspruch gegenübergestellt werden konnte, indizierte eine vorläufig nur latente und dennoch schon recht spürbare Wende im deutschen Diskurs über den Umgang mit der Vergangenheit.

Das hatte mit mehreren Faktoren zu tun. Zweifellos spielte dabei der objektive Prozess des Generationswechsels eine gewichtige Rolle. Aufhorchen ließ im Besonderen die positive Resonanz, die Walsers Rede gerade unter vielen der jüngeren Generation erfuhr, bei gleichzeitigem Verstummen der ehemals rebellischen, mittlerweile zur politischen Klasse avancierten Generation der sogenannten »Achtundsechziger« in diesem Zusammenhang. Zum anderen trugen die Beendigung des Kalten Krieges, die Vereinigung der beiden deutschen Staaten und die in der Folge ebendieses politischen Aktes eingetretenen Verwandlung Deutschlands in eine Weltmacht einiges dazu bei, dem neuen Sein ein neues Bewusstsein abzufordern. Das in der alten Bundesrepublik grassierende Gefühl des Wieder-wer-Seins hatte sich gleichsam objektiviert und verlieh der »Sehnsucht nach Normalität« und den »Schlussstrich«-Forderungen eine Art neue, außerdeutsche Legitimation: In den Kosovo-Krieg »musste« die deutsche Luftwaffe unter anderem deshalb einsteigen, weil man von Deutschland in der NATO-regierten Welt »erwartete«, dass es sich endlich nicht mehr seiner »Verantwortung« entziehe. Sogar »Nie wieder Auschwitz!« wurde, wie erwähnt, hierfür bemüht.

Es erhob sich die Frage, wie es, unter solchen Voraussetzungen, künftig mit der Holocaust-Gedenkkultur in Deutschland bestellt sein würde. Klar war zum einen, dass bei aller Akkumulation historiografischen Wissens das Geschichtsereignis der Shoah zunehmend abstrakter werden würde, ähnlich wie andere gravierende Ereignisse der Weltgeschichte, etwa die Französische Revolution, deren Rezeption sich mit der zeitlichen Distanz immer mehr über Kodes und symbolische Kürzel des kulturellen Gedächtnisses vermittelte. Zum anderen würde aber, komplementär dazu, das Gedenken zunehmend in die Sphäre partikularer Lebenswelten und individueller Erinnerung transportiert werden. Eine solche Tendenz ist im Israel der letzten Jahrzehnte deutlich ausmachbar und hat (abgesehen von der instrumentalisierenden Vereinnahmung der Erinnerung durch einzelne Gruppen) mit der stetig anwachsenden Heterogenisierung der israelischen Gesellschaft und der damit einhergehenden Pluralisierung der kulturellen Identitäten zu tun. Auch in Deutschland wird ein solcher Prozess wohl kaum ausbleiben; seine ersten polemischen Zeichen hatten sich bereits während des Mahnmal-Diskurses in den Neunzigern unüberhörbar angekündigt. Das bedeutete freilich mitnichten, dass die kollektiv-rituelle, mithin auch staatsoffiziell getragene Form des Gedenkens sich damit erübrigt hätte.

Ganz im Gegenteil stand zu erwarten, dass sie gerade angesichts (und in bewusstem Gegenzug zu) der ansteigenden Parzellierung der Holocaust-Erinnerung einen neuen, gewichtigen Stellenwert erhalten würde. Es erhob sich lediglich die Frage, welche Inhalte in und mit ihr tradiert werden könnten.

Nun, vieles hat sich seit damals zugetragen und affizierte diese sich heute geradezu naiv ausnehmende Fragestellung in gehörigem Maße. Die Heterogenisierung des Alltags im Einwanderungsland Deutschland hat solcherart zugenommen, dass sich auch im Hinblick auf die Aufarbeitung der deutschen Vergangenheit ganz neue Herausforderungen in der Gedenk- und Erziehungspraxis stellen. Je mehr über Jahre Zugezogene und aufgenommene Flüchtlinge (nicht zuletzt aus der Nahostregion) sich in Deutschland lebensweltlich etablieren, desto prekärer erweist sich die Forderung, den Stellenwert des Holocaust-Gedenkens im übergreifenden Selbstverständnis der deutschen politischen Praxis stabil zu erhalten. Ohne einen direkten Zusammenhang mit dieser Entwicklung zu suggerieren (wiewohl ein solcher nicht auszuschließen ist), hat sich auch ein Wandel im Status und in der Handlungsausrichtung der jüdischen Gemeinden in Deutschland vollzogen. Nicht nur ist durch die Einwanderung von Juden aus der ehemaligen Sowjetunion die Anzahl der in Deutschland lebenden Juden mächtig angestiegen, sondern auch die Mentalität im Hinblick auf die Selbstsetzung im öffentlichen Leben Deutschlands hat sich von Grund auf verändert: Das ehedem selbst gewählte Mauerblümchen-Dasein der Nachkriegszeit wurde zugunsten einer deutlich assertiven Artikulation im deutschen Alltags- und Politdiskurs aufgegeben. Die von Ignatz Bubis in den Achtzigerjahren eingeläutete Wende hat sich bei all seinen Nachfolgerinnen und Nachfolgern deutlich fortgesetzt und gerann schließlich zu einer eigentümlichen Stimme im öffentlichen Diskurs Deutschlands, zu der es hier einiges anzumerken gilt.

Was konnten die Inhalte jüdischen Gemeindelebens im vereinten Deutschland sein? Religiöse Praxis spielte in dieser Hinsicht eine eher fahle Rolle. Wenn auch einige Riten an den Hohen Feiertagen, vielleicht auch am Sabbat eingehalten werden, kann man davon ausgehen, dass die Juden in Deutschland ein mehr oder minder säkulares Leben führen. Aber Assimilation, wie sie unter den in den USA lebenden Juden zur legitimen Praxis geronnen ist, kam auch nicht infrage. Zu negativ befrachtet war dafür die deutsch-jüdische Vergangenheit; das Assimilationstabu wird zwar heute nicht mehr so streng und unhinterfragt eingehalten wie früher, ist aber immer noch, ohne offiziell eingefordert zu werden, deutlich wirksam. Der »praktische« zionistische Weg bildete ohnehin keine Option; dieser hatte man sich ja lebensgeschichtlich verweigert, wobei die neuerliche Etablierung jüdischer Gemeinden in Deutschland sich in der israelischen Wahrnehmung geradezu als antizionistisch ausnehmen mochte: Man war nicht nur »schuldig« geworden, die zionistisch geforderte Auswanderung nach Israel nicht vollzogen, sondern sich auch noch im verruchten Täterland niedergelassen zu haben. Diese ideologisch geprägte kollektivpsychische Dissonanz musste aufgelöst beziehungsweise die Unterlassung des zionistisch Geforderten kompensiert werden. Hierfür bot sich nun zweierlei an: zum einen der empathische Zionismus aus der Ferne, der sich in einer fortwährend skandierten Israelsolidarität artikuliert. Zum anderen aber die exklusive Selbstdistinktion mittels eines gegen die nichtjüdische Umwelt erhobenen Antisemitismus-Vorwurfs. Dieser Vorwurf, bewusst und dezidiert formuliert, vermag zu garantieren, dass die eigene prekäre Situation (als in Deutschland lebende Juden), welche für die selbst gewählte Identität als »Fremde« unentbehrlich ist, erhalten bleibt, während man aus der solcherweise geschaffenen Sonderstellung des dazugehörenden Abgesonderten politisches Kapital schlagen, ja eine gesellschaftliche Machtposition erringen kann. Die Synthese von beidem verkam dann zu einer fatalen Ideologie: Indem man aus dem kompensierenden Bedürfnis heraus, sich mit »Israel« aus der Ferne zu solidarisieren, Zionismus und Israel gleichsetzt, zugleich aber auch den für die Selbstsetzung erforderlichen Antisemitismus-Vorwurf als Mittel verwendet, um »Israel« vor seinen »antisemitischen« Feinden und Kritikern zu »schützen«, setzt man, die eigene prekäre Situation gleichsam überwindend, Judentum, Zionismus und Israel gleich, um aber dann in der negativen Wendung Antisemitismus, Antizionismus und Israelkritik gleichzusetzen. Aus dieser legeren – inhaltlich wie historisch unhaltbaren – Gleichsetzung erwuchs in den letzten zwei Jahrzehnten eine mächtige ideologische Waffe demagogischer Politpolemik.

Es sei in diesem Zusammenhang hervorgehoben, dass die Metamorphose, die sich im Dasein der jüdischen Gemeinden Deutschlands in den letzten Jahrzehnten vollzog, zweierlei miteinander verband: zum einen das Bedürfnis, die Dissonanz zwischen dem solidarischen Verhältnis zu Israel und der eigenen Lebensentscheidung, sich in Deutschland niederzulassen, zu kompensieren. Zum anderen die Selbstermächtigung mittels des gegen die nichtjüdische Umwelt erhobenen Antisemitismus-Vorwurfs, der, wie sich herausstellt, nicht nur politisches Kapital generiert, sondern darin auch den angeschlagenen Selbstwert im Verhältnis zu »Israel« steigert. Der Antisemitismus erweist sich darin also als unentbehrliche Voraussetzung für die Konsolidierung der defizitären Selbstsetzung.

Von Bedeutung ist dabei, dass die in dieser Weise zustande gekommene ideologische Ausrichtung perfekt mit der Matrix der allgemeinen deutschen Israel-Politik, wie zuvor dargestellt, korrespondiert. Die deutsche politische Klasse horcht sehr genau auf die Kommentare, Wünsche und Forderungen der jüdischen Gemeinden (vertreten durch den Zentralrat der Juden in Deutschland), und die jüdischen Gemeinden wissen das und artikulieren sich entsprechend. Gemessen an ihrer minderen Bedeutsamkeit sowohl in der jüdischen Welt insgesamt als auch in der israelischen Wahrnehmung ist es mehr als erstaunlich, welchen Stellenwert ihre Verlautbarungen im allgemeinen öffentlichen Diskurs Deutschlands erhalten oder genauer welches Gewicht ihnen von offizieller deutscher Seite beigemessen wird.

Wenn also der deutsche Außenminister Heiko Maas im März 2018 sagt, die deutsch-israelische Geschichte sei für ihn »eine tiefe Motivation« seines politischen Handelns, denn er sei »wegen Auschwitz in die Politik gegangen«,[13] dann setzt er nicht nur »Israel« und »Auschwitz« als Kategorien auf eine Ebene, sondern verlautbart damit (unabhängig davon, ob es stimmt, was er sagt) auch, was von ihm seitens des staatsoffiziellen Israels und der jüdischen Gemeinden in Deutschland erwartet wird.

Anders und doch wieder ähnlich eine seinen Amtsvorgänger Sigmar Gabriel betreffende Begebenheit. Nach einem Besuch in der Stadt Hebron im Westjordanland im März 2012 beschrieb dieser die Lage der Palästinenser dort als eine in einem »rechtsfreien Raum« und sprach von einem »Apartheid-Regime«. Wer die Situation in Hebron kennt und nicht von ideologischer Verblendung geschlagen ist, kann zu keinem anderen Urteil gelangen. In Hebron (und nicht nur dort) herrscht seit Jahren ein Apartheid-Regime. Das darf aber ein deutscher Außenminister nicht sagen, wenn er nicht die Gunst israelischer Politiker und ihrer devoten jüdischen Anhänger in Deutschland verspielen möchte. In der Tat entbrannten in Deutschland unmittelbar darauf heftige Diskussionen. CDU-Politiker und *Bild*-Zeitung echauffierten sich über den »verbalen Totalausfall«, in Facebook-Kommentaren sah sich Gabriel dem Vorwurf des »Antisemitismus« und »Rassismus« gegen Juden ausgesetzt. Natürlich durften auch nicht offizielle jüdische Reaktionen fehlen. Der Präsident des Zentralrats der Juden in Deutschland kritisierte: »Was Gabriel hier geäußert hat, ist vollkommen verunglückt.« Es sei ein moralisches Ungleichgewicht, einerseits Verhandlungen mit der radikal-islamischen Hamas zu fordern, die die Juden ausdrücklich weltweit vernichten wolle, und gleichzeitig Israel als »Apartheid-Regime« zu verunglimpfen. Und als Gabriel, eingeschüchtert von der Vehemenz der Kritik, zurückruderte und eine »Klarstellung« auf Facebook veröffentlichte, meinte der Präsident des Zentralrats auch diese kommentieren zu sollen. Sie sei keine Korrektur, sondern eine »Verschlimmbesserung«, und fügte dann hinzu: »Wir empfinden Empathie mit dem Leid von allen Menschen in der Region. Herr Gabriel ist ein Mann mit großem Engagement, mit einem großen Herzen und großen Gefühlen. Gerade dafür schätze ich ihn sehr. Wenn er nach Hause kommt, sollte er aber mit kühlem Kopf seine unhaltbaren Äußerungen doch wieder klar zurechtrücken.«[14]

Das ist nun aber dreist gelogen. Der Zentralrat der Juden in Deutschland hat sich nie durch Empathie »mit dem Leid von allen Menschen in der Region« hervorgetan. Einen solchen Anspruch durfte, wenn überhaupt, vielleicht noch Ignatz Bubis erheben, der sich nach den fremdenfeindlichen Übergriffen der Neunzigerjahre in Deutschland emphatisch zu Wort meldete. Aber keiner seiner Nachfolger darf das von sich behaupten. Ganz im Gegenteil. Und wenn der Präsident des Zentralrats so gnädig ist, dem deutschen Außenminister ein großes Herz und große Gefühle zu bescheinigen und ihn gerade dafür sehr zu schätzen, dann sollte er zu seiner eigenen Bekundung stehen, den Schock des Ministers angesichts dessen, was dieser sah, respektieren und ihm nicht abfordern, die dem »großen Herzen« entrungenen Äußerungen »wieder klar zurechtzurücken«. Es ist kein moralisches Ungleichgewicht, Verhandlungen mit der Hamas zu fordern und Israel zugleich des »Apartheid-Regimes« zu zeihen; denn wenn Verhandlungen mit der Hamas (an denen Israel übrigens aus ganz anderen Gründen nicht interessiert ist) eine Möglichkeit böten, zu einem Abkommen zu gelangen, sollte sie auf jeden Fall wahrgenommen werden (Frieden schließt man mit Feinden, die dann keine mehr sind). Zutiefst unmoralisch ist es hingegen, die realen Apartheid-Verhältnisse in Hebron (und in den von Israel besetzten Gebieten überhaupt) mit dem ideologischen Getöne der Hamas auf eine Ebene zu stellen, also die real praktizierte Unterdrückung hinzunehmen, sich aber »verunglimpft« zu fühlen, wenn diese als solche apostrophiert wird, und sich dann aber noch von den wirkungsfreien Parolen der Hamas bedroht zu fühlen. Und selbst, wenn die Hamas »die Juden ausdrücklich weltweit vernichten« wollte (das ist es nicht, was sie will) – worin unterschiede sich dies von dem im israelischen Alltagsrassismus wie dem selbstverständlich skandierten »Tod den Arabern« und der Aufforderung, »sie alle zu töten, wenn sie noch klein sind«? Die Hamas ist ein Resultat israelischer Okkupationspolitik; und Israel wünscht sich die Hamas genau so, wie sie ist, um weiterhin ungestört Okkupationspolitik betreiben zu können. Davon sollte sich eine Delegation des Zentralrats der Juden in Deutschland vielleicht mal ein Bild an Ort und Stelle machen (ja, auch in Hebron). Vielleicht könnte die selbstherrlich bekundete Empathie seiner Vertreter dann endlich begreifen, wer ihrer Empathie bedarf und wessen sich das »verunglimpfte« Israel dabei schon seit Jahrzehnten schuldig macht.

Die *Bild*-Zeitung

Die Bild-Zeitung soll hier paradigmatisch für die Meinungsbildung in Deutschland in Bezug auf »Juden«, »Israel« und den Nahostkonflikt herangezogen werden. Ist das zulässig? Es ließe sich, nicht zu Unrecht, einwenden, die deutsche Medienlandschaft sei groß und heterogen genug, um ihren Idealtyp nicht auf ein Organ, zudem noch ein Boulevardblatt, zu reduzieren; es gebe ja genügend andere, seriösere Zeitungen, die genannt werden müssten. Und doch war es nicht von ungefähr dieses Blatt, das bereits in den Sechzigerjahren wegen seiner gravierenden Einflussnahme auf die öffentliche Meinungsbildung in der BRD kritische Aufmerksamkeit erregte und gar zum Gegenstand politischer Protestaktionen avancierte. Der Axel-Springer-Verlag ist eines der größten Verlagshäuser Europas, in welchem die *Bild*-Zeitung eine zentrale Rolle spielt, denn sie ist nicht nur »die reichweitenstärkste Tageszeitung Deutschlands mit über 1,6 Millionen verkauften Exemplaren«, sondern hat auch diverse »Abwandlungen« im Gefolge, wie etwa die *Bild am Sonntag*, *Bild der Frau*, *Auto Bild* und etliche andere, wodurch der

Einflussbereich dieser *Bild*-Gruppe als enorm angesehen werden darf: »[…] sie erreicht täglich Millionen Bundesbürger – ihr politischer Einfluss ist daher auch immens«.[15] Da das Verlagshaus zudem über weitere Verlagsmarken verfügt, die nicht direkt mit der *Bild*-Zeitung in Verbindung gebracht werden, etwa die überregionale Tageszeitung *Die Welt*, der weitere Medienunternehmen angefügt sind, lässt sich das Urteil nachvollziehen, die Springer-Familie, Eigentümerin des Springer-Verlags, habe »über direkte und indirekte Unternehmensanteile einen gewaltigen Einfluss auf die Meinungsbildung der Bundesbürger im Print- und TV-Bereich – und zwar unter verschiedenen, voneinander scheinbar unabhängigen Medienmarken«.[16]

Hat das etwas mit dem hier erörterten Thema des Bezugs von Deutschen zu Juden, Zionismus und Israel zu tun? Nun, wohl mehr als bei jedem anderen deutschen Massenmedium. Denn es war der Verlagsgründer Axel Springer, der bereits 1967 die sogenannten »Essentials« für die Unternehmensverfassung formulierte, welche nach der Vereinigung beider deutschen Staaten 1990 geändert und nach dem 11.09.2001 ergänzt wurden. Sie lauten heute:

1. Wir treten ein für Freiheit, Rechtsstaat, Demokratie und ein vereinigtes Europa.
2. Wir unterstützen die Lebensrechte Israels.
3. Wir zeigen unsere Solidarität in der freiheitlichen Wertegemeinschaft mit den Vereinigten Staaten von Amerika.
4. Wir lehnen politischen und religiösen Extremismus ab.
5. Wir setzen uns für eine freie und soziale Marktwirtschaft ein.[17]

Bezeichnend sind die Kommentare dreier zentraler Amtsinhaber im Verlagshaus zum »geistigen, gesellschaftspolitischen Erbe Axel Springers«. So meint etwa Jan-Eric Peters, Chefredakteur und »Chief Product Officer Upday«, sich auf die Verlags-Essentials beziehend: »Für unseren freiheitlichen Rechtsstaat, für das

Lebensrecht des israelischen Volkes, für die Wertegemeinschaft mit Amerika und eine freie und soziale Marktwirtschaft und gegen politischen Totalitarismus. Natürlich, die Essentials sind selbstverständlich! Ich wollte nie in einer Redaktion arbeiten, in der anderes gilt, ich könnte es nicht.« Nicht ganz ersichtlich wird dabei, was er mit dem »Lebensrecht des israelischen Volkes« meint. Wer ist das »israelische Volk«? Alle in ihm lebenden Bürger? Wenn er das meint, dann hat er ein Problem mit einem nicht geringen Teil der jüdischen Bevölkerung Israels, der die in Israel lebenden arabischen Bürger im besten Fall als Bürger zweiter Klasse ansieht und behandelt, oft aber auch hass- und ressentimentgeladen als »fünfte Kolonne« besudelt. Es ist jener Anteil des »israelischen Volkes« (seit Generationen im ehemaligen Palästina ansässig), dem der amtierende Verteidigungsminister Israels, Avigdor Lieberman, (1978 von Moldawien nach Israel ausgewandert) »anempfohlen« hat auszuwandern. Er hat auch im März 2018 verkündet, die linkszionistische »Meretz«-Partei gehöre nicht zu Israel. Wie hält es da Peters mit dem »freiheitlichen Rechtsstaat« – gilt ihm dieses Postulat auch für Israel? Es scheint, als verwechsle Peters »Juden« (um die es Axel Springer ging) mit »Israel« – eine zuweilen fatale, auf jeden Fall absurde Verwechslung. Peters ist in dieser Verwechslung freilich eher die Norm als die Ausnahme, was israelsolidarische Deutsche anbelangt.[18]

Kai Diekmann, ehemaliger Herausgeber der *Bild*-Gruppe, sagte einmal: »Für uns sind die Grundsätze nicht nur Teil unserer Arbeitsverträge. Sie sind für uns Leitbild und Selbstverständlichkeit in unserer Arbeit – und selbstverständlich ist es möglich, die Politik Israels oder der USA auch kritisieren zu können.« Das ist schön gesagt, verwundert aber dennoch: Wann hat sich die *Bild*-Zeitung je darin hervorgetan, die Politik Israels zu kritisieren? Und welcher Aspekt der Politik Israels soll da kritisiert worden sein (apropos Eintreten für »Freiheit, Rechtsstaat, Demokratie«)? Die mehr als fünfzig Jahre währende Besatzung mit all ihren menschen- und völkerrechtswidrigen Übertretungen und brutalen Verbrechen? Das Erschießen von unbewaffneten palästinensischen Demonstranten im Gazastreifen durch israelische Scharfschützen, als wären sie Freiwild? Der schändliche Umgang mit den ungefähr 30 000 in Israel weilenden, asylsuchenden Flüchtlingen? Die Liste möglicher, nicht minder gravierender Kritikpunkte ließe sich lange fortsetzen. Aber es lohnt die Mühe nicht. Denn worin Diekmann die Ausrichtung auf Israel letztlich sieht, verlagert er nicht von ungefähr auf eine ganz andere Ebene. Mit Bezug auf den Ansporn der Essentials, »das Engagement Axel Springers fortzuführen«, redet er von diesbezüglich deutlich gesetzten Zeichen und erwähnt in diesem Zusammenhang die »Übergabe der Original-Baupläne des Konzentrationslagers Auschwitz an den israelischen Premier Benjamin Netanjahu, die heute als ›Dokumente des Grauens‹ in der Gedenkstätte Yad Vashem ausgestellt werden«. Warum die Auschwitz-Baupläne an Israel übergeben worden sind, ist nicht ganz klar. Wenn es um das Shoah-Gedenken geht, sollten sie wohl eher in Deutschland ausgestellt werden. Aber darum geht es eben nicht, sondern um die verdinglichte Form der »Wiedergutmachung«, wie sie sich in den Springer-Essentials und im nicht sonderlich reflektierten Bewusstsein seiner Gesinnungserben niedergeschlagen hat. Dass Diekmann damit wiederum »Juden« mit »Israel« verwechselt, mithin stolz darauf zu sein scheint, den israelischen Premier als Adressaten der Dokumenten-Übergabe auserkoren zu haben (warum denn eigentlich?), ist, wie gesagt, Norm. Aber wozu dann das Lippenbekenntnis, es sei selbstverständlich möglich, die Politik Israels kritisieren zu können? Das ist doch von vornherein nicht die Bezugsebene der *Bild*-Essentials zu Israel, schon deshalb nicht, weil Axel Springer sie nie anders andachte, als was sie letztendlich geworden ist: eine hohle Ideologie der »Wiedergutmachung« dessen, was schlechterdings nicht »wiedergutgemacht« werden kann.[19]

Interessanter, weil (zumindest in den hier zitierten Aussagen) reflektierter, ist da Peter Huth, Chefredakteur der *Berliner Zeitung* und der *Welt am Sonntag*, der mit Bezug auf die Springer-

Essentials sagt: »Es gibt Sätze, die sind so selbstverständlich, dass man sie nicht niederschreiben brauchte. Der zweite Unternehmens-Grundsatz, das ›Herbeiführen der Aussöhnung zwischen Juden und Deutschen‹ sowie die ›Unterstützung der Lebensrechte des israelischen Volkes‹, ist so ein Fall. Wer könnte dem widersprechen? Wer ist denn gegen eine Aussöhnung zwischen Deutschen und Juden, wer außer Wahnsinnigen würde dem israelischen Volk (oder irgendeinem Volk) das Lebensrecht verweigern?« Bezeichnend ist auch hier wieder, mit welcher Leichtigkeit Unselbstverständliches für selbstverständlich ausgegeben wird. Denn als Axel Springer seinerzeit die »Aussöhnung zwischen Juden und Deutschen« anvisierte, konnte von einer solchen Aussöhnung nicht die Rede sein. Wer sollte sich damals, in den Sechzigerjahren, aussöhnen – noch lebende Nazis mit Shoah-Überlebenden? In wessen Namen hätte eine wie auch immer gedachte Aussöhnung vollzogen werden sollen – im Namen der Millionen Ermordeten? Als Gershom Scholem im Jahre 1964 die Tatsächlichkeit eines deutsch-jüdischen Gesprächs bestritt und eine deutsch-jüdische Symbiose, von der man allenthalben sprach, schlicht in Abrede stellte, hob er hervor, dass nichts an der Tatsache zu ändern sei, »dass mit den Toten kein Gespräch mehr möglich ist, und von einer ›Unzerstörbarkeit dieses Gespräches‹ zu sprechen, scheint mir Blasphemie«.[20] Wenn nun aber Huth lapidar-rhetorisch fragt: »[…] wer außer Wahnsinnigen würde dem israelischen Volk (oder irgendeinem Volk) das Lebensrecht verweigern«, tappt er nicht nur in die Falle des Redens vom »israelischen Volk«, sondern muss sich auch fragen lassen: »irgendeinem Volk«? Wenn die Hamas Israel das Lebensrecht abspricht (und selbst, wenn es der Iran tut), dann hat es keinerlei praktische Konsequenzen für die reale Existenz Israels: Hamas stellt keine Bedrohung dar, und der Iran wird Israel nicht bedrohen können, ohne seine eigene Existenz aufs Spiel zu setzen. Aber weiß Huth nicht, dass – insofern das Lebensrecht des Staates gemeint ist – es gerade Israel ist, das den Palästinensern das Lebensrecht verweigert, und zwar in

Wirklichkeit, indem es sie nicht nur lebensweltlich seit einem halben Jahrhundert knechtet, sondern ihnen auch nicht die Gründung eines souveränen Staates zugesteht. Was also meint Huth, wenn er dann weitergehend sagt: »Trotzdem musste ich nichts öfter verteidigen: in Partyküchen, in Diskussionsrunden, bei Kollegen. Die Methode der Kritiker ist immer gleich: Sie fantasieren Dinge in den Satz, die überhaupt nicht formuliert sind. Dass man also gegen das Lebensrecht der Palästinenser sei. Dass man die israelische Politik in jedem Fall gutzuheißen habe. Dass man grundsätzlich islamfeindlich sei. Und immer wieder den gleichen Satz über die Juden, die ja nichts gelernt hätten aus der eigenen Geschichte, fast wird einem übel, wenn man das jetzt aufschreibt. Denn natürlich ist das Gegenteil der Fall.« Was genau ist das Gegenteil, dessen vorgebliche Infragestellung bei Huth Übelkeit aufkommen lässt? Es geht nicht darum, ob Huth als Privatperson für oder gegen das Lebensrecht der Palästinenser ist, sondern einzig darum, dass die im Springer-Essential festgesetzte rigorose Verteidigung des Lebensrechts des »israelischen Volkes« (das heißt des zionistischen Staates), wie es sich historisch etabliert und entwickelt hat, im wirklichen Leben (nicht im selbstgefälligen Disput auf Partyküchen) eben doch das Lebensrecht der Palästinenser (und ihre nationalstaatliche Selbstsetzung) unentwegt, ideologisch legitimiert, unterwandert. Wenn das von einem Chefredakteur nicht zur Kenntnis genommen wird, dann wird die israelische Politik von ihm eben objektiv gutgeheißen, und das in sein Bekenntnis zum Springer-Essential vorgeblich »Hineinfantasierte« enthält einen unabweisbaren, realen Wahrheitskern. Der Satz, der ihm auf die Nerven geht, die Juden hätten aus der eigenen Geschichte nichts gelernt, geht auch mir auf die Nerven, wenn er aus dem Mund von Partyküchen-Deutschen kommt. Aber was ist schon dieser Satz, gemessen an der in Israel/Palästina vorwaltenden Realität, auf die dieser Satz – aus wie immer unzulässig fremdbestimmten Gründen – zu verweisen trachtet? Es ist mir nicht bekannt, dass sich die *Berliner Zeitung* oder die *Welt am Sonntag* jemals mit diesem Problem ernsthaft auseinandergesetzt hätten. Das ließen die Springer-Essentials eben doch nicht zu.

Es ist eigentlich zwecklos, die hier andeutungsweise vorgenommene Ideologiekritik tiefer zu verfolgen, weil die Grundlagen dessen, was die *Bild*-Zeitung im Sinne der Springer-Essentials und der ihnen verpflichteten Redakteure, Publizisten und Journalisten praktisch betreibt, letztlich prästabilisiert sind. Die Aussagen der hier wahlweise als Beispiele angeführten Medienfunktionäre sind, so besehen, nicht als Bekenntnisse zum Metier des Journalismus und der Publizistik zu nehmen, sondern als Rationalisierung des Dienstes an einer unerschütterlich fixierten Doktrin. Wenn Journalismus, zumindest dem Anspruch nach, sich an der Realität abarbeitet – berichtend, deutend, kritisch kämpfend –, dann zeichnet sich die Praxis des *Bild*-Journalismus und der ihm verschwisterten Publizistik im Hinblick auf die in diesem Buch erörterte Problematik durch eine ideologisch vorgefertigte Realitätsresistenz aus. Diese Resistenz manifestiert sich darin, dass Fakten zwar wahrgenommen, aber im Sinne des Springer-Katechismus auf eine nicht hinterfragbare Gesinnungstreue getrimmt werden.

Ein Blick auf eine »Bild Plus«-Internetseite vom 12.12.2017, die sich mit dem hier erörterten Thema befasst, mag dies stichwortartig veranschaulichen. »Ist das Zufall?«, fragt eine Schlagzeile geheimnistuerisch in typischer *Bild*-Manier, um sodann Beispiele für die Art und Weise, »wie deutsche Medien über Israel berichten«, zu liefern.[21] Zunächst werden folgende Zeilen vorangeschickt: »›Tunesier stirbt bei Lkw-Angriff auf Deutsche‹. Erkennen Sie, wer hier Täter und wer Opfer ist? Hätten Sie bei diesem Satz sofort an das grausame Attentat des Terroristen Anis Amri gedacht, als er zwölf Menschen ermordete?« Dann stellt sich aber heraus, dass dies nur als analogisierende Vorlage für die eigentliche Polemik dient: »Zu Recht würde keine deutsche Zeitung den Terroranschlag vom Breitscheidplatz so verfremden. Für Israel gilt diese Selbstverständlichkeit nicht. ›Palästinenser sterben bei Messerattacken auf Israelis‹, titelte

Spiegel-Online nach einer palästinensischen Terror-Serie. Tatsächlich waren die Messerstecher von Sicherheitskräften erschossen worden, um den Angriff zu stoppen …«. Zu fragen bleibt nur: Meint die *Bild*-Zeitung allen Ernstes, dass zwischen den schwerbewaffneten und ausgerüsteten israelischen Militär- und Grenzschutzsoldaten und den palästinensischen Messerstechern eine in irgendeiner Weise zu behauptende Symmetrie besteht? Vor allem aber: Gibt es vielleicht einen Kontext, der gewisse Palästinenser zu Messerstechern werden lässt? Vielleicht eine über ein halbes Jahrhundert währende, brutale Unterdrückung der palästinensischen Bevölkerung im Westjordanland durch Israels Streitkräfte, durch den sich an palästinensisches Privateigentum wüst vergreifenden Siedlerterror, durch Landraub, Wasserentzug, Apartheid-Praxis und von der hohen israelischen Politik abgesegnete, menschenrechtswidrige Schikane? Und wenn es schon um die Intifada, der letztlich ohnmächtigen Empörung der Unterdrückten gegen die oppressive israelische Macht, geht, weiß die *Bild*-Presse wirklich nicht um die Zahl der Palästinenser, die bei Kriegen, zivilen Auflehnungen und Demonstrationen durch disproportionale israelische Gewaltanwendung umkommen? »Sind das lediglich Missgeschicke? Zufälle? *BILD* dokumentiert, wie in deutschen Medien über Israel und Juden berichtet wird«, kündigt die Internetseite pathoserfüllt an. Genau diese an deutsche Medien gerichteten Fragen muss sich die *Bild*-Presse zuvörderst stellen lassen. Die Antworten dürften sich von selbst verstehen.

Donald Trumps Entscheidung, die US-Botschaft in Israel nach Jerusalem zu verlegen, hat für einiges politisches Entsetzen gesorgt. Es ist, als hätte er eine Lunte an ein Pulverfass gelegt, die nur noch gezündet zu werden braucht. Man muss (zum Zeitpunkt der Niederschrift dieser Zeilen) noch abwarten, ob diese völlig überflüssige (wohl als Freundschaftsgeste an Israels Premierminister und die radikalen Evangelikalen in Trumps Umfeld gedachte) Entscheidung verwirklicht werden und welche Reaktionen sie in der arabischen Welt zeitigen wird. Dass sich Trump in der globalen Diplomatie nicht nur verantwortungslos, sondern wie der sprichwörtliche Elefant im Porzellanladen gebärdet, ist bekannt. Dass Benjamin Netanjahu – innen- wie außenpolitisch nicht minder verantwortungslos, wenngleich gebildeter als sein amerikanischer Amtskollege – in seiner prekären Situation als Angeschuldigter in mehreren Korruptionsfällen sich kein schöneres Geschenk seitens des befreundeten US-Präsidenten wünschen konnte, ist ebenfalls allseits bekannt. Für einen rational denkenden, verantwortlich vorgehenden Medienprofi wäre diese Entscheidung zumindest einer kritischen Reflexion, wenn nicht dezidierter Kritik angesichts ihrer absehbaren destruktiven Folgen würdig. Nicht so die *Bild*-Presse. Herangezogen wird »Israel-Experte« Michael Oren, Historiker und Knesset-Abgeordneter, der Trumps Entscheidung »erklärt«, mithin bangt: »Wie sehr müssen wir den Zorn der Araber fürchten?« Man weiß schon vom »Aufruf zur Terror-Intifada«, gefolgt von der wiederum geheimnistuerischen Frage »Wie gefährlich ist die Drohung der Hamas?« und »Kommt jetzt eine neue Welle des Terrors?« sowie dem Versprechen »*BILD* beantwortet alle wichtigsten Fragen«. Wer ist aber Michael Oren, der hier zum Aufklärer erkoren wird? Nun, immerhin ist er ein promovierter Historiker. Aber wer sich ein wirkliches Bild davon machen möchte, wes Geistes Kind er ist und was ihn in seinem religiösen Glauben umtreibt, schaue sich das englischsprachige Video auf der hier aufgeführten (hebräischen) Internetseite an.[22] Es ist nicht nur seine rechtskonservative Gesinnung, die ihn zum inadäquaten Kronzeugen bei der sachlichen Klärung der Trump-Entscheidung geraten lässt, sondern, wie sich (nicht nur) in diesem Video offenbart, eine mehr als bedenkliche Mischung aus juvenil-mystischer Erfahrung (er ging in seiner Jugend heimlich in den Wald, um mit Gott zu reden), jüdischem Überheblichkeitsgefühl (nur das Judentum sei eine taugliche Religion, die anderen seien ihrem Wesen nach »neo-paganisch«) und einem chimärenhaften, leicht derangierten Messianismus, der es ihn mit jedem amerikanischen Evangelikalen aufnehmen ließe. Mit Michael Oren hat die

Bild-Zeitung nichts als einen gestandenen, israelisch-jüdischen Propagandisten als Kommentator rekrutiert, ganz im Geiste der Springer-Essentials, die ihre journalistische Ethik und publizistische Glaubwürdigkeit determinieren. Dass er sich darüber hinaus in Sachen der historischen Genese der jüdischen Religion als Stümper erweist, sei ihm nachgesehen; ein religiös-gläubiger Mensch bedarf ja bekanntlich nicht geschichtlicher Realität und Wahrheit, um seinem Glauben zu frönen. Aber was will man von Michael Oren? Warum soll nicht er »Israel-Experte« sein, wenn führende Kräfte und zentrale Gesinnungsausrichtungen die staatsoffzielle israelische Politik genau in diesem von ihm repräsentierten Sinne bestimmen und führen?

Weiter geht es auf der »Bild Plus«-Internetseite mit der Überschrift »Israel droht mit Selbstverteidigung«. Der Vorwurf ergeht in diesem Fall an »Focus Online«, zunächst mit der allgemeinen Behauptung »Immer wieder werden palästinensische Terroristen zu Opfern gemacht«, um dann zu spezifizieren, eine solche Überschrift lasse »einen Akt der Notwehr wie einen Angriffskrieg erscheinen«. Angefügt ist dem die Aussage: »Während der Zweiten Intifada von 2000 bis 2005 starben rund tausend Israelis bei Selbstmordattentaten. Die Tagesschau liefert eine andere Definition. Es sei ein ›Aufstand (…) gegen die israelische Besatzungsmacht‹. Müssen Journalisten wirklich die Vokabeln übernehmen, die Terroristen für ihre Taten wählen?« Auch hier erstrahlt wieder die Demagogie der *Bild*-Presse in hellstem Licht indignierter Unverfrorenheit. Was ist an der Übersetzung der palästinensischen Intifada als »Aufstand (…) gegen die israelische Besatzungsmacht« nicht korrekt? Man mag sich fragen, ob die dezidierte Militarisierung der Zweiten Intifada ein kluger Beschluss Arafats war (die Palästinenser können es mit Israel nun mal militärisch nicht aufnehmen – eine simple Frage des Kräfteverhältnisses), aber auch er wurde nicht im luftleeren Raum getroffen, sondern angesichts der Sackgassensituation, in welche die Oslo-Verhandlungen geraten waren. Kann es aber darüber einen Zweifel geben, dass es sich um einen Aufstand gegen die israelische Okkupation handelte? Wieso soll das die Übernahme der Vokabel sein, »die Terroristen für ihre Taten wählen«? Gibt es eine israelische Besatzung oder nicht? Wenn es sie gibt, dann ist die Empörung gegen sie ein Aufstand. Die Mittel, die dabei gewählt werden, sind eine Frage der realen Möglichkeiten. Terror ist ein Mittel der Ohnmacht, in dem Fall der staatlich, mithin militärisch nicht organisierten Opfer der Okkupation. Staaten wie Ägypten, Syrien und Jordanien standen bei ihren Kriegen gegen Israel Armeen zur Verfügung. Den Palästinensern nicht. So ist denn die Nomenklatur dessen, was sie im Rahmen dieser objektiven Konstellation real vermögen, eine Frage der Perspektive – den einen gilt es als Terror, den anderen als Befreiungskampf (so wie die Anschläge der Juden gegen die britische Mandatsherrschaft den Engländern Terror, den jüdischen Revisionisten emanzipatorischer Kampf war). Müssen, mag die Retourkutsche lauten, Journalisten (der *Bild*-Presse) wirklich die Vokabeln übernehmen, die israelische Propagandisten für ihre schändliche Besatzungspraxis wählen? Wenn palästinensische Terroristen Anschläge auf Israel verüben, dann ist die sogenannte »Notwehr« der Israelis ein Resultat dessen, was sie den Palästinensern real aufoktroyieren, um sich dann bei deren Gegenwehr selbst zu viktimisieren. Genau das umgekehrte Verhältnis also als das von der *Bild*-Rhetorik dargestellte. Es bedarf längst nicht mehr eines israelischen Angriffskriegs (der hat ja schon stattgefunden); es geht darum, die Barbarei der israelischen Okkupation als fortwährende Aggression, der die Palästinenser ausgesetzt sind – sie sind die Opfer! – und gegen die sie sich alle paar Jahre in verschiedenen Formen wehren, als solche zu apostrophieren. Die Opfer auf beiden Seiten sind es, die den Preis für die menschen- und völkerrechtsverachtende Praxis der israelischen Besatzung zahlen. Weiß übrigens die *Bild*-Zeitung, wie die Relation zwischen Zivilisten und Sicherheitskräfte unter den rund tausend Israelis waren, die bei jener Intifada umkamen? Und weiß sie auch, wie diese Relation zwischen Zivilisten und Kämpfern unter den Palästinensern aussah? Würde sie dies recherchiert haben, würde ihre Polemik vermutlich weniger vollmundig ausfallen. Oder auch nicht – die Essentials würden ohnehin nichts anderes zulassen als das, was de facto ideologisch verblendet formuliert worden ist.

Ein weiteres Beispiel aus der *Bild*-Internetseite sei hier angeführt. »Gerne wird das demokratische Israel mit der radikalislamischen Hamas gleichgesetzt«, heißt es da. »*Spiegel*-Autor Jakob Augstein sieht islamistische Fundamentalisten und strenggläubige Juden als das gleiche Übel – nur mit verschiedenen Namen. Beide Gruppen seien ›aus dem gleichen Holz geschnitzt‹. Allerdings ist nicht ein einziger Fall bekannt, bei dem ein gläubiger Jude sich in einem vollen palästinensischen Café in die Luft gesprengt hätte.« Es mag in der Tat sein, dass hier ein Missverständnis von Jakob Augstein vorliegt. Denn wenn unter »strenggläubigen Juden« orthodoxe Juden, also nach der Halacha (den 613 ausformulierten Geboten) lebende Juden gemeint sind, dann trägt der Vergleich nichts. Denn die orthodoxen Juden – das wissen die *Bild*-Journalisten offenbar auch nicht – sind aus theologischen Gründen nahezu allesamt nicht beziehungsweise antizionistisch gesinnt. Die allerradikalsten unter ihnen unterstützen gar den Iran und die Hamas wegen ihres aggressiven Antizionismus. Gemeint sind wohl eher die nationalreligiösen Juden, die den allergrößten Teil des Siedlerkontingents im Westjordanland stellen. Und wessen sie fähig sind, haben sie schon oft genug bewiesen: Nicht nur waren sie es, die in der Vergangenheit jüdische Terrororganisationen gestellt, Massenmörder wie Ami Popper und Baruch Goldstein sowie den Mörder von Jitzchak Rabin, Yigal Amir, hervorgebracht haben und fortwährend Alltagsterror unter den palästinensischen Bewohnern des Westjordanlands betreiben, sondern es sind auch sie, die mit heute parlamentarischen Mitteln und ihrer Partei »HaBajit haJehudi« (zu Deutsch: »Jüdisches Heim«) die letzten Reste dessen, was noch die formale israelische Demokratie ausmacht, zu untergraben trachten, um Israel nach und nach (mit modernen Mitteln) zu theokratisieren. Wenn sie gemeint sind, greift der von Jakob Augstein gemachte Vergleich durchaus. Aber das eigentlich Hanebüchene am Einwand der *Bild*-Polemiker ist das Reden vom »demokratischen Israel«. Denn nicht nur ist es schleierhaft, wie ein Land, das seit über fünfzig Jahren die Barbarei eines illegalen Okkupationsregimes unterhält, für demokratisch erachtet werden kann, ein Land, das zudem praktisch zwanzig Prozent seiner eigenen Einwohner als Bürger zweiter Klasse behandelt, sondern offenbar wissen die *Bild*-Redakteure nichts von dem, was sich in Israel in den letzten Jahrzehnten abspielt: Die herrschende politische Klasse nutzt die ihr zur Verfügung stehenden parlamentarischen Mittel, um die israelische Demokratie als solche auszuheben; der israelische Alltagsrassismus feiert fröhliche Urständ und erhält nicht wenig Unterstützung von faschistoiden israelischen Politikern; der schon seit vielen Jahren zu verzeichnende Rechtsruck der israelischen Wählerschaft verstärkt sich; Feinde der populistischen, von Politikern rücksichtslos geschürten und in wildester Manier manipulativ angeheizten Hegemonie sind »die Linken« (die es in Israel ohnehin kaum noch in nennenswerter Quantität gibt; die wenigen Übriggebliebenen haben nichts zu sagen), die Medien und neuerdings sogar das Gerichtswesen, vor allem der Oberste Gerichtshof, dessen sich die politische Klasse in letzter Zeit angenommen hat, als Instanz, die unrechtmäßige Regierungsbeschlüsse zu annullieren vermag; auch die Polizei, die mit der Untersuchung von Korruptionsfällen renommierter Politiker, allen voran der Fälle Netanjahus, befasst ist, wird von parlamentarischen Rottweilern aus dem devoten Umfeld des Premiers wüst attackiert. Es ist ohnehin unbegreiflich, wie Politiker sich in der israelischen politischen Sphäre zu halten vermögen, für deren Vergehen beziehungsweise den Verdacht, Ungesetzliches und Kriminelles begangen zu haben, Politiker in Deutschland, England oder Frankreich keine Woche im Amt bleiben würden. Demokratie? *Bild*-Journalisten wissen schlicht nicht, was sie reden, wenn sie von Israel reden. Wie sollten sie auch. Sie haben ja ihre Essentials.[23]

Israelsolidarität und ideologisierter Antisemitismus-Vorwurf

An dieser Stelle müsste ein Unterkapitel über weitere partikulare Kräfte vermeintlicher Israelsolidarität von nichtjüdischen Deutschen und deren politischer Praxis folgen, samt ihrer perfiden Vorgehensweisen der Besudelung und Diffamierung von Israel- und Zionismuskritikern als »Antisemiten«. Da dieser Themenkomplex aber in einem Gastbeitrag von Susann Witt-Stahl eingehend erörtert wird, möchte ich hier stattdessen einen jüngst veröffentlichen Text von mir miteinbeziehen.[24] Er versteht sich als eine Art Zusammenfassung dessen, was hier über den zutiefst ideologisierten deutschen Antisemitismusdiskurs der letzten Jahre vorgetragen wurde.

Die Walser-Bubis-Debatte, die Ende der Neunzigerjahre das deutsche Feuilleton beutelte, ist heute weitgehend vergessen. Übrig geblieben von ihr ist vor allem das Schlagwort »Moralkeule Auschwitz«.

Seine Prominenz wahrt dieser Begriff heute allerdings in einem andersgearteten Zusammenhang. Wenn nämlich im gegenwärtigen deutschen Politdiskurs Kritik an der israelischen Politik gegenüber den unter fünfzigjähriger, brutaler Besatzung lebenden Palästinensern geübt wird, sehen sich israelsolidarische Deutsche sehr oft genötigt, den Kritikern Antisemitismus vorzuwerfen. Wenn die dem Vorwurf Ausgesetzten sich dagegen wehren, nicht zuletzt mit dem Hinweis darauf, dass Antisemitismus, Antizionismus und konkrete Israelkritik begrifflich wie praktisch unterschiedliche Kategorien seien, wird dies – auf den Antisemitismus-Vorwurf beharrend – mit der Insistenz auf den Zusammenhang von Israelkritik und Auschwitz verworfen (im Extremfall sind dann alle »Deutschen« bis heute Täter, alle in Israel lebenden Juden »Shoah-Überlebende« und das Land Israel eben die Zufluchtsstätte der verfolgten Juden). Wenn man aber darauf besteht, dass dieser Konnex unzulässig sei, mithin Auschwitz für heteronome Zwecke instrumentalisiert werde, wird

Walsers Rede von 1998 herangezogen, um »nachzuweisen«, dass genau so auch Walser argumentiert habe, womit »bewiesen« wäre, dass die heute so Argumentierenden Antisemiten seien.

Worin besteht der Unterschied zwischen diesen beiden Zusammenhängen, in denen der Vorwurf erhoben wird, dass mit der »Moralkeule Auschwitz« operiert werde? Im ersten Fall ging es dem »Sonntagsredner« Martin Walser darum, sein persönliches Unbehagen an der »Dauerpräsentation unserer Schande« öffentlich zu unterbreiten. Im Kern handelte es sich um eine individuelle narzisstische Kränkung, hervorgerufen durch seine Wahrnehmung seiner (deutschen) Realität. Wenn er das ihm durch Medien Aufgezwungene nicht mehr ertragen konnte, war ihm ja immerhin die Möglichkeit gegeben wegzuschauen (was er nach eigenem Bekunden auch zu tun pflegte). Wenn er aber dieses Unbehagen einem großen Publikum anlässlich einer renommierten Veranstaltung des deutschen Kulturlebens kundtun zu sollen meinte, dann ging dies objektiv über das Persönliche hinaus – Martin Walser ging es um ein öffentliches Anliegen, bei dem er mit linken Rivalen und Kontrahenten abzurechnen trachtete, denen er die Instrumentalisierung von Auschwitz vorwarf, dabei aber selbst einem Ideologem das Wort redete, welches man durchaus als eine Apologie des Schlussstrich-Denkens deuten durfte.

Im zweiten Fall geht es um einen innerdeutschen Diskurs, bei dem die deutsche Vergangenheit per se nur noch indirekt eine Rolle spielt, nämlich in der ideologischen Sedimentierung von Auschwitz im Antisemitismus-Vorwurf. Dabei vollzieht sich eine bemerkenswerte Metamorphose: Auschwitz gerinnt zu Antisemitismus, und der Antisemitismus fungiert als Tauschwert für Antizionismus und Israelkritik (womit also Judentum, Zionismus und Israel mutatis mutandis gleichgestellt wären). Rigoros formuliert lässt sich behaupten, dass »Israel« als Projektionsfläche für ein Anliegen instrumentalisiert wird, das mit Israel herzlich wenig und mit Auschwitz so gut wie gar nichts zu tun hat.

Israel, Antisemitismus und der Holocaust (=Auschwitz) werden hier in vorgeblicher kausaler Kontextualisierung chimärenhaft eingesetzt, mit einem gravierenden Unterschied zur Walser-Causa: Während die »Moralkeule Auschwitz« im Debattenereignis von 1998 als (wie immer fremdbestimmte) Fortsetzung der innerdeutschen Auseinandersetzung mit Deutschlands katastrophischer Vergangenheit geschwungen wurde, bezieht sich die »Moralkeule Auschwitz« beziehungsweise die ideologisierte Solidarität von Deutschen mit »Juden« mittlerweile auf eine nur schwer zu leugnende, faktisch bestehende Realität: die brutale, bereits ein halbes Jahrhundert währende militärische Besatzung und Unterdrückung des palästinensischen Volkes durch den Staat Israel.

Es lässt sich nachvollziehen, dass jene, die Juden mit Israel gleichsetzen und alles Israelische entsprechend für gut, moralisch und bewundernswert erachten, durch diese unabweisbare Realität in eine kognitive Dissonanz geraten, mithin sich ein Israel zurechtkonstruieren, das ihr, dem Wunschdenken entsprungenes Idealbild von ihm unkontaminiert belässt. Ideologische Verblendungen kennen keine Grenzen. Man muss da auf perverse Weise einem Henryk M. Broder die Reverenz erweisen, der zumindest »ehrlich« genug gewesen ist zu gestehen: »Israel ist heute mehr Täter als Opfer. Das ist auch gut und richtig so. Es macht mehr Spaß, Täter statt Opfer zu sein.« Das kennt man: Der israelische Historiker Benny Morris hat nachgewiesen, dass Israel im Krieg von 1948 Massaker und Massenvertreibungen an den Palästinensern verbrochen hat. Zunächst wurde er dafür in den Neunzigerjahren als »neuer Historiker« bejubelt; als er sich aber dem akademischen Establishment Israels anschließen wollte, fühlte er sich bemüßigt, eine Modifikation seiner Erkenntnis zu vollziehen: Er leugnete nicht, dass Massaker und massive ethnische Säuberungen stattgefunden hatten, stattdessen rechtfertigte er sie einfach; bedauerte lediglich, dass sie nicht noch unerbittlicher durchgeführt worden waren. Broder geht einen Schritt weiter: Während Morris die Barbarei als historische Notwendigkeit darstellt, ergeht er sich im »Spaß« daran, Täter zu sein.

Offen bleibt gleichwohl eine andere Frage: Warum müssen in diesem Zusammenhang Kritiker der israelischen Politik als Antisemiten beziehungsweise – wenn sie jüdisch sind – als »sich selbsthassende Juden« apostrophiert werden? Bei der Erörterung dieser Frage muss man im deutschen Kontext zwischen verschiedenen Gruppen von Sprechern und Angesprochenen unterscheiden. Zum einen gibt es da nichtjüdische Deutsche, die jeden Israelkritiker schmähen und besudeln, und zwar sowohl nichtjüdische als auch jüdische Kritiker. Sie wissen sich zumeist eins mit israelischen/jüdischen Institutionen (etwa der israelischen Botschaft oder dem Establishment der jüdischen Gemeinden in Deutschland), aber auch mit der offiziellen Israel-Politik Deutschlands und dem Konsensus einer sich normativ selbstbeschränkenden Berichterstattung deutscher Medien über den Nahostkonflikt überhaupt und Israel im Besonderen. Zum anderen gibt es deutsche und nichtdeutsche Kritiker der israelischen Politik, die sich mehr oder minder radikal ausrichten, von zionistischen Kritikern der israelischen Politik bis hin zu gestandenen Antizionisten, die Israel als Manifestation eines von Grund auf infrage gestellten Zionismus sehen. Zu bemerken ist dabei, dass sich im gesamten Spektrum der Israelkritik sowohl Nichtjuden als auch Juden finden.

Nichtjüdische Deutsche können also ihre deutschen Landsleute des Antisemitismus bezichtigen, wie es jüdische Institutionen gegenüber Nichtjuden zu tun pflegen. Unter diesen Institutionen wie in der israelischen Praxis ist es auch gang und gäbe geworden, israelkritische jüdische Intellektuelle als »sich selbsthassende Juden« darzustellen. Palästinensische Friedensaktivisten gelten ihnen samt und sonders als Antisemiten – in Israel werden sie brachial verfolgt, in Deutschland schikaniert. Dabei erweist sich die Stigmatisierung als »Antisemit/in« als äußerst effektiv. Denn das monströse Schicksal der Juden unter Deutschen im 20. Jahrhundert lastet auf dem Diskurs, bei dem freilich alles, was verkehrt sein kann, zum Verkehrten und Entstellten geronnen ist. Wenn Juden, Zionismus und Israel gleichgesetzt werden, Israel sich zu einem völkerrechtswidrige Politik betreibenden Staat entwickelt hat und verbrecherisches Täter-Sein »Spaß« macht, dann ist etwas gründlich schiefgegangen – allem voran jene Ethik, derer sich das Judentum stets zu rühmen wusste.

Was also denken sich jene, die Israelkritiker mit dem Vorwurf des Antisemitismus traktieren – etwa Deutsche, die Deutsche dessen beschuldigen, wenn diese sich selbst nicht für antisemitisch erachten und keine ausgewiesenen Rassisten oder Neonazis sind? Glauben sie, dass die nichtjüdischen Israelkritiker an der physischen Vernichtung von Juden interessiert seien? Oder an der gesellschaftlichen Ausgrenzung von Juden in Deutschland, gar an deren Vertreibung? Meinen sie, dass die deutschen Kritiker an der prinzipiellen Schädigung Israels interessiert seien, gar an dessen Untergang? Und meinen sie allen Ernstes, dass der in Deutschland ohnehin existierende Antisemitismus der aus Deutschland kommenden Kritik an Israels Politik bedarf, um sich von Neuem zu speisen? Die Frage spitzt sich zu, wenn Juden israelkritische Juden als Antisemiten beziehungsweise »sich selbsthassende Juden« diffamieren. Was meinen sie, dass diese kritischen Juden im Schilde führen? Und wie kommen sie dazu, von Selbsthass zu reden? Den Höhepunkt unüberbietbarer perfider Unverfrorenheit bilden in diesem Zusammenhang junge nichtjüdische Deutsche (Enkel der Tätergeneration), die israelischen Kritikern ihres Staates (womöglich Kinder von Holocaust-Überlebenden) Antisemitismus und Selbsthass vorwerfen. Schier unbegreiflich, welchen Abgründen ihre Anmaßung entstammen muss.

Denn alle diese Fragen indizieren den fundamentalen Widersinn der Anschuldigung. Nie kommt es den Urhebern des Vorwurfs in den Sinn, dass es den Kritikern Israels um die Bekämpfung der von Israel ausgeübten institutionalisierten Unterdrückung der Palästinenser gehen könnte, mithin um Emanzipation und Gerechtigkeit. Nie kommt es ihnen in den Sinn, dass die »sich selbsthassenden Juden« eine genuine Sorge um ihr Land umtreibt. Nie ist davon auszugehen, dass – anders als die Kritiker – jene, die sie verunglimpfen, mit einem ernst zu nehmenden Argument aufwarten würden. Wie sollten sie auch? An der Realität der von Israel an den Palästinensern verbrochenen Besatzung lässt sich nichts deuteln. Man kann sie nur ignorieren oder kaltschnäuzig umbenennen oder beschönigen (wollen). Als Ausweg aus dieser Misere der Realitätsverweigerung bedient man sich ersatzweise des Vorwurfs einer angeblichen Affiliation: Wenn der Neonazi Israel kritisiert und der jüdisch-israelische Staatsbürger Israel kritisiert, dann ist dieser eben gleicher Gesinnung wie der Neonazi, mithin tendenziell selbst Neonazi. Hitler war Nichtraucher, also lässt sich jeder Nichtraucher mit der Kategorie »Hitler« in Verbindung bringen. Solche Besudelungs- und Diffamierungspraxis hat sich längst zur Routine verfestigt, was die Realitätsverweigerung nur noch krasser hervorstechen lässt: Weil man sich erst gar nicht auf Israel und den Nahostkonflikt einlassen, dafür umso mehr eine dumpfe Ignoranz wahren will, wird das Debattenschlachtfeld von der aktuellen politischen Auseinandersetzung mit der Realität in die erbärmliche Sphäre der heteronomen Polemik versetzt. Der ad hominem gerichtete Rufmord erweist sich dabei als gewiefte Ablenkungstaktik. Denn der Vorwurf des Antisemitismus zeitigt in der öffentlichen Sphäre Deutschlands stets den erhofften Aufmerksamkeitseffekt. Und während sich der jüdische Israelkritiker noch über diesen Beschmutzungsakt mit relativer Gelassenheit hinwegsetzen kann, erzielt er beim nichtjüdischen Deutschen stets den erwünschten Einschüchterungseffekt. Im Zeitalter der Allmacht sozialer Medien kann dies den Ruin beruflicher Karrieren und gesellschaftlichen Ansehens bedeuten. Nicht von ungefähr lassen sich in letzter Zeit immer mehr öffentliche Institutionen in Deutschland von imaginierten Folgen des Antisemitismusvorwurfs beeindrucken und verweigern israelkritischen Veranstaltungen die Raumzuteilung. Unerheblich ist dabei, ob sie selbst an die Stichhaltigkeit der Diffamierung glauben; die Drohung, dass sie mit »Antisemiten« in Zusammenhang gebracht werden könnten, treibt sie bereits zum vorauseilenden Gehorsam.

Was hat es damit auf sich? Wie lässt sich die realitätsferne Besudelungsobsession mit angeblichen »Antisemiten« und »sich selbsthassenden Juden« erklären? Vielerlei Antworten auf diese Frage sind bereits konzipiert worden. Von Resten einer ehemals genuinen Auseinandersetzung von Deutschen mit ihrer Kollektivvergangenheit war da die Rede; von Folgen einer negativ verdinglichten Identitätssuche als »Deutsche«; von deutscher Schuldbelastung nebst »Wiedergutmachung« an »den Juden« (= »Zionismus« = »Israel«); von Suche nach Ersatz für eine verlorengegangene Gesinnungsheimat; von der ideologischen Verselbstständigung des Umgangs mit einem Ressentiment, das sich gegen Muslime richtet, wo unbewusst »Juden« (= Semiten) gemeint sein mögen, und so weiter und so fort. Alle diese Antworten mögen stimmen oder auch nicht. Es ist an der Zeit, sich mit den weitreichenden Auswirkungen besagter Obsession zu befassen.

Zunächst: Die flutartige Inflationierung der Verwendung des Antisemitismusvorwurfs entleert den Begriff des Antisemitismus in einer bedenklichen Weise. Die äußere Schale des Terminus besitzt zwar die »Aura« des Fetischs und erzielt, wie gesagt, die heteronome Wirkung der durch Diffamierung gezeitigten Einschüchterung, aber sie hat nichts mit der Substanz des Antisemitismus zu tun. Ähnlich wie beim wiederholten falschen Alarm in der Äsopschen »Wolf!«-Fabel verliert die Warnung vor dem tatsächlichen Antisemitismus, mithin das Postulat seiner Bekämpfung, an Glaubwürdigkeit. Denn übrig bleibt nur die manipulative Drohgebärde, bei der die Eingeschüchterten ja nicht wirklich glauben, sie seien antisemitisch, sondern sich lediglich den sozialen Folgen der Besudelung entwinden wollen.

Sie wissen ja, dass sie letztlich nur als Objekte der Einschüchterung, also fremdbestimmt handeln. Warum sollten sie sich bei der realen Bekämpfung des Antisemitismus – die noch ganz andere Dimensionen der Erkenntnis erfordert, als die durch perfide Manipulation generierte – beteiligen wollen? Was ist ihnen in Wahrheit vermittelt worden, wenn das Vermittelte in der Lüge wurzelt?

Darüber hinaus begeht die Praxis einer total entstellten Antisemitismus-Bekämpfung Verrat: Insofern sie sich emanzipatorisch wähnt, wird das Emanzipatorische, um welches es zu gehen hätte, hintergangen. Denn wenn Israelkritiker als Antisemiten apostrophiert werden, wird ein Israel in Schutz genommen, welches die systematische Unterdrückung eines anderen Volkes betreibt, eine Unterdrückung, die Israel zum Täter werden lässt – mag es sich noch so sehr ideologisch selbstviktimisierend als Opfer darstellen. Wer das nicht sieht (dass Israel sich einer Praxis verschrieben hat, die zwangsläufig immer mehr Opfer hervorbringt), begeht Verrat an den Opfern Israels, und insofern er den Oppressor Israel im Namen der historischen Opfer des Nazismus in Schutz nimmt, begeht er Verrat an den historischen Opfern. Denn er hat nicht das historische Wesen von Tätern im Stande ihres Täter-Seins und von Opfern im Stande ihres Opfer-Seins erfasst, sondern lässt stattdessen das zum Täterland verkommene Israel im falschen, von Grund auf ideologisierten Bild des Landes der (Shoah-)Opfer aufgehen. Das ist nicht nur im Hinblick darauf absurd, wie der Staat Israel über Jahrzehnte mit den ansässigen Shoah-Überlebenden umgegangen ist, sondern auch insofern, als es sich dabei um hohle Projektion handelt, welche nichts mit dem Gedenken der Shoah-Opfer, nichts mit den israelischen Shoah-Überlebenden und schon gar nicht etwas mit den Opfern des Staates Israel, den Palästinensern, zu tun hat.

Und das ist das allergrößte Problem dabei. Was die Ablenkungstaktik des entstellten, letztlich auf das Skandalon abzielenden Antisemitismus-Vorwurfs vor allem bewirkt, ist die (bewusst angestrebte) Ausblendung des Gegenstands der Israelkritik: die Barbarei der nunmehr ein halbes Jahrhundert währenden Okkupation Palästinas durch das zionistische Israel. Die Klärung der Frage, wann der Beginn des Konflikts zwischen dem Zionismus und den Palästinensern historisch anzusetzen sei, überschreitet den Rahmen dieser Abhandlung. In der Tat mag diese von der Schwierigkeit, zwischen diametral entgegengesetzten historischen Narrativen »neutral« entscheiden zu sollen, affiziert sein. Was aber auf keinen Fall in Abrede gestellt werden kann, ist, was sich seit dem Krieg von 1967, primär auf israelischer Seite abgespielt hat. Denn wenn man den blutigen israelisch-palästinensischen Konflikt als einen Territorialkonflikt begreift, ist vollkommen klar, wie die Herrschaftsverhältnisse angelegt sind, wer die Herrschaft darüber ausübt und worum es in diesem Konflikt im Wesen geht: Territorien. Das stimmt für die Palästinenser, die ihr Land verloren haben, und für säkulare Israelis, die die Territorien aus vorgeblichen Sicherheitsgründen unter israelischer Herrschaft wissen wollen. Das stimmt auch für (national-)religiöse Juden, die die besetzten Gebiete als gottverheißenes Land des auserwählten Volkes ansehen. Israel kontrolliert somit die materielle Voraussetzung für die Ankurbelung eines jeglichen Prozesses der friedlichen Konfliktlösung mit den Palästinensern. Nichts führt an der Territorialfrage vorbei. Dass dem so ist, weiß man auf beiden Seiten ganz genau: Es geht um die Gründung eines palästinensischen Staates auf dem unter israelischer Besatzung gehaltenen Territorium, somit also um die Räumung der okkupierten Gebiete (beziehungsweise eines Großteils von ihnen) und um den massiven Abbau von völkerrechtswidrig errichteten israelischen Siedlungen in diesen Gebieten. Was die Palästinenser den Israelis für diese materielle »Leistung« zu bieten haben, ist nichts als die Anerkennung Israels (die bereits stattgefunden hat). Sie sind in jedweder Hinsicht die Schwachen in diesem Konflikt. Wer das ignoriert, verkennt eine zentrale Dimension dessen, was die historische Tagesordnung dieses Konflikts ausmacht.

Israel will diesen Frieden aber nicht. Wollte es ihn, hätte es in allererster Linie in der Hand gehabt, ihn zu initiieren und seine Verwirklichung voranzutreiben. Dass Israel den Frieden – trotz aller lippenbekenntnishafter Friedensrhetorik – nicht will, zeigt sich darin, dass alle seine Regierungen seit 1967 vieles darangesetzt haben, die Erhaltung seiner unabdingbaren Voraussetzungen durch massiven Siedlungsbau und zunehmende Ideologisierung des Siedlungswerks zu vereiteln. Man kann diese eklatante Subversionspraxis mit nichts anderem erklären als mit der (freilich nicht eingestandenen) Weigerung, einen ernst gemeinten Friedensprozess einzugehen. Dass man in den Palästinensern »keinen Partner« für diesen Prozess sehen möchte, ist lediglich die Ideologisierung der eigenen Weigerung, einen ernsthaften Partner für den Friedensgang zu akzeptieren.

Israel hat sich dadurch aber auch in eine historische Sackgasse hineinmanövriert. Will es die Zwei-Staaten-Lösung eingehen, so ist durch das Verbauen ihrer Voraussetzung mittlerweile davon auszugehen, dass eine Räumung der besetzten Gebiete (beziehungsweise auch nur eines Bruchteils von ihnen) in bürgerkriegsähnliche Situationen münden würde. Jeder israelische Politiker, der mutig genug wäre, diesen Schritt zu begehen, müsste damit rechnen, Macht und Herrschaft sehr bald zu verlieren. Die Politlandschaft Israels lässt keinen anderen Schluss zu. Verweigert man aber die Zwei-Staaten-Lösung, sieht man sich vor dem nicht minder gravierenden Problem der objektiven Entstehung einer binationalen Struktur gestellt. Diese Struktur kann demokratisch abgesegnet werden, was aber – für die allermeisten Juden Israels schlicht unannehmbar – das Ende des historischen zionistischen Projekts bedeuten würde. Widersetzt man sich aber der demokratischen Legitimierung eines binationalen Staates, verschreibt man sich – staatsoffiziell! – der Hinnahme eines israelischen Apartheidstaates, in dem Millionen von Palästinensern unter israelischer Oberhoheit als Bürger zweiter Klasse leben.

Wer die hier lapidar dargelegten Grundkoordinaten des israelisch-palästinensischen Konflikts außer Acht lässt, kann nicht beanspruchen, verstanden zu haben, worum es bei dieser nahöstlichen Tragödie geht. Es handelt sich um ein Wissensdefizit, welches allerdings behebbar ist. Wer um diese Koordinaten weiß, sie aber ignoriert, um sich einer von vornherein gefestigten, israelsolidarischen Einstellung apologetisch zu verschreiben, begeht einen politischen Fehler, weil er vielleicht meint, etwas für Israel und »die Juden« zu tun, aber im Grunde nur eine Politik unterstützt und absegnet, die Israels Raison zwangsläufig in den historischen Abgrund führt; über die inneren zivilgesellschaftlichen Auswirkungen auf die israelische Gesellschaft mag hier geschwiegen werden. Wer aber den ideologisierten Antisemitismus-Vorwurf gegen jene erhebt, die diese Grundkoordinaten erfasst haben, um sie als fremdbestimmt zu desavouieren, begeht einen moralischen Frevel. Nicht nur, weil er politische Gegner ad hominem besudelt, mithin dadurch eine demokratische Debattenkultur verschandelt; nicht nur, weil er den Antisemitismusbegriff aushöhlt; nicht nur, weil er das Shoah-Gedenken narzisstisch um der eigenen Identitätsbildung willen schmählich instrumentalisiert; sondern vor allem, weil er mit dem, was nach Auschwitz zur Matrix jeglicher emanzipativer Ausrichtung avanciert ist – der universell eingestellten Bekämpfung des Antisemitismus – eine Realität zu rechtfertigen und ideologisch zu unterstützen trachtet, die dem genuinen Andenken an das, was Auschwitz anmahnt, und der davon sich ableitenden globalen Emphase, den Antisemitismus im weitesten Sinne ausmerzen zu wollen, diametral entgegensteht. Wer sich mit Opfern im Stande ihres Opfer-Seins nicht zu solidarisieren vermag, sollte das Wort »Antisemitismus« tunlichst gar nicht erst in den Mund nehmen.

Miszellen

Erinnerung und Gedenken als kollektive Strategie

Bekannt und fast schon zum Pflichtslogan bei jeder Erörterung der Möglichkeiten von Shoah-Gedenken ist Theodor W. Adornos in der *Negativen Dialektik* sich findendes Diktum geworden: »Hitler hat den Menschen im Stande ihrer Unfreiheit einen neuen kategorischen Imperativ aufgezwungen: ihr Denken und Handeln so einzurichten, dass Auschwitz sich nicht wiederhole, nichts ähnliches geschehe«.[1] Dass es freilich solche Popularität erlangte, täuscht darüber hinweg, dass sich in diesem Postulat ein komplexes, wiewohl stets emphatisches Denken verdichtete, dem man sich auszusetzen hat, wenn man die Tragweite dieses aphoristisch verkürzten Diktums adäquat begreifen möchte. Dies kann hier in seinem vollen Anspruch nicht geleistet werden. Hingewiesen sei stattdessen auf einen 1966 abgehaltenen Rundfunkvortrag, in welchem Adorno behauptete, dass jede Debatte über Erziehungsideale »nichtig und gleichgültig« sei dem einen zentralen Erziehungsziel gegenüber, dass sich Auschwitz nicht wiederhole: »Es war die Barbarei, gegen die alle Erziehung geht. Man spricht vom drohenden Rückfall in die Barbarei. Aber er droht nicht, sondern Auschwitz war er; Barbarei besteht fort, solange die Bedingungen, die jenen Rückfall zeitigten, wesentlich fortdauern. Das ist das ganze Grauen.« Und weiter heißt es dann: »Der gesellschaftliche Druck lastet weiter, trotz aller Unsichtbarkeit der Not heute. Er treibt die Menschen zu dem Unsäglichen, das in Auschwitz nach weltgeschichtlichem Maß kulminierte.«[2]

Nimmt man diese Aussage ernst, so erweist sich, dass für Adorno (wie auch bereits schon für Walter Benjamin vor Auschwitz) Andenken sich nicht mit der Erinnerung als moralischem Bewahrungsakt begnügt, sondern letztlich auf die Erfassung der Umstände, die das zu Erinnernde bewirkt haben, und ihrer relevanten Aufarbeitung für die aktuelle Zeit der nachmals Erinnernden zielt. Erinnerung und Andenken also als praktischer Auftrag in emanzipativer Absicht. Ungeachtet seines berühmt gewordenen Diktums, wonach »alle Kultur nach Auschwitz, samt der dringlichen Kritik daran, Müll« sei,[3] ist es Adorno demnach nicht nur um eine des Unsäglichen gedenkende Kultur – »nach Auschwitz« – zu tun, sondern auch um eine Emphase des Verstehens. Hierbei stechen nun folgende gravierende Momente hervor: Adornos Auffassung des Geschehenen zeichnet sich durch eine universal ausgerichtete Einstellung aus. Er spricht von einem fundamentalen »Stand der Unfreiheit« des Menschen, von einem im Wesentlichen repressiven und entfremdeten Zustand des Bestehenden also. Dementsprechend begreift er auch die »Bedingungen«, die das Ungeheuerliche zeitigen konnten, als historisch-sozial determiniert, namentlich als einen weiterhin lastenden »gesellschaftlichen Druck«, eine stets fortdauernde Not, deren äußere Erscheinungen in der Ära »nach Auschwitz« gleichwohl unsichtbar geworden seien. Es ist nun dieser Zustand, der den »Rückfall in die Barbarei« sowohl zur historisch konkretisierten – also bereits vollbrachten – Manifestation als auch zu der nunmehr nie wieder wegzudenkenden Möglichkeit ihrer permanent drohenden Wiederkehr hat werden lassen. Auschwitz war schon der Rückfall in die Barbarei, womit es zum Paradigma eines dem ungebrochen gutgläubigen Fortschrittsoptimismus der Aufklärung gegenläufigen »Zivilisationsbruches«[4] werden musste. Die Einzigartigkeit des Geschehenen ist also als ein Allgemeines zu denken, als Kulminationspunkt einer »nach weltgeschichtlichem Maß« angelegten Permanentbedrohung. Dass, wie Adorno sagt, »in den Lagern nicht mehr das Individuum starb, sondern das Exemplar«, somit also der nazistische Völkermord »die absolute Integration« darstellte,[5] ist demnach als Symptom einer welthistorischen Entwicklung, darüber hinaus aber auch als die Universaldiagnose einer Zivilisation mit dem steten Potenzial eines Rückfalls in die Barbarei zu verstehen. Daher der Auftrag, Adornos sogenannter »neue kategorische Imperativ«, dass das einzigartig durch Auschwitz als Maßstab Gesetzte sich nicht wiederhole, nichts diesem Maßstab sich auch nur Näherndes – »nichts Ähnliches« –, geschehe.

Nun erhebt sich aber die Frage, wie sich die erzieherische Vermittlung solchen historischen Grauens überhaupt bewerkstelligen lasse. Bezeichnend ist für diesen Zusammenhang eine Bemerkung Max Horkheimers aus dem Jahre 1960. Anlässlich des damals bevorstehenden Eichmann-Prozesses meinte er bezüglich der von israelischer Seite vertretenen Auffassung, der Prozess solle »die Jugend im eigenen Land und die Völker draußen über das Dritte Reich aufklären«, dass, wenn »solche Erkenntnis durch die gründliche Literatur, die in wissenschaftlichen wie in allgemein zugänglichen Werken der Kultursprachen vorliegt, nicht zu vermitteln ist, sondern erst in Form neuester Prozessberichte und internationaler Sensationen die Bedeutung gewinnen soll, die ihr im Bewusstsein der heutigen und künftigen Generationen zukommt, ist es schlecht um sie bestellt«.[6]

Die von Horkheimer angesprochene Misslichkeit berührt freilich nicht nur die postulierte Angemessenheit eines spezifischen Begreifens und Erinnerns des Dritten Reichs und der Shoah. Horkheimer wusste ja um den allumfassenden und rapide verbreiteten Charakter kulturindustrieller Vermittlung und Manipulation von sozialem und historischem Bewusstsein. Nur zu verständlich daher, dass ihm eine solche Vermittlung in Zusammenhang mit der Shoah-Rezeption als eine unverzeihliche Sünde erscheinen musste (wobei hier unerörtert bleiben mag, wie und ob der gerichtliche Prozess grundsätzlich als Medium der Auseinandersetzung mit dem Holocaust geeignet sei). Gleichwohl geht es hier aber um zwei weitere gewichtige Faktoren, die bei Horkheimer freilich nur indirekt anklingen: um den notwendig partiellen Charakter des historiografischen Aktes einerseits, andererseits aber auch um den (damit zusammenhängenden) wesentlich ideologischen Charakter einer jeden Vergangenheitsrezeption. Da die akkumulative Bildung des Kollektivgedächtnisses (einschließlich seiner historiografischen Manifestationen) als Erzeugnis, zugleich aber auch als wirkender Faktor einer historisch gewachsenen, gesellschaftlichen Praxis zu verstehen ist, sortiert, wählt und verdrängt das Gedächtnis »unliebsame« Teile – zuweilen gar höchst bedeutende Teile – des Vergangenen aus dem vorherrschenden Bewusstsein des Kollektivs. Nicht zuletzt deshalb herrscht stets eine notwendige Diskrepanz zwischen der Vergangenheit als geschichtlicher Realität des Kollektivs und deren Gestaltungen im Kollektivgedächtnis. Dieser Grundumstand hängt zwar immer mit wirklichen Geschehnissen in der Vergangenheit zusammen, ist aber zugleich auch für die latente, im Wesentlichen narzisstisch-ideologische – mithin heteronome – Funktion des Selektionsaktes verantwortlich. Daraus wiederum erklärt sich, dass die im Kollektivgedächtnis vorzufindenden Erinnerungsbausteine nie in voller Komplexität, schon gar nicht in ihrer »Gänze« bewahrt werden, sondern einen langen Prozess zunehmender Simplifizierung oder auch verdichteter Abstraktion durchlaufen, bis sie sich schließlich in kommod zugängliche Motive auf einer Bewusstseins-Matrix beziehungsweise in Kodes verwandelt haben.[7]

Hervorzuheben ist im hier erörterten Zusammenhang, dass besagte Selektions- und Kodifizierungsprozesse die Strukturen hegemonialer Erinnerungsnarrative in einer Weise prästabilisieren, dass alles, was dem hegemonialen Narrativ als unliebsam gilt, abgestoßen wird, womit denn Teile des Kollektivs in die Randständigkeit gedrängt werden und ihr Gedächtnis vor der Konsensübermacht kapituliert. Gedächtnisverlust muss, so besehen, strukturell begriffen werden. Von selbst erweist sich dabei das Ideologische solcher Inklusions- und Exklusionsprozesse. Hinzu kommt aber auch die Wirkmächtigkeit des Populären, wie sie sich seit Jahrzehnten im fortschreitenden Siegeszug der Kulturindustrie weltweit manifestiert. Bei aller kulturindustriellen Verhunzung und Bagatellisierung des Grauens muss daher in Kauf genommen werden, dass eine auf Trivialveranschaulichung angelegte TV-Kitschserie wie »Holocaust« oder auch Stephen Spielbergs Kassenerfolg »Schindlers Liste«, gerade weil sie auf Personenschicksale und quasi-individuelle Identifikationsfiguren angelegt sind, mehr an Publikumswirksamkeit und (wie immer primitiv geprägtem) Massenbewusstsein zu leisten vermögen als beispielsweise Claude Lanzmanns akribische Detailrekonstruktion des Erinnerten in »Shoah« oder andere Arten der Dokumentation, schon gar nicht zu sprechen von der ihrem Wesen nach trocken-sachlichen, daher für Breitenwirksamkeit an sich schon ungeeignete wissenschaftliche Darlegung und Erörterung. Dieses Strukturmoment muss mitbedacht werden, wenn man von einem Kollektivgedächtnis, mithin vom Postulat der kollektiven Vermittlung geschichtlicher Erinnerung ausgeht. Um dies zu exemplifizieren, seien hier drei Fallbeispiele aus der israelischen Shoah-Gedenkkultur herangezogen. Sie dürfen auf je eigene Weise als symptomatisch für ideologisch vorgeprägten Gedächtnis-Verlust gelten.

a. Gedächtnisverlust durch ideologische Anreicherung

In Israel heißt der Holocaust-Gedenktag »Tag der Erinnerung an die Shoah und den Heldenmut«. Er wurde bereits 1951 von der Knesset festgesetzt, aber erst 1959 zum Gesetz erhoben. Sein Datum – der 27. des jüdischen Monats Nissan – soll durch Datumsnähe den Warschauer Ghettoaufstand symbolisch mit in die Erinnerung aufnehmen. Nun weiß man aber, dass die wenigsten Shoah-Überlebenden von ihren Schreckenserfahrungen in Kategorien des Heldenmuts zu reden pflegten. Weder das Durchleben des Grauens noch das Überleben galt ihnen gängigerweise als etwas, das mit dem Pathos des Heldenhaften in Verbindung gebracht werden kann. Bedenkt man darüber hinaus, dass die lebensweltlichen Realitäten der Überlebenden in den Fünfzigerjahren, ihre psychische Gebrochenheit, die nächtlichen Schreie, die peinigenden Gefühle horrenden Verlustes und unsäglicher Überlebensschuld kaum, wenn überhaupt je, in die öffentliche Sphäre der sich damals heranbildenden israelischen Gesellschaft drangen, erhebt sich die Frage, wieso man »Heldenmut« in den staatsoffiziellen Namen des Gedenktages aufnahm. Die Frage stellt sich umso dringlicher, als niemand im damaligen Israel allen Ernstes ein Equilibrium zwischen der millionenfachen, industriellen Vernichtung der Juden und dem im Hinblick auf das Menschheitsverbrechen, bei aller lokalen Bedeutung, letztlich randständigen Ereignis des Warschauer Ghettoaufstands zu postulieren sich einfallen lassen durfte. Die Antwort darauf liegt im Bereich staatsideologischer Bedürfnisse: Man wollte gerade die Opfer-Ohnmacht der Juden in der Shoah nicht zum Faktor der nationalen Identitätsbildung des »Neuen Juden«, wie ihn der Zionismus sich vorgestellt und gefördert hatte, werden lassen – personifizierte ja der Shoah-Überlebende in seiner Schwäche, Ohnmacht und Gebrochenheit das Diasporische, welches der Zionismus zu überwinden trachtete. Die Frage von Alteingesessenen im Land, aber auch von Kindern der Überlebenden, wieso man sich »wie Vieh auf die Schlachtbank« habe führen lassen, war symptomatisch für das Unverständnis (und auch die Arroganz), mit denen man den Überlebenden im jungen Israel begegnete. Die Staatsideologie bediente sich zwar der »Shoah« als »Beweis« für die Berechtigung des zionistischen Grundpostulats, dass alle Juden der Welt sich in Israel einzufinden hätten, wenn sie in Sicherheit leben wollten, war aber damals kaum geneigt, sich mit den überlebenden Opfern der Shoah und dem, was sie an lebensgeschichtlicher Last mitbrachten, auseinanderzusetzen.

So erwies sich der Umgang mit der Shoah in Israel in den frühen Phasen des Staates als Argument für den Zionismus, der aber mit dem Andenken an die Opfer im Stande ihres Opfer-Seins nicht viel zu tun hatte. Im Gegenteil, die Shoah wurde im Israel der Fünfzigerjahre zumeist beschwiegen, wenn sie nicht staatsoffizielle Belange, wie die Wiedergutmachungs-Abkommen von 1952, tangierte oder als kontroverser Eklat, wie etwa der Kasztner-Prozess, ins öffentliche Bewusstsein drang. Die eigentliche Leiderfahrung der Opfer wurde weitgehend vom öffentlichen Raum ausgeschlossen, was sich erst mit dem Eichmann-Prozess von 1961 ändern sollte. Im hier erörterten Zusammenhang sei hervorgehoben, dass die ideologisch beseelte Anreicherung des Gedenkspektrums mit der Kategorie des »Heldentums« eher volens als nolens einem strukturellen Gedächtnisverlust Vorschub leistete. Denn allein schon durch die semantische Gleichstellung des »Heldenmuts« mit der »Shoah« in der israelischen Erinnerungsnomenklatur ergab sich eine Verschiebung, die jüdischem Heldentum, dessen man zionistisch-ideologisch bedurfte, einen Stellenwert beimaß, der ihm historisch, zumindest im Hinblick auf die wahre Wesensbestimmung der Shoah – die Katastrophe der Massenvernichtung und die kollektive Ohnmacht – nicht gebührte.

b. Gedächtnisverlust durch Homogenisierung von Heterogenem

Das israelisch-zionistische Shoah-Narrativ generierte sich, wie bereits angedeutet, recht früh im Sinne instrumenteller Vorgaben der staatstragenden Ideologie: Da der Zionismus die Lösung dessen anstrebte, was im Europa des 19. Jahrhunderts als das sogenannte »jüdische Problem« erwuchs; da aber die Juden, auf allen Kontinenten verstreut, noch in der »Diaspora« lebten und erst im künftig zu gründenden Staat Israel versammelt werden sollten; und da die Anziehungskraft des politischen Zionismus sich unter den Juden anfangs noch in Grenzen hielt – bildete sich sehr bald eine mit Verve postulierte Dichotomie zwischen »Zionismus« und »Diaspora«, die (vom Zionismus aus gesehen) auf die Aufhebung allen diasporischen Daseins der Juden zielte.

Und weil man die Shoah als endgültigen »Beweis« für die Notwendigkeit einer geschichtlichen Überwindung der Diaspora ansah, wurden Israel und die Shoah ideologisch in einen Kausalnexus gestellt: Israel sei die »Antwort« auf die Shoah, ein Postulat, das schnell genug zum sloganhaften Ideologem »Von der Katastrophe zur Erhebung« (»mi'schoah le'tkumah«) gerinnen sollte.

Nun ist aber Israels Gesellschaft gerade durch die historischen Prädispositionen ihrer Genese ein nach außen hin zwar homogen auftretendes, nach innen aber heterogenes, mithin zutiefst gespaltenes Kollektiv: Sie ist durchsetzt von einer klaren ethnischen Auffächerung, die sich vor allem unter aschkenasischen und orientalischen Juden oft genug zum antagonistischen Politikum verdichtet; durchsetzt von einem häufig in Konflikte ausartenden Gegensatz von säkularen und religiösen Juden (wobei diese sich noch in orthodoxe, nationalreligiöse und traditionelle Juden aufteilen); von einer in diversen Bereichen des zivilen Lebens sich manifestierenden Spannung zwischen Juden und Arabern; von einer Divergenz zwischen Alteingesessenen und Neueinwanderern, zwischen Siedlern in den besetzten Gebieten und ihren Widersachern im Kernland Israel, zwischen der sogenannten »Generation der Staatsgründer« und nachgeborenen Generationen – die Liste sozialer, politischer und kultureller Diskrepanzen ließe sich noch um einige gewichtige Koordinaten verlängern. Von selbst versteht sich dabei, dass das staatsoffizielle Shoah-Narrativ zwar einen hegemonialen, tief ins israelische Erziehungssystem und den öffentlichen Diskurs eingreifenden Rang einnimmt, die Erinnerungskodes der einzelnen Lebenswelten und Privatsphären hingegen sich als merklich heterogen erweisen.[8] So darf davon ausgegangen werden, dass die Shoah-Erinnerung bei Juden aschkenasischer Provenienz, die vom Holocaust lebens- und familiengeschichtlich direkt betroffen waren, einen ganz anderen psychologischen und bewusstseinsbestimmenden Stellenwert innehat als bei vom Geschichtsereignis unmittelbar verschont gebliebenen orientalischen

Juden.[9] Gleiches gilt noch mehr für die unterschiedliche Bedeutung des Shoah-Andenkens für jüdische und arabische Bürger des Landes.[10] Mittlerweile stellt sich heraus, dass ein solcher Unterschied sich auch zwischen Einwanderern, die ihre politische Sozialisation noch in der ehemaligen Sowjetunion erfahren haben, und Israelgebürtigen ausmachen lässt.

Als exemplarisch sei in diesem Zusammenhang der identitätsdiskursive Unterschied zwischen religiösen und säkularen jüdischen Israelis herangezogen. Gemeint sind hier vor allem orthodoxe beziehungsweise ultraorthodoxe, nicht also nationalreligiöse Gruppen in Israels gottesgläubigem Lager. Denn während sich die Letzteren von Anbeginn dem zionistischen Projekt praktisch verpflichtet wussten – ihre Gruppenidentität also unter anderem auch über die moderne nationalstaatliche Souveränität gewannen –, hielten sich Erstere aus diesem Projekt entschieden heraus oder sahen in ihm gar eine besonders verwerfliche Form kollektiver jüdischer Häresie: Die vom weltlichen Zionismus angestrebte Gründung eines jüdischen Staates wurde als ein eigenmächtiger Ein- beziehungsweise Vorgriff in die gottgewollte messianische Erlösung des jüdischen Volkes aufgefasst, welche die Neuerrichtung des altjüdischen Königreiches und die Neuerbauung des zerstörten Gottestempels erst eigentlich ermöglichen soll. Nicht von ungefähr also deuten bis heute die religiösen Ultras des Judentums – neben dem allgemeinen, durch Aufklärung (»Haskala«) und Assimilation forcierten Abfall vom orthodoxen Glauben – vor allem die Hybris des politischen Zionismus als Ursache für Gottes Bestrafung des jüdischen Volkes durch den Holocaust. Auf einer anderen Ebene werden dabei die Zionisten selbst zuweilen bezichtigt, die Shoah als »notwendig« für eine Gründung des Staates Israel erachtet zu haben, an ihr gar in gewissem Maße interessiert gewesen zu sein. Andererseits werden exponierte Vertreter der historischen orthodox-rabbinischen Führung noch heute von Zionisten beschuldigt, eine mögliche Massenauswanderung von Juden nach Palästina in den Dreißigerjahren mit dem

Schiedsspruch, »die Mauer nicht zu besteigen« (also nicht nach Zion auszuwandern), unterbunden zu haben, womit sie das Schicksal ihrer Gemeinden besiegelt hätten. Einen prägnanten Höhepunkt erreichte die unter solchen Vorzeichen geführte Debatte, als Mitte der Neunziger eine führende politische Persönlichkeit aus der Jerusalemer Religionsorthodoxie mit der Forderung hervortrat, die Bilder nackter, in den Tod getriebener jüdischer Frauen von den Wänden des Holocaust-Museums Yad Vashem abzuhängen, weil sie »unzüchtig« seien. Höchst bezeichnend war dabei, dass er die entrüsteten Reaktionen nichtreligiöser Bürger mit dem Hinweis parierte, die orthodoxen Juden hätten »eine andere Narration« des Holocaust als die Zionisten, und es wäre überhaupt an der Zeit, dass sie ihr eigenes Yad Vashem erhielten.

Das Unvereinbare dieser beiden Narrative erweist sich indessen nicht in den polemischen Dimensionen des Diskurses, sondern in einem wesenhaften Gegensatz der Shoah-Deutung auf beiden Seiten: Denn während sich für Zionisten die Errichtung des Staates Israel nicht zuletzt mit dem Geschichtsereignis der Shoah begründet, sehen jene Strömungen des orthodoxen Judentums, von denen hier die Rede ist, in der Hybris des zionistischen Anspruchs auf eine eigenmächtige, dem Willen Gottes zuwiderlaufende Staatsgründung die Ursache für die göttliche Bestrafung des gesamten jüdischen Volkes. Oder, kodiert formuliert: Während der Zionismus den Staat als eine aus der Shoah erwachsene Notwendigkeit deutet, erklärt das orthodoxe Judentum (oder genauer, bestimmte Strömungen in ihm) die Shoah aus der Anmaßung der Staatsgründung. Kausale Wirkung und Ursache sind in beiden Narrativen so diametral umgekehrt, dass sie schlechterdings nicht miteinander zu vereinbaren sind. Das Vorwalten des einen Narrativs geht zwangsläufig mit Gedächtnisverlust auf Kosten des anderen einher.

c. Gedächtnisverlust durch symbolisch-ideologische Verkürzung

Der Versuch, Richard Wagners Musik, geschweige denn ganze Opern von ihm in Israel aufzuführen, ist seit Jahrzehnten insofern zum Scheitern verurteilt, als eine jede solche Veranstaltung regelmäßig – im Vorfeld, während ihres Ablaufs, aber auch noch im Nachhinein – zum öffentlichen Skandalon gerät.[11] Ob Zubin Mehtas Versuch im Jahr 1981, Daniel Barenboims erneuter Ansatz zwanzig Jahre später, ja selbst eine Aufführung von Wagner-Stücken im beschränkten Rahmen der Musikakademie der Tel Aviver Universität anlässlich einer vom dortigen Institut für deutsche Geschichte organisierten (kritischen) Wagner-Tagung – alle diese Unternehmungen mündeten stets im Eklat, an dem zumeist »die Öffentlichkeit«, spätestens seit 2001 jedoch auch die offizielle Politik beteiligt war, als ein Ausschuss des israelischen Parlaments sich erdreistete, Daniel Barenboim für eine kulturelle »persona non grata« in Israel zu erklären.

Die Ursprünge des Boykotts gehen auf die Gründungszeit des Staatsorchesters zurück, als es 1938 – damals noch »Palestine Symphony Orchestra« genannt – zum Zeichen des offiziellen Protestes gegen die Pogromereignisse der »Reichskristallnacht« von der geplanten Aufführung Wagnerscher Musik bei einem Konzert absah. Nach der Staatsgründung wurde diese selbst auferlegte Enthaltung auf andere israelische Orchester und die israelischen Rundfunkanstalten erweitert. Na'ama Sheffi hat in ihrem 2002 erschienen Band *Der Ring der Mythen. Die Wagner-Kontroverse in Israel* diese politisch wie kulturell merkwürdige Rezeptionsgeschichte ausführlich erforscht und nachgezeichnet.[12] Viele Antworten bieten sich auf die Frage nach der Boykottpersistenz an; ausschlaggebend scheint indes zu sein, dass der Antisemitismus der Person Wagners in Verbindung mit der spezifischen Rezeption Wagners und seines Werks in der nationalsozialistischen Ideologie und im Kulturleben des Dritten Reichs dem Boykott immer wieder neues Leben einhauchte. Die lange Debatte über dieses, wie gesagt, nie formalisierte Aufführungsverbot fußt dabei auf drei zentralen Diskursachsen: der Rezeption des Wagnerschen Werks, dem staatsoffiziellen Shoah-Gedenken in Israel und der öffentlichen Rücksichtnahme auf die Gefühle von israelischen Shoah-Überlebenden.

Es waren allerdings nicht ideologiekritische Fragen und Bedenken (die man gegen Wagners kontroverses künstlerisches Werk gewiss anführen kann), welche das öffentliche Verhältnis Israels zu diesem Werk maßgeblich prägten, sondern der Umstand, dass Wagners Werk und Person zu einem die israelische Shoah-Erinnerung bedienenden, quasi-staatlichen kulturellen Symbol nach und nach gerannen. Dies darf stutzig machen: In einem Land, das ganze sieben Jahre nach Auschwitz einen offiziellen ökonomischen Vertrag mit dem von ihm selbst als solches apostrophierten »anderen Deutschland« abschloss, mithin gleich zu Beginn seines staatlichen Bestehens die Materialisierung der Sühne etablierte; in einem Land, das knappe zwanzig Jahre nach der Vernichtungskatastrophe (aus nachvollziehbaren praktischen Gründen) volle diplomatische Beziehungen mit dem Urheberland der Katastrophe einging; in einem Land, in dem viele seiner infrastrukturellen Gebilde, Institutionen und großen zivilen wie militärischen Anschaffungen durch deutsches Kapital finanziert werden; in einem Land, in dem deutsche Waren und Produkte die Straßen, Gebäude und Geschäftsläden anfüllen – in diesem Land ist ein 1883 verstorbener Komponist zum halboffiziellen Symbol dieser Beziehung avanciert. Nicht nur widerspiegelt sich in diesem publiken »Erinnerungs«-Überbleibsel die bigott-instrumentalisierende Ausrichtung »Israels« auf »Deutschland« und die »deutsche Vergangenheit«, sondern es sedimentiert sich darin auch die ideologisch längst prästabilisierte, in die kleinsten Poren der israelischen Alltagskultur eingegangene Banalisierung des Shoah-Gedenkens. Denn mit Recht darf behauptet werden, dass, wenn es (neben jährlichen patriotischen Zeremonien) das ist, was die staatliche Öffentlichkeit zum Gedenken dessen, wofür der Staat das Monopol der Erinnerungskonservierung beansprucht, aufzubieten hat, es ums israelische Kollektivgedenken nicht zum Besten bestellt ist.

In diesem Zusammenhang wird gemeinhin das Argument der notwendigen Rücksichtnahme auf diesbezügliche Gefühle und Empfindlichkeiten von Shoah-Überlebenden erhoben. Das ist in der Tat ein gewichtiger Einwand, der sich nicht leichterhand wegdiskutieren lässt (und auch nicht wegdiskutiert werden sollte – wer würde sich schon getrauen, sich auf eine »rationale« Diskussion mit derlei Emotionen einzulassen?). Und doch ist es unerlässlich, auch dazu einige Überlegungen anzustellen. So ist es an der Zeit, damit aufzuhören, Shoah-Überlebende als einen monolithischen Block mit einheitlich gebildeten Empfindungen und einem homogen geformten Willen wahrzunehmen. Shoah-Überlebende selbst haben unterschiedliche Zugänge und Ausrichtungen auf Wagners Kunst; die meisten unter ihnen dürfte sie mehr oder minder kalt lassen. Für Überlebende, die außerhalb Israels leben, ist Wagner als Politikum zumeist kein Thema. Das Empfindlichkeits-Argument, das oft im Namen der Überlebenden (nicht unbedingt von ihnen selbst und gewiss nicht von allen) hervorgeholt wird, erweist sich, so besehen, als paternalistisch und erscheint als (paradoxe) Fortsetzung der tumben Überheblichkeit, durch welche das Verhältnis eines Großteils der israelischen Öffentlichkeit zu Belangen der Überlebenden über Jahrzehnte gekennzeichnet war. Gerade die israelische Gesellschaft stach ideologisch durch ihre Unfähigkeit zur Einfühlung in die psychischen Welten der Überlebenden hervor. Sie war es, die in den ersten Jahren ihres Bestehens in jenen primär die ultimative Verkörperung alles »Diasporischen« erblickte, von ihnen gar als »Menschenstaub« sprach; sie war es, die sie vorwurfsvoll mit dem Attribut wehrloser Ohnmacht belegte und, wie erwähnt, mit »Vieh, das zur Schlachtbank geführt worden war«, verglich, mithin der Ideologie ihres Umgangs mit dem historischen Grauen bezeichnenden Ausdruck verlieh. Gerade jene, die das Empfindlichkeits-Argument in den Diskurs einwerfen, werden darin zu Ideologen, dass sie sich nie um die realen Empfindungen der Shoah-Überlebenden bekümmerten, dafür aber umso emphatischer um eine »Reinheit« des Gedenkens, welche es in Israel nie gegeben hat.

Man mag zur Frage der Aufführung von Wagner-Werken in Israel stehen, wie man will, eines dürfte gleichwohl feststehen: Solange das Aufführungsverbot mit einer staatlich-öffentlichen »Rücksichtnahme« auf jene begründet wird, die eine solche Rücksichtnahme seitens der öffentlichen Staatlichkeit nie wirklich erfahren haben; solange sich herausstellt, dass das Aufführungsverbot lediglich als erbärmlicher Ersatz für das genuine Gedenken des historischen Grauens fungiert, welches durch seine fortwährende staatliche Instrumentalisierung längst entstellt worden ist – wird die Forderung, das Verbot aufrechtzuerhalten (und zwar selbst, wenn es aus dem Munde von Shoah-Überlebenden kommen sollte), nichts als eine weitere Etappe im langen Weg der Ideologisierung des israelischen Shoah-Gedenkens bilden. Der Gedächtnis-Verlust manifestiert sich in diesem eigentümlichen Kontext nicht nur darin, dass durch symbolische Verkürzung historische Tatsachen und reale Begebenheiten außer Acht gelassen, gegebenenfalls gar unbeschwert entstellt und verhunzt werden, sondern vor allem darin, dass durch die Fetischisierung des Symbols und dessen ideologisch geprägte Überfrachtung die Subjekte des historischen Geschehens als Opfer, daher auch als Objekte nachmaligen Andenkens, realiter aus dem Blickfeld verschwinden.

Man mag sich freilich fragen, ob der kollektive Verlust von Gedächtnis nicht auch eine positive Funktion erfüllt, ja in bestimmten historischen Konstellationen sich gar als notwendig erweist. Nicht wenige, teils prominente Historiker insistieren zum Beispiel bis heute darauf, dass das verbreitete Beschweigen des geschichtlich jüngst Vergangenen in der BRD der Fünfzigerjahre unabdingbar war für die effektive Konsolidierung einer funktionierenden, liberalen Demokratie; dass also eine intensive Auseinandersetzung mit der Vergangenheit und deren Aufarbeitung zunächst nicht nur nicht möglich war, sondern im Nachhinein als für die damalige Zeit nachgerade unerwünscht zu bewerten seien. Ähnliches wird in Bezug aufs gängige Beschweigen der Shoah im ersten Jahrzehnt nach Israels Staatsgründung behauptet. Im Kontext der damals unter großen Mühen und Hindernissen angegangenen Errichtung einer neuen Gesellschaft sei weder sozialpsychologisch noch national-moralisch Raum für die Konfrontation des historischen Grauens gegeben gewesen. Solche zweckrationale Argumentation ist nicht von der Hand zu weisen, freilich unter der Voraussetzung, dass man derlei Geschichtsvergessenheit nicht zum verfestigten Postulat erhebt. Walter Benjamins Engel der Geschichte kommt da in den Sinn, dessen Unfähigkeit, den Blick von der trümmeraufhäufenden Katastrophe der Menschheitsgeschichte zu wenden – also die eingedenkende Erinnerung –, als eine wesentliche Bedingung der Emanzipation von ebendiesem katastrophischen Geschichtsverlauf begriffen wird. Dabei stellt sich nun aber das andere hier erörterte Problem, dass Erinnerung selbst zur Grundlage des Vergessens, Gedächtnis zum Faktor seines eigenen Verlustes geraten kann. Dies hat mit mehrerlei zu tun.

Zum Ersten gilt es zu fragen, ob Auschwitz überhaupt erinnert, das in ihm Geschehene nachvollzogen werden könne. Wenn man sich nicht mit dem trivialen Hinweis auf die Möglichkeit von Fakten- und Datenaneignung als Antwort auf diese Frage begnügt, mithin die verzweifelte Unfähigkeit eines Adorno, dem Unsäglichen überhaupt einen Namen geben zu können, ernst nimmt; wenn man darüber hinaus von der Annahme ausgeht, dass authentische Erinnerung nur als eingedenkende Reflexion, also als ein Nach-Denken aus Distanz möglich wird, dann vollzieht sich der Erinnerungs- und Gedenkakt unweigerlich auch als Eingeständnis einer zwangsläufigen Entfernung und Entfremdung, die ja im a posteriori des Nachvollzogenen strukturell angelegt ist. Zu wahren gilt es dabei ein hermeneutisches Spannungsverhältnis zum Gegenstand der Erinnerung.

Zum Zweiten wird aber dieses hermeneutische Spannungsverhältnis gerade durch die zunehmende Popularität kulturindustrieller Vermittlung des Grauens unterwandert. Spielbergs »Schindlers Liste« muss in diesem Kontext als die »Hollywoodisierung« unserer Wahrnehmung von Auschwitz anvisiert werden, also als das, was nicht nur durch Plot, Drama und Effekte zum Konsumierbaren verkommt, sondern darin auch in einer Weise kathartisch wirkt, dass das Unfassbare verdinglicht, das Entsetzen zum Lustgewinn und die Konfrontation der Katastrophe zum kulturellen Event wird. Bedenkt man nun, welchen Siegeszug die Kulturindustrie der letzten Jahrzehnte in unseren Alltag eingehalten hat, lässt sich erst eigentlich ermessen, mit welchen Schwierigkeiten die Herausforderung, sich solch verführerischer Imprägnierung des Bewusstseins zu entschlagen, immer schon verbunden ist.

Das wiederum hat – zum Dritten – etwas mit dem Grundumstand zu tun, dass Menschen sich nur widerwillig ihrer Mythen berauben lassen. Dekonstruktionen wirken daher zumeist bedrohlich, denn die zu dekonstruierenden Mythen bedienen ja Bedürfnisse, und zwar sowohl im psychisch Individuellen als auch im ideologisch Kollektiven. Wovon Menschen sich im Innersten nicht verabschieden wollen, lässt sich kaum mit lapidarem Tabubruch entmystifizieren – dagegen sträubt sich das narzisstische Bedürfnis, dagegen verwehren sich auch ideologisch prästabilisierte Strukturen des Gedächtnisses, wenn Aufklärung kollektive Selbstgewissheiten aufmischt und das selbstgewisse Subjekt in den Zustand der Ambivalenz, zuweilen in den der anomischen Verunsicherung schleudert.

Wenn Gedenkstätten und Museen unter diesem Gesichtspunkt eine Aufgabe haben, dann wäre sie in erster Linie die heilsame Verstörung. Eine Gedenkstätte kann solche Verstörung kraft der ihr eigenen Aura leisten, aber nur, wenn sie diese nicht zum Fetisch verkommen lässt, sondern sich im Gegenteil dem Ziel verschreibt, das sich in ihr Manifestierende beziehungsweise von ihr zur Rezeption Angebotene zum Gegenstand kritischer Reflexion und besinnlichen Nach-Denkens zu erheben. Sie sollte nicht Besucher produzieren, die aus ihr »moralisch gestärkt« herausgehen, weil sie die Gedenkstätte besucht haben, sondern das in ihr Erlebte und Erfahrene zur Matrix jener hermeneutischen Spannung geraten lassen, die mit einer inneren Unruhe, einem leisen Entsetzen, vielleicht auch mit einer existenziellen Verstörung einhergehen muss. Ein jeder kann in Gedenkstätten zum »Engel der Geschichte« heranwachsen, wenn er angesichts dessen, was ihm die Gedenkstätte vor Augen führt, aufzuschrecken vermag. Darin unter anderem bestünde das Emanzipative des Gedenkaktes, wäre mithin das, was durch Gedächtnisverlust abhandengekommen ist, wieder präsent, wieder erinnert, wiedergewonnen.

Zionismus und Antisemitismus

David Ben-Gurion, Staatsgründer Israels und sein erster Premierminister, machte eine für den in diesem Band erörterten Zusammenhang wichtige Unterscheidung.[13] Er sagte: »Mein Leben lang habe ich […] an den Zionismus, der in der Verwirklichung im Lande Israel beginnt, geglaubt; jetzt nennt man das Pionier-Zionismus. Zu Beginn meines Lebens nannte man das nicht so. Meine Freunde und ich sind ins Land eingewandert, um es zu bearbeiten und zu bewahren […] Einzig darin erblickten sie ihre zionistische Pflicht.« Die biblische Rückkehr in das Land Zion (»schiwat zion«) galt ihm als die Quintessenz der zionistischen Idee: »Der Zionismus war lediglich ein neuer Name für ›schiwat zion‹.« Ben-Gurion definierte »zwei sich in ihrer geistigen Einfärbung, in ihrer Affinität zum Judentum und in den Ursprungsquellen ihres Zionismus voneinander unterscheidende zionistische Typen«. Der eine – Theodor Herzl selbst galt ihm als dessen Verkörperung – war »der assimilierte Jude in den Ländern Westeuropas«. Juden dieser Sorte wurden Zionisten »nur wegen des horrenden Schlags des Antisemitismus«, nachdem sie erleben mussten, dass sie trotz ihrer Bereitschaft, Kompromisse einzugehen und sogar ihre jüdische Identität aufzugeben, in ihren

Ländern nicht willkommen waren. In den Herzen der Juden Osteuropas, dem größten Anteil der zionistischen Bewegung, »leuchtete [hingegen] der Erlösungsgedanke durch alle Generationen hindurch«, daher »galt ihnen die moderne zionistische Idee lediglich als eine Aktualisierung der alten Hoffnung und Bestrebung«. Im Gegensatz zu den Juden der westlichen Länder, »deren Zionismus ihrem Judentum voranging«, gelangten die Juden Osteuropas zum Zionismus aus ihrem Judentum heraus. »Mein Zionismus ist nichts als Ausdruck meines Judentums und nicht umgekehrt. Ich bin nur deshalb Zionist, weil ich Jude bin«, deklarierte Ben-Gurion und fügte dem hinzu: Viele Russlandstämmige, zu denen auch er gehöre, sind als Zionisten geboren, weil sie als Juden geboren wurden. »Unser Zionismus ist so alt wie das jüdische Volk, er ist in unserem Judentum verkörpert und eingesenkt […] Er beginnt zu Zeiten Abrahams, unseres Urvaters, als zum ersten Mal gesagt wurde ›Gehe aus deinem Vaterlande‹.« Und weil er glaubte, dass sein Judentum sein Zionismus sei, stellte er apodiktisch fest: »Die Treue zum jüdischen Volk und der Glaube an das jüdische Volk gehen dem Zionismus voran und bedingen ihn.« Daher: »Möglich ist vielleicht ein Judentum ohne ›Zionismus‹, nicht aber ein Zionismus ohne ›Judentum‹.«

Ben-Gurions Unterscheidung zwischen zionistischen Typen im Hinblick auf ihre östliche und westliche Abstammung ist zwar interessant, darf aber in mancherlei Hinsicht hinterfragt werden. Zum einen ist nicht ganz klar, welches Judentum Ben-Gurion im Sinne hatte. Denn wenn es das osteuropäische, weitgehend religiöse Judentum war, kann man es kaum in einen linear-positiven Kausalzusammenhang zum modernen Zionismus setzen. Es waren ja gerade dieses Judentum und seine religiösen Schtetl-Lebensformen, gegen die sich die junge zionistische Bewegung erhob, gleichsam einen »Vatermord« am diasporisch geprägten religiösen Patriarchat begehend.[14] Nicht, dass der Zionismus, wie er sich zuweilen geben mochte, völlig säkular gewesen wäre. Wie wenig er es war, kann man bis zum heutigen

Tag entwicklungsgeschichtlich verfolgen. Gewiss ist gleichwohl, dass er sich am allerwenigsten am halachischen Judentum orientierte und insofern dieses Judentum als bestimmend für die diasporische Lebensform der osteuropäischen Judenheit gesehen wird, manifestiert sich die Abkehr von ihm am prägnantesten im zentralen Postulat des Zionismus, demzufolge die Diaspora *negiert* werden müsse. Es stimmt, dass die Assimilation unter den Juden Westeuropas viel weiter verbreitet war als in Osteuropa, allen voran unter den Juden Deutschlands. Umso heftiger nimmt sich deshalb aber auch gerade der Bruch mit den religiösen Lebenswelten des Ostens aus.

Zum anderen verzerrt oder beschönigt Ben-Gurion den Stellenwert des Antisemitismus in der Genese des Zionismus in Osteuropa. Der Zionismus war eben nicht nur die »Aktualisierung der alten Hoffnung und Bestrebung«, wie sie sich über Jahrhunderte in der geistig-religiösen Haltung des perpetuierten Glaubens an »schiwat zion« niedergeschlagen hatte. Er stellte einen revolutionären Bruch dar, gerade deshalb, weil er etwas Neues postulierte und in Gang setzte, etwas, das so sehr revolutionär war, dass es zu einem radikalen Konflikt mit der jüdischen Religionsorthodoxie führte: Mit der aktiven Anvisierung der Gründung eines modernen Judenstaates war eine für die reale Lebenspraxis wie für die Zukunftsausrichtung des Kollektivs besonders bedeutende Doktrin des halachischen Judentums konterkariert, die der messianischen Erwartung, der zufolge die Errichtung eines Judenstaates (beziehungsweise die Wiedererrichtung des alten Königreichs Israel) sich erst nach Ankunft des Messias zu vollziehen habe. Daraus resultiert ja der bis heute währende Nicht- beziehungsweise dezidierte Antizionismus der jüdischen Orthodoxie. Ben-Gurion idealisierte da also etwas, das in ebendieser Idealisierung genau das ausspart, was für den Zionismus insgesamt – für den im europäischen Westen entstandenen nicht minder als für den Osteuropas – gilt, namentlich, dass der moderne Zionismus eben nicht (nur) eine wie immer zu denkende Fortsetzung von »schiwat zion« war, sondern im

Wesentlichen als reaktiv, also als eine Reaktion auf den in Europas Moderne aufkommenden Antisemitismus (der sich vom traditionellen, religiös begründeten Judenhass wesentlich unterschied) zu begreifen sei.

Diese Verschwisterung von Zionismus und Antisemitismus darf nicht unterschätzt werden. Denn nicht nur ist aus ihr die konstellative Heraufkunft des Zionismus in der zweiten Hälfte des 19. Jahrhunderts zu begreifen, sondern sie wirkte sich auch auf die weitere Entwicklungsgeschichte des Zionismus bis hin zu seiner Konsolidierung als Israels Staatsideologie prägend aus. Durfte noch die abstrakte Idee des Zionismus hoffen, dass mit der Verwirklichung der zionistischen Ziele der Antisemitismus nach und nach von selbst abebben würde, so ergab sich aus der nur partiellen Vollendung des zionistischen Projekts eine ambivalente Beziehung zum Antisemitismus. Denn wenn es letztlich der Antisemitismus war, der die Verwirklichung des Zionismus ex negativo vorantrieb, war der Zionismus objektiv auf den Erhalt des Antisemitismus angewiesen, solange das zionistische Projekt nicht an sein Endziel gelangt war. Und da ein Großteil der Juden in der Welt sich selbst nach dem Holocaust nicht für ein Leben in Israel entschied, gerann diese strukturelle Angewiesenheit auf den Antisemitismus alsbald zur staatlichen zionistischen Ideologie, in welcher sich das Interesse an der Einwanderung der Juden in Israel und die Verachtung der »diasporischen Juden«, die sich diesem zionistischen Postulat verweigerten (und noch immer verweigern), miteinander vermengten. Die Prioritäten waren von Ben-Gurion selbst bereits in den Dreißigerjahren gesetzt. So hat er, seinem Biografen Shabtai Teveth zufolge, im Jahr 1933 gesagt: »Sollten wir mit dem Gegensatz der Rettung der Juden und dem Interesse der zionistischen Verwirklichung konfrontiert werden, werden wir sagen, dass die zionistische Verwirklichung Vorrang hat.« In einer Rede beim Mapai-Parteitag im Dezember 1938 spitzte er dieses Postulat zu: »Sollte ich wissen, dass man alle [jüdischen] Kinder Deutschlands durch deren Transport nach England retten kann und nur die Hälfte durch ihren Transport nach Eretz Israel, werde ich mich für die zweite Möglichkeit entscheiden – denn vor uns steht nicht nur das Kalkül dieser Kinder, sondern das historische Kalkül des jüdischen Volkes.«[15]

Es erweist sich also, dass das Primat des Zionismus beziehungsweise seiner Verwirklichung selbst gegenüber der »Rettung der Juden« oder gar der hypothetischen Rettung aller von den Nazis verfolgten jüdischen Kinder Deutschlands seine unabdingbare Geltung bewahrt. Ben-Gurion und der gesamten nachfolgenden politischen Kultur des staatlichen Zionismus ging es letztlich nicht so sehr um »die Juden«, sondern primär um die historische Errichtung eines Judenstaates, welchen sie freilich als nationale Rettung des »jüdischen Volkes« verstanden. Und insofern dieses Volk »zu seinem Glück« gezwungen werden musste (und muss) –, bestätigte sich der Antisemitismus stets als nützliches Instrument zur Förderung dieses Ziels. Das ist der Grund, warum der Staat Israel sich nie ernsthaft um den Antisemitismus kümmerte. Es ging ihm bei etwaigem Protest gegen antisemitische Erscheinungen in der Welt nie um deren Bekämpfung in den Orten ihres Geschehens, sondern immer nur um die Befestigung der Raison d'Être des zionistischen Israel. Und so wie der zionistische Slogan »mi'shoah le'tkumah« (»Von der Shoah zur Auferstehung«) die Shoah letztlich zum zionistischen Argument verkommen ließ, war auch die Verwendung des Antisemitismus-Vorwurfs in der israelischen Propaganda nie als Aufruf zur Bekämpfung des Antisemitismus gemeint. Warum sollte man ihn auch bekämpfen wollen, wo man auf ihn angewiesen war – und noch immer ist.

Einsichten

Nicht alle Juden sind Zionisten, nicht alle Zionisten sind Israelis, nicht alle Israelis sind Juden.

Judentum, Zionismus und Israel sind voneinander zu unterscheidende Kategorien.

Antisemitismus, Antizionismus und Israelkritik sind voneinander zu unterscheidende Kategorien.

Man kann antisemitisch sein, ohne antizionistisch oder israelkritisch zu sein.

Man kann antizionistisch sein, ohne antisemitisch oder israelfeindlich zu sein.

Man kann israelkritisch sein, ohne antizionistisch oder antisemitisch zu sein.

Man kann solidarisch mit Juden sein, ohne zionistisch und proisraelisch zu sein.

Man kann zionistisch und zugleich auch israelkritisch sein.

Man kann zugleich antisemitisch, antizionistisch und israelkritisch sein. Das ist aber nicht zwingend so.

Wer Israelkritik zwangsläufig für antisemitisch erachtet, ist ideologisch missgeleitet.

Wer als jüdischer Israeli Israelkritik zwangsläufig für antisemitisch erachtet, ist von der staatsoffiziellen israelischen Propaganda geprägt.

Wer als jüdischer Israeli Israelkritik zwangsläufig für antisemitisch erachtet, ist kollektiv-narzisstisch gekränkt.

Wer als jüdischer Israeli Israelkritik zwangsläufig für antisemitisch erachtet, begreift sein Judentum nationalistisch, den Zionismus als sein Judentum.

Wer als Deutscher Israelkritik zwangsläufig für antisemitisch erachtet, ist von der staatsoffiziellen israelischen Propaganda geprägt.

Wer als Deutscher Israelkritik zwangsläufig für antisemitisch erachtet, ist kollektiv-narzisstisch gekränkt. Er weiß sich als Angehöriger des Täterlandes mit Schuld befrachtet.

Wer als Deutscher Israelkritik zwangsläufig für antisemitisch erachtet, empfindet sein Deutsch-Sein als eine Last, eine Schuld, die er »wiedergutmachen« zu sollen meint.

Wer als Deutscher Israelkritik zwangsläufig für antisemitisch erachtet, mithin sein Deutsch-Sein als eine Last empfindet, eine Schuld, die er »wiedergutmachen« zu sollen meint, ist deutschbefindlich pathologisch.

Wer als Deutscher Israelkritik zwangsläufig für antisemitisch erachtet und deutsche Israelkritiker des Antisemitismus zeiht, bedient sich des Antisemitismus-Vorwurfs als Mittel der (pathologisch geprägten) Selbstsetzung und -vergewisserung.

Wer als Deutscher Israelkritik zwangsläufig für antisemitisch erachtet und jüdische, mithin israelisch-jüdische Israelkritiker des Antisemitismus zeiht, hat ein Problem mit dem besudelten Juden als solchem – als Juden.

Wer als Deutscher Israelkritik zwangsläufig für antisemitisch erachtet und jüdische, mithin israelisch-jüdische Israelkritiker des Antisemitismus zeiht, hat ein Problem mit dem Juden als solchem, das er nicht anders als durch Besudelung des Juden in den Griff zu kriegen weiß. Er ist von einem unbewussten antisemitischen Ressentiment angetrieben.

Generell: Wer als Deutscher, dem Juden seit Auschwitz tabu sind, gerade Juden des Antisemitismus bezichtigt, ist selbst ein latenter Antisemit. Nicht immer latent.

Von den raffinierteren deutschen Israelsolidarisierern wird zuweilen die polemische Frage gestellt, wieso sich deutsche Israelkritiker gerade mit Israel befassten, wo es doch so viel andere Gewalt auf der Welt gibt, mit der man sich nicht ganz so intensiv befasse. Suggeriert werden soll mit dieser Frage, dass besagte Deutschen in ihrer Israelkritik antisemitisch motiviert seien. Es gibt Gründe, warum Deutsche sich an Israels Politik und der durch sie bewirkten Unterdrückung der Palästinenser stören könnten und entsprechend auf Israel kritisch reagieren zu sollen meinen. Da wäre zunächst das nunmehr über fünfzig Jahre währende Okkupationsregime, das insofern etwas Besonderes darstellt, als der Nahostkonflikt, wie oft genug erlebt, als ein Pulverfass mit großer geopolitischer Sprengkraft gelten darf. Es mag da allerdings auch eine besondere, an »die Juden« gerichtete Erwartung mit im Spiel sein: positiv gedeutet – eine Erwartung, dass gerade das Volk der historischen Opfer nicht zum Tätervolk mutiere; negativ gedeutet – eine Erwartung, dass »die Juden« nur so weiter machen mögen, damit sich erweise, dass auch sie »nicht besser sind als die Deutschen«. Beide Möglichkeiten wären somit von einer (historisch begründeten) deutschbefindlichen Neuralgie affiziert.

Es lässt sich gleichwohl mit mindestens genauso viel Recht fragen, was gewisse Deutsche an der von nichtisraelischen Juden und jüdischen Israelis an Israels Politik geübten Kritik (mithin auch an Israels zionistisch gespeisten Ideologie, die diese Politik zeitigt) derart stört, ja nachgerade auf die Palme bringt, dass sie bereit sind, diese jüdischen Kritiker des Antisemitismus und des »Selbsthasses« zu bezichtigen. Es ist ja nun wirklich nicht selbstverständlich, dass nichtjüdische Deutsche Juden als Antisemiten darstellen. Auch diese Frage kann mehrschichtig beantwortet werden, man muss aber bei ihrer Beantwortung von einem Grundumstand ausgehen, der freilich einen Perspektivenwechsel erfordert: Der des Antisemitismus gezeihte Jude weiß, dass er kein Antisemit ist. Niemand wird ihm das einreden können. Und so sieht er sich vor das Rätsel gestellt, wie es eigentlich dazu komme, dass der Deutsche das Bedürfnis hat, ihn als Antisemiten zu apostrophieren. Ein Verdacht kommt in ihm auf, eine Ahnung befällt ihn: Da er weiß, dass er kein Antisemit ist, der Deutsche aber darauf besteht, dass er es sei, muss ihn, den Deutschen, etwas an seinem Jude-Sein irritieren. Der Deutsche stört sich daran, weil es nicht in seine eigene Pathosformel passt, der zufolge der Jude zwangsläufig Zionist und Israelfreund zu sein hat. Gestützt wird er dabei von rechten und rechtsradikalen Juden und jüdischen Israelis, die ihm, dem Deutschen, suggerieren, es handele sich dabei um Pathologisches, um »jüdischen Selbsthass«.[16] Das wäre noch eine (pseudo-)rationale Begründung für die merkwürdige Einstellung des Deutschen. Was nun aber, wenn diese Irritation am Juden ganz anderen, deutschen Abgründen entstammt? Was etwa, wenn der Deutsche den Juden als Zionisten und Israel zugehörig wissen will, um den Abstand zum Juden zu sichern.[17] Was gar, wenn der Deutsche am Juden etwas wahrnimmt, das ihn irritieren muss, weil der Jude nicht dem Narrativ gehorcht, das sich der Deutsche zurechtkonstruiert hat, um zweierlei zu wahren: zum einen eine fragile Selbstberuhigung, mit seiner Israelsolidarität etwas »wiedergutgemacht« zu haben; zugleich aber auch die Gewissheit, einer ihn umtreibenden Aggression gegen den Juden, gegen alle Juden, Legitimation verschafft zu haben? Was, anders gesagt, wenn der durch den israelkritischen Juden irritierte Deutsche von einem antisemitischen Impuls angetrieben ist, welchen er (vergeblich) abzuwehren trachtet?

Die Art und Weise, in der im heutigen Deutschland von Juden beziehungsweise von jüdischen Israelis artikulierte Israelkritik begegnet wird, die performative Aggression gegen ihre Träger, lässt darauf schließen, dass man sich die Konditionalform der Fragestellung ersparen kann. Deutsche (gerade Deutsche), die Juden des Antisemitismus zeihen, sind selbst Antisemiten. Sie »wissen« es nur nicht, sind nicht in der Lage, es sich einzugestehen. Aber es führt nichts daran vorbei: Die zum Politikum geronnene Aggression von Deutschen gegen jene Juden, die sich dem widersetzen, was diese Deutschen am Juden brauchen, ist Antisemitismus. Er mag von gutmenschlichem »Wiedergutmachung«-Pathos, von ideologischer Selbstgewissheit, vom Hochgefühl konsensueller Übereinkunft überdeckt sein, aber er bleibt im Kern, was er ist – ein neuer, zeitgeistbeseelter, in Deutschland grassierender Antisemitismus. Und er wird zunehmen, er wird ansteigen, je mehr Israel sich als das zeigen und erweisen wird, was seine jüdischen Kritiker (aus genuinem jüdischen Humanismus) an ihm entsetzt.

Antisemitismus – links

Micha Brumlik hat in einem *Die Linke und ihr ›Judenknax‹* betitelten Aufsatz den für ihn seit gut zweihundert Jahren bei Linken perennierenden »Judenhass« beziehungsweise »Antisemitismus« zum Thema gemacht, mithin auch die 68er-Bewegung ins Visier genommen. Er beschließt seinen Text mit den Worten: »Viele Angehörige der Protestbewegung haben anders, nicht so ›antizionistisch‹ gehandelt oder lebten doch wenigstens in Umständen, die ihnen das Ausleben destruktiver Energien und die Übernahme elterlicher Delegation unmöglich machte. Darauf stolz zu sein, wäre ebenso töricht, wie sich im Rückblick von über vierzig Jahren als in jeder Hinsicht politisch zurechnungsfähige Individuen zu betrachten. Ebenso töricht wäre es freilich, die genannten judenfeindlichen Haltungen mit leichter Hand als vernachlässigbare Jugendsünde abzutun. Weise wäre es stattdessen, die eigene Bedingtheit anzuerkennen und zu realisieren, dass die von den nationalsozialistischen Eltern geprägten Jahre ebenso vergangen sind wie die Zeiten des Kalten Krieges, der dieser Form der Judenfeindschaft erst politischen und moralischen Sukkurs verliehen hat. Nicht vergangen, Gegenwart ist hingegen, dass derzeit mehr als fünfzig Prozent aller Deutschen glauben, dass Israel mit den Palästinensern im Prinzip dasselbe tut wie Nationalsozialisten mit den Juden.«[18]

Der Text liegt im Trend der in Deutschland grassierenden Antisemitismus-Euphorie, bei welcher der allgemeine Untergang der Linken mit dem ihr wesenhaft attribuierten Antisemitismus und dem daraus abgeleiteten Antisemitismus-Vorwurf gesondert bejubelt wird.[19] So, als könne man endlich aufatmen und den seit Jahrzehnten erhobenen moralischen Zeigefinger linker Intellektueller ein für alle Mal abbrechen, vermischt sich das beliebte 68er-Bashing mit dem Bedürfnis nach der ideologischen Umdeutung dessen, was bislang als Erbteil rechter Weltanschauung und nazistischer Gesinnung galt, um die Linke dessen zu bezichtigen, wovon sie sich immer frei wähnte: des Antisemitismus.

Symptomatisch sind dabei Brumliks Schlussworte. Als abgeschrieben dürfen die Nazigeneration der Eltern wie auch die Ära des Kalten Krieges gelten. Was ist geblieben? »Nicht vergangen, Gegenwart ist hingegen, dass derzeit mehr als fünfzig Prozent aller Deutschen glauben, dass Israel mit den Palästinensern im Prinzip dasselbe tut wie Nationalsozialisten mit den Juden.« Nachdem er zweihundert Jahre linken Antisemitismus nachgezeichnet, ihn gleichsam als unhinterfragbar fixiert hat, um dann den 68er-Antisemitismus zu apostrophieren, zeigt sich Brumlik benevolent, lässt Vergangenes vergangen sein, um dann aber dennoch bei dem, was an der Vergangenheit nicht vergehen will, zu verharren: dem bei den Deutschen sich als Schuldentlastung zeigenden antisemitischen Ressentiment – dem Vergleich zwischen Israel und dem Nazismus. Deutscher Antisemitismus im Jahre 2018 ist also der Versuch, sich historisch durch Schuldzuweisung an Israel (die Juden) zu entlasten. Das Muster ist altbekannt. Aber ebenso Brumliks Taktik: Indem er den Deutschen nachsagt, sich durch den unzulässigen Vergleich selbst rehabilitieren zu wollen, verweist er (zurecht) darauf, dass Israels Umgang mit den Palästinensern nicht vergleichbar ist mit dem der Nazis mit den Juden – und schlägt damit gleich zwei Fliegen mit einer Klappe: Deutsche sind weiterhin Antisemiten und Israel (indirekt) entlastet; der Nazismus wird zum Maßstab erhoben – und was kann sich schon mit dem Grauen der nazistischen Barbarei messen?

Das ist das ganze Elend des gegenwärtigen deutsch-jüdischbefindlichen Umgangs mit dem Antisemitismus – und mit Israel. Man braucht den deutschen Antisemitismus (vorzüglich den linken deutschen Antisemitismus), um Israels verbrecherische Praxis im Umgang mit den Palästinensern nicht nur zu relativieren, sondern nachgerade zu entlasten; sie ist ja immerhin nicht nazistisch. Das Gewissen wird reingewaschen, und diese Reinwaschung ist eine Frage der Buchhaltung: Man habe dort 200 Menschen massakriert, sagen diese. Nicht wahr, nur 180 Menschen seien umgekommen, sagen jene. Und sobald sich herausstellt, dass tatsächlich »nur« 180 Menschen massakriert wurden, wendet sich die Debatte augenblicks und mutiert zum Hauptproblem der von den Anklägern vermeintlich betriebenen »Verzerrung« und »Übertreibung«. Die moralische Auseinandersetzung mit dem Verbrechen wird gegen das Unterfangen seines durch Minimierung bewirkten Zunichtemachens im Kollektivgedächtnis ausgetauscht. Der Tauschwert des Entsetzens vor den wirklich Ermordeten ist der »Zorn« über die schiere Erwähnung der potenziell Massakrierten. Historische Genauigkeit ist für die Ideologie der in Unschuld gewaschenen Hände nicht minder nötig als die Klärung von Fakten. Wahrhaft pervers wird es, wenn die Klärung der Fakten zur ideologischen Basis der »Wahrheits«-Findung verkommt. Die ehrliche Frage, was für eine (historische) Wirklichkeit es sei, in der Menschen massakriert werden, wird aus dem Diskursfeld entfernt, und das reingewaschene Gewissen liefert dafür die freudige Absegnung: Vermag doch die

Erwähnung von zwanzig nicht massakrierten Menschen die Glaubwürdigkeit – und moralische Ausrichtung – jener zu erschüttern, die sich bei dem schieren Gedanken, dass ein Massaker stattgefunden hat, entsetzen. Auch das ist eine Qualität gewordene Quantität.

Aber was ist schon der im Verbalen bleibende Vergleich mit der Nazi-Barbarei gemessen an der realen, physisch verübten Barbarei Israels an den Palästinensern? Hat sich Brumlik jemals mit der menschenverachtenden, unsägliches Leid generierenden, friedensfeindlichen Besatzungsrealität in den palästinensischen Gebieten nicht apologetisch auseinandergesetzt? Hat er jemals das, was man im Namen »der Juden« an den Palästinensern verbricht, als vorgeblich jüdischer Humanist rigoros verurteilt, gar realiter bekämpfen wollen? Es ist nicht ausgemacht, aber doch davon auszugehen, dass Brumlik sich nicht mit einem Henryk Broder eins weiß, der vor Jahren bewusst verkündete, es mache (ihm) Spaß, Täter zu sein,[20] mithin den Gordischen Knoten der kognitiven Dissonanz, als ehemaliges (kollektives) Opfer zum Täter verkommen zu sein, stolz durchhauend. Oder sollte diese Annahme nicht zutreffen? Sollte es Micha Brumlik wie den meisten Juden in Deutschland gehen, die, sobald Israelkritik von deutscher Seite kommt, automatisch zu »antisemitisch« verfolgten »Juden« mutieren, auch dann noch – oder gerade dann –, wenn das Mörderische an Israels Politik und Militärpraxis offenbar wird, nicht mehr zu ignorieren ist? Was ist es, das den Intellektuellen Micha Brumlik sich lieber im Problem des »linken Antisemitismus« suhlen und über unzulängliche deutsche Befindlichkeiten echauffieren lässt, statt sich mit den realen Verbrechen Israels kritisch auseinanderzusetzen? Die Tatsache, dass er als deutscher Bürger in Deutschland lebt? Dass er entsprechend keine »Verantwortung« für Israel zu tragen hat? Sollte dem so sein, muss dennoch die Frage gestattet sein: Was kümmert es ihn dann, dass Deutsche Israel mit dem Nazismus vergleichen? Israels Ansehen dürfte ihm doch egal sein. Er aber erhebt Israels Ansehen zum Kriterium seiner Diagnose, in

Deutschland wese noch immer ein zwar gewandelter, aber dennoch als solcher erkennbarer Judenhass, und dies als Kulminationspunkt der erörterten (von Brumlik »schnell beantworteten«) Frage, ob die europäische Linke antisemitisch gewesen sei.

Zu klären gilt es gleichwohl noch eine andere (freilich nicht nur an Micha Brumlik gestellte) Frage: Was genau lässt den letztlich überschaubaren Antisemitismus in Deutschland als derart bedrohlich erscheinen, dass ihm eine solche Aufmerksamkeit, eine solche die hohe Politik, Medien, Judenvertretungen und sonstige »Bedrohten« umfassende Reaktionsemphase zuteilwird? Da für gewöhnlich die Rede nicht von physischem Schaden oder gar Lebensgefahr ist, vielmehr geht es um Verbalinjurien, ressentimentgeladene Ideologien und andere Unappetitlichkeiten in der Sphäre der symbolischen Ordnung, stellt sich die Frage, warum Hysterie beziehungsweise orchestrierte Panik ausbricht, sobald von einem antisemitischen Ausfall moderaten Ausmaßes berichtet wird? Warum zeitigen andere Formen des Rassismus, der Fremdenfeindlichkeit und der alltäglichen Durchbrechung zivilgesellschaftlicher Normen und Konventionen keine vergleichbaren Reaktionen? Die Frage richtet sich auch an die Juden selbst: Ist es wirklich ein Weltuntergang, wenn man im heutigen Deutschland antisemitischen Vorfällen ausgesetzt ist? Im Gegensatz zum historischen Antisemitismus, zum nazistischen allemal, sind heutige Ausfälle für Juden nicht existenzbedrohend, man wird gesellschaftlich nicht durch Antisemitismus geächtet, ist keiner eklatanten Diskriminierung, auch keinerlei performativen Verfolgung ausgesetzt, man sieht sich nicht genötigt, ins Exil zu gehen, schon gar nicht ist man in seinem Leben bedroht. Heutige deutsche Antisemiten vergreifen sich nicht an Juden. Auch die psychischen Blessuren, die der Antisemitismus bei Betroffenen hinterlassen mag, überschreiten nicht das Ausmaß dessen, was andere Minoritäten in Deutschland zu erleiden haben. Im Gegenteil – bei antisemitischen Vorkommnissen, die auffällig geworden sind, organisieren sich sogleich bundesweite Kippa-Kampagnen, werden Echo-Preise entrüstet zurückgegeben, weil ein Rapper eine (zuvor kulturindustriell preislich geehrte) Idiotie von sich gegeben hat,[21] werden Karikaturisten wegen ihrer »antisemitischen« Zeichnungen entlassen und so weiter und so fort.

Die (wenig glaubwürdige) Antwort darauf könnte lauten: Wehret den Anfängen. Sie impliziert allerdings die Vorstellung, dass sich das, was sich zurzeit als anekdotenhafte Lappalie ausnimmt, zur massiven Judenverfolgung aufblähen könnte, in welchem Fall man die Juden dazu anhalten müsste, Deutschland schnellstmöglich zu verlassen, und die selbst ernannten Judenfreunde dazu drängen, ihnen dabei behilflich zu sein. In den letzten Jahren will es indes eher scheinen, als etabliere sich Deutschland zu einem vor allem von israelischen Juden bevorzugten Einwanderungsland. So weit kann es mit der realen antisemitischen Bedrohung für in Deutschland lebende Juden also nicht her sein. Und da sich ja mittlerweile die AfD als »eine der wenigen politischen Garanten jüdischen Lebens« in Deutschland« sieht,[22] eine Feststellung, die auch seitens der »israelischen Geheimdienstlegende« Rafi Eitan (zeitweilige) Unterstützung fand,[23] muss man sich fragen, ob nicht eine neue Ära für Juden in Deutschland angebrochen ist. Wenn sich schon Rechtspopulisten selbst als Judenbeschützer darstellen, hat sich offenbar etwas an den Grundkoordinaten traditioneller jüdischer Angst vor Antisemitismus verschoben. Das verwundert nicht, wenn man bedenkt, dass es Pastor Robert Jeffress, ein theologisch-antisemitischer Evangelikaler, war, der von Donald Trump erkoren wurde, bei der Einweihung der amerikanischen Botschaft in Jerusalem im Beisein der politischen und religiösen Elite Israels mit geschlossenen Augen den Himmel anzurufen.[24] Berührungsangst mit Faschisten und Antisemiten kennen Netanjahus Familie und sein politisches Umfeld ohnehin nicht. Das ergibt sich »wie von selbst« aus der politischen Interessenkonstellation. Nicht auszuschließen, dass sich parallel dazu auch unter Deutschlands Juden ein Wandel vollzogen hat, demzufolge der Feind des Feindes als Freund zu gelten hat. Und wenn ausgepichte evangelikale Antisemiten, Trumps Unterstützer und schon seit Jahren Netanjahus Verbündete in den USA,[25] als Israel- und Zionismusfreunde begrüßenswert erscheinen, ist nicht auszuschließen, dass in Zeiten, in denen, wie von der ehemaligen AfD-Chefin Frauke Petry behauptet, die AfD »einer der wenigen politischen Garanten jüdischen Lebens auch in Zeiten illegaler antisemitischer Migration nach Deutschland« sei,[26] sich auch ein ehemals undenkbarer Wandel im Verhältnis der in Deutschland lebenden Juden zur rechtsradikalen Szene vollzogen hat. Denn »illegale antisemitische Migration« meint ja nichts anderes als die massive Migration nach Deutschland aus islamischen Ländern. Und da Islamophobie mittlerweile im Zuge der (vielerorts als solche apostrophierten) Flüchtlingsproblematik fröhliche Urständ feiert im Vergleich zum weitgehend tabuisierten Antisemitismus, liegt es gleichsam im »objektiven« Interesse der islamfeindlichen Teile der jüdischen Bevölkerung, in der AfD einen legitimen Bündnispartner zu erblicken. Die Verbandelung von Neonazis, Antisemiten und Juden – nicht nur in Israel, sondern womöglich auch in Deutschland – das wäre eine gut recherchierte empirische Untersuchung wert!

Aber deutsche Antisemitenjäger und Israelfreunde haben andere Sorgen. Nicht etwa der Antisemitismus als ein traditioneller Erbteil rechter und rechtsextremer Ideologien, nicht der Faschismus und seine Ausformung als Nazismus in Deutschland, der die unsägliche Katastrophe über die Juden Europas gebracht hat, sind Ziel ihrer ideologischen Agitation, sondern der »linke Antisemitismus«. Den gilt es zu brandmarken. Konnten sich Deutschlands Revisionisten, Neonazis und Faschisten je einen schöneren Schlussstrich wünschen?

Natalie Portman

Der mit einer Million Dollar dotierte »Genesis Prize« ist im Jahre 2012 gemeinsam von der israelischen Regierung, der Jewish Agency und der Genesis-Stiftung ausgerufen worden. Seit 2014 wird der Preis alljährlich vom israelischen Premierminister einem »erfolgreichen, international renommierten [jüdischen] Berufsmenschen aus aller Welt verliehen, der ein Vorbild für seine Gemeinschaft darstellt und Inspiration für die junge Generation des jüdischen Volkes in der Welt zu bilden vermag«. Das *Time Magazine* apostrophierte den Preis als den »jüdischen Nobelpreis«. Preisträger waren bislang der New Yorker Bürgermeister Michael Bloomberg, der Schauspieler Michael Douglas, der Geiger Itzhak Perlman und der Bildhauer Anish Kapoor. Für das Jahr 2018 wurde die angesehene Hollywood-Schauspielerin und Regisseurin Natalie Portman nominiert. Das Preisgeld sollte von ihr unter Programmen zur Förderung von Frauen in verschiedenen Bereichen – Gleichberechtigung, Erziehung, Wirtschaft, Gesundheit und Politik – aufgeteilt werden. Der israelische Mäzen Morris Kahn stockte den Preis zu Portmans Ehren um eine Million Dollar auf, sodass er nunmehr zwei Millionen Dollar betrug.[27]

Im April 2018 ließen Repräsentanten der Preisträgerin verlautbaren, Portman habe »die jüngsten Ereignisse in Israel als extrem bedauerlich empfunden, und sie fühlt sich nicht wohl dabei, an einer öffentlichen Veranstaltung in Israel teilzunehmen«.[28] Die Künstlerin stellte später klar, dass sie den Staat Israel nicht boykottiere, aber nicht daran interessiert sei, als Unterstützerin von Benjamin Netanjahu und seiner Politik aufzutreten. Netanjahu war bei der Veranstaltung, auf der unter anderem die Preisverleihung stattfinden sollte, als (ursprünglich nicht eingeplanter) Redner vorgesehen. Daraufhin wurde der Preis Natalie Portman aberkannt, und die Preisgelder direkt an die von ihr ausgewählten Frauenrechtsorganisationen geleitet.

Derlei Vorkommnisse sind nicht ungewöhnlich bei staatsoffiziellen Preisverleihungen und Ehrungen in Israel. Da Israels seit Jahrzehnten währende Okkupationspolitik von Linken und liberalen Intellektuellen kritisiert wird, das Diskursfeld mithin polarisiert ist, zuweilen auch aufgewühlt schäumt, kam es in der Vergangenheit schon einige Mal vor, dass renommierte Preisträger entweder verzichteten oder zumindest darauf insistierten, die Hand des den Preis aushändigenden Premierministers (etwa Ariel Sharon oder eben Netanjahu) nicht drücken zu müssen. Dieser Protestakt wurde von der staatssolidarischen Öffentlichkeit zwar stets mit Unbehagen und Widerwillen quittiert, oft aber auch – freilich von einer geringen Minderheit – als couragiert belobigt. Denn in der Tat werden derlei Preise (z.B. der am Unabhängigkeitstag in verschiedenen Bereichen verliehene »Israel-Preis«) als affirmativer Akt der israelischen Staatsräson angesehen. Die Weigerung, den Preis anzunehmen beziehungsweise den jeweiligen Preisverleiher aus moralisch-politischen Gründen anzuerkennen, wird entsprechend von den einen als anerkennenswerte politische Demonstration, von anderen hingegen als ein an Landesverrat grenzender Akt geschmäht.

Bei Natalie Portman passierte aber etwas, das im hier erörterten Zusammenhang besondere Aufmerksamkeit verlangt. Von selbst versteht sich, dass Überraschung und Frustration über die Absage der Schauspielerin groß waren. Denn in Israel, wo die internationalen Errungenschaften von jüdisch-israelischen Individuen stets kollektiv vereinnahmt zu werden pflegen, galt die in Israel geborene Natalie Portman als beliebte Galionsfigur, auf die man national »stolz« sein durfte. Als »eine von uns« trug sie zur Befestigung jener projektiven »nationalen Identität« bei, in welcher viele israelische Menschen sich sonnen zu dürfen meinen, ähnlich wie die Nominierung Joseph Ratzingers zum Papst in Deutschland das (nicht nur augenzwinkernde) Diktum »Wir sind Papst!« aufkommen ließ. Entsprechend groß war die allgemeine Enttäuschung über Portmans Gesinnungsakt, die dann schnell genug (besonders in den sozialen Medien) in heftige Aggression umschlagen sollte.

Dass dabei ein parlamentarischer Rüpel vom Schlage eines Oren Hazan forderte, Natalie Portman die israelische Staatsbürgerschaft abzuerkennen, darf noch als eine seiner gängigen, populistischen Idiotien gewertet werden, die ihm zwar viele Stimmen unter seinem Likud-Wahlvolk einbringen, im Übrigen aber von Israelis mit einem Mindestmaß an ziviler Vernunft nicht ernst genommen werden. Bedenklicher war da schon der israelische Minister für Energie- und Wasserversorgung, Yuval Steinitz, der mit der Behauptung auftrat, dass die Entscheidung Natalie Portmans, nicht zur Preisverleihung des Genesis-Preises in Israel zu erscheinen, und ihre sich daran knüpfenden Äußerungen »an Antisemitismus grenzten«. Sie habe in die Hände der »ärgsten unter unseren Hassern und der schlimmsten Antisemiten im Nahen Osten gespielt«. Die Schauspielerin habe einen schweren Fehler begangen und schulde dem Volke Israels eine Entschuldigung. Steinitz, immerhin promovierter Philosoph, ist ein wenig differenzierter als ein Oren Hazan. Entsprechend versteht er es, seine Aussage in »Vorsicht« einzukleiden: »Israelkritik ist nicht antisemitisch, [aber] der Boykott Israels enthält Elemente des Antisemitismus«, und für ihn sei die Boykottierung der Preisverleihungszeremonie wegen Premierminister Netanjahu de facto eine Boykottierung Israels.[29]

Yuval Steinitz gilt als einer von Netanjahus devotesten Untergebenen, und es ist daher nicht auszuschließen, dass er bei der Schmähung Portmans seinem Herrn einen Dienst erweisen wollte, womöglich gar im Auftrag desselben. Und doch fragt man sich, ob der promovierte Philosoph so verblendet ist, dass er nicht einmal die Widersinnigkeit seiner eigenen Worte zu erkennen, geschweige denn zu reflektieren vermag. Bei der Jury-Begründung für die Preisverleihung hieß es: »Die Oscar-Preisträgerin und Mutter zweier Kinder sei sozial engagiert und verkörpere die wichtigsten Werte des jüdischen Volkes: ›Beharrlichkeit und harte Arbeit, das Streben nach Spitzenleistungen, intellektuelle Neugier und der Herzenswunsch, die Welt zu einem besseren Ort zu machen‹«[30]. Wie konnte sie da plötzlich zur

Antisemitin werden? Die »wichtigsten Werte des jüdischen Volkes« und »Antisemitin«? Wie sehr kann sie sich in der Zeit zwischen ihrer Nominierung und der politischen Gesinnungsbekundung gewandelt haben, dass man Stolz und Bewunderung zu aggressivem Hass verkommen ließ? Das Problem liegt offenbar nicht bei Natalie Portman, sondern bei ihren israelischen Rezipienten.

Was Yuval Steiniz anbelangt, dürfte man sich nicht allzu sehr wundern. Obwohl er als »besonnen« gilt, ist er karrieremäßig nicht gerade beständig gewesen. In den Achtzigerjahren gehörte er noch der »Peace Now«-Bewegung an. Während der Zeit seiner Promotion an der Universität von Tel Aviv konnte man ihm noch keinen drastischen Gesinnungswandel anmerken. Aber dann fand er Geschmack an der Politik und mutierte flugs zum Likud-Aktivisten und devoten Netanjahu-Getreuen. Im Jahre 2001 schrieb ich über ihn: »Die schiere Vorstellung, dass jener junge Mann von der Universität, diese entsetzliche Nervensäge, verdichtete Mixtur aus übersteigertem Anspruch und einem zum Himmel schreienden Minderwertigkeitsgefühl; er, der vor obsessivem Verlangen, ›Philosoph zu sein‹, sich selbst und seine genervten Zuhörer zu Tode philosophierte; er, der jedes Mal, wenn er ansetzte, auf einen philosophischen Vortrag zu ›reagieren‹, gequälte Blicke und verärgertes Schnaufen bei den Anwesenden zeitigte; er, von dem alle meinten, dass er kein zu kleiner Dummkopf und ein recht groß aufgeblasener Luftballon sei (sein Betreuer hingegen – dies sei gerechtigkeitshalber hinzugefügt – bestand darauf, dass gerade er ein echter Philosoph sei); er, der eines Tages vom akademischen Leben genug hatte und in die Politik ging – die Vorstellung also, dass er sich seinen Weg in seinem neuen Feld bahnen und, wie erforderlich, die Route vom ergebenen Diener seiner Herren, durch die obligatorische Reihe von Parteijobs hindurch, bis hin zum Ministerposten, und, wer weiß, vielleicht sogar bis zu dem des Ministerpräsidenten, absolvieren werde – die Vorstellung beschämt die Idee von Platos Philosophenkönig solchermaßen, dass es besser gewesen wäre, wenn sie gar nicht erst in die Welt gekommen wäre.«[31]

Aber das Problem geht über Portman und Steinitz hinaus, und gerade darin gewinnt das Anekdotische des Vorfalls seinen paradigmatischen Stellenwert. Denn es spiegelt sich darin das, was das Motto des in diesem Band erörterten Themas abgeben könnte: Die Verwendung der Kategorie des Antisemitismus von berechnenden Polemikern wie Yuval Steinitz oder Benjamin Netanjahu, von Uwe Becker oder Jutta Ditfurth – kurzum, von allen, die den Antisemitismus-Vorwurf bewusst instrumentalisieren –, hat letztlich nichts mit realem Antisemitismus zu tun, sondern mit fremdbestimmten Interessen und verzerrten Befindlichkeiten des Vorwurf-Trägers. Steinitz meint nicht allen Ernstes, dass Portman antisemitisch sei; wie sollte er auch – ihr sollte doch von seinem politischen Herrn der »jüdische Nobelpreis« überreicht werden. Wenn er sich nun aber nicht entblödete, sie dennoch des Antisemitismus zu bezichtigen, dann sind er und seinesgleichen in Israel, Deutschland und sonst wo auf der Welt entweder Lügner, mithin perfide Ideologen, oder aber dermaßen narzisstisch gekränkt, dass sie sich nicht anders zu helfen wissen als mittels der »Antisemitismus«-Keule, derer sie sich bedienen, um ihr eigenes Defizit auszuhalten, in welchem Fall man ihnen nur Neurose oder eben Dummheit attestieren kann (auch promovierte Philosophen mögen sich als Dummköpfe erweisen). Das versuchte Einschüchterungsmanöver des Politikers Steinitz entlarvt nicht nur seine persönliche Unzulänglichkeit, sondern legt die Matrix offen, die der gesamten israelischen Propaganda, zugleich aber auch dem kollektiven israelischen Selbstverständnis zugrunde liegt: der immanenten Verschwisterung von Zionismus und Antisemitismus, mithin der Unabdingbarkeit des Antisemitismus für Israels Selbstsetzung gegenüber der Welt, ja der Raison d'Être des zionistischen Staates.

Nach der Militärparade in Moskau anlässlich des Gedenktags des Siegs Russlands über die Nazis sagte Benjamin Netanjahu zu

Wladimir Putin: »Wir vergessen nicht die große Lehre der Notwendigkeit, sich rechtzeitig einer mörderischen Ideologie zu stellen. Kaum zu glauben, dass 73 Jahre nach der Shoah ein Staat im Nahen Osten besteht, Iran, der zur Vernichtung von weiteren sechs Millionen Juden aufruft.«[32] Zu diesem Zeitpunkt war zwischen den beiden offenbar vereinbart, dass Israel wenige Tage später die aktuellen Versuche der Iraner, in Syrien militärisch Fuß zu fassen, zunichtemachen würde. Was dabei im Kleinen passierte, darf generalisiert werden: Netanjahu weiß, dass die Iraner wissen, dass Israel in seiner Existenz nicht bedroht werden kann, ohne dass der den zionistischen Staat bedrohende Staat im Ernstfall seinen eigenen Untergang mit festschreiben würde. Sollte es zu einem Krieg zwischen Israel und dem Iran kommen (an welchem Netanjahu mehr interessiert zu sein scheint), dann könnte Israel ein erheblicher Schaden zugefügt werden, dem Iran aber ein ungleich größerer. Dennoch lässt es sich Netanjahu nicht nehmen, sich in abstrusen historischen Analogien zu ergehen: Unausgesprochen auf das Münchner Abkommen von 1938 verweisend, vergleicht er Hitlers Regime mit dem heutigen Iran und parallelisiert die sechs Millionen im Holocaust umgekommenen Juden mit dem Schicksal der sechs Millionen in Israel lebenden Juden, als würden diese tatsächlich einer der unter den Nazis stattgefundenen Bedrohung der Juden vergleichbaren Bedrohung ausgesetzt sein. Das ist eine Ideologie der Selbstviktimisierung, billige Propaganda, vor allem aber eine Mischung systematisch betriebener Angstmache bei nicht minder systematischer verbaler Kaschierung der realen Machtverhältnisse. Nicht zuletzt darin verrät Netanjahu das Andenken der realen Opfer der Shoah, wobei er freilich keinem anderen Muster folgt als sein Gehilfe Yuval Steinitz, der es sich herausnimmt, Natalie Portman als Antisemitin darzustellen. Auf den Punkt brachte das Abstruse dieser Beschuldigung Uri Avnery, als er in einer Anzeige von Gush Shalom in *Haaretz* schrieb: »›Natalie Portmans Weigerung, die Hand Netanjahus zu drücken, grenzt an Antisemitismus‹, so sagte Minister Steinitz. Wenn dem so ist, gibt es in Israel nicht wenige Antisemiten.«[33]

Deutschland trägt Kippa

Was genau am 14.04.2018 in Berlin vorgefallen ist, ist nicht eruiert worden und bleibt bis zum heutigen Tag im Dunkeln. Ist ein Jude von einem Muslim aus antisemitischen Beweggründen angegriffen worden, weil er eine Kippa trug? Und handelte es sich bei besagtem Kippa-Tragen um ein »Experiment«, das die Reaktion auf diesen religiösen jüdischen Brauch im Berliner Alltag prüfen wollte? Und wenn dem so gewesen sein sollte, gab es vor der Begegnung zwischen dem »Juden« und dem »exemplarischen Muslim« eine von den Experimentatoren ausgehende Provokation, die über das schiere Kippa-Tragen hinausging? Die Episode bleibt undurchsichtig, und doch darf man behaupten, es mache keinen Unterschied, ob der Kippa-Träger ein Jude war oder nicht, denn der angreifende Muslim wusste ja nicht, dass das Kippa-Tragen in diesem Fall nur Teil eines »Experiments« gewesen ist. Die schiere Erscheinung des Kippa-Trägers hätte gereicht, um den Muslim zu seinem Ausfall anzutreiben – was freilich in einem anderen Licht stehen würde, wenn sich herausstellen sollte, dass vor der Gürtel-Attacke eine Provokation stattgefunden hatte.

Was man in Deutschland aber offenbar nicht begreifen will, ist, dass die Wut eines arabischen Muslims auf einen Juden zwar von einem generalisierenden Stereotyp ausgehen mag, aber noch eine andere Dimension in sich birgt, als dieser krude antisemitische Vorfall suggeriert. Denn während der traditionelle Antisemitismus keines Realitätsbezugs bedarf, um Juden zu hassen und sie entsprechend vorurteilsgeladen als hassenswert zu klassifizieren, hat der arabische Hass auf Juden seinen, wie immer selbst vorurteilsgeladenen, Realitätskern in dem, was Arabern von (israelischen) Juden angetan wird, wobei freilich die

Gleichsetzung von Israel und Juden seitens der Araber dem gleichen ideologischen Irrtum aufläuft wie der bereits diskutierte, in Deutschland verbreitete Irrtum, Judentum, Zionismus und Israel gleichzusetzen. Die Wut des »Arabers« auf den »Juden« hat einiges mit der Realität im Land der Juden zu tun, in welchem palästinensische Araber seit Jahrzehnten unterdrückt werden. Der Hass der Araber auf »die Juden« gehört zu dieser Realität wie komplementär dazu der Hass von Juden auf »die Araber«, welcher sich im israelischen Alltagsrassismus manifestiert und bei sich gebender Gelegenheit zum hasserfüllt skandierten »Tod den Arabern!« gerinnt. In der Haggada von Pessach ist der alljährlich beim Seder-Abend rezitierte Satz zu lesen: »Gieße deinen Zorn über die Völker, die Dich nicht kennen […] denn sie haben Jakob verschlungen und sein Haus verwüstet! Möge Dein lodernder Zorn sie ereilen! Verfolge sie unter den Himmeln des Herrn […].« Dazu schreibt Uri Avnery: »Um diesen Text richtig zu verstehen, erinnere man sich daran, dass es als ein Schrei aus der Tiefe des Herzens eines wehrlosen, verfolgten Volkes kam, das keine Mittel hatte, sich bei seinen Folterern zu rächen. Um ihre Gemüter zum fröhlichen Sederabend zu erheben, mussten sie ihr Vertrauen auf Gott setzen und zu IHM schreien, Er möge an ihrer Stelle Rache nehmen.«[34] Von einer ähnlichen Voraussetzung darf man beim Hass des »Arabers« auf den »Juden« ausgehen – er mag sich rächen wollen für etwas, das ihn in der realen Machtkonstellation zur Ohnmacht verurteilt. Es ist das kollektive Unrecht, das den Palästinensern durch Israels Juden widerfahren ist, der dazu führt, dass der (verkürzt reagierende) Muslim sich in Berlin am individuellen »Juden« austobt.[35]

Wie reagierten nun das deutsche Establishment und seine Öffentlichkeit auf diesen Vorfall, der zwar als durchaus unappetitlich klassifiziert werden darf, doch als randständige Erscheinung zu werten ist, auf keinen Fall aber als Indiz für einen in Deutschland weit und breit grassierenden Antisemitismus hochgewertet werden sollte? Statt sich mit einer Untersuchung des

Vorfalls und seiner eventuell sich daraus ableitenden Verurteilung zu begnügen, entschied man sich für eine im besten Fall clownesken, letztlich aber in ideologischer Absicht hochgradig hysterisierten Aktion der Solidaritätsbekundung mit Juden durch ein öffentliches Tragen von Kippa. Dem Aufruf, den performativen Akt demonstrativ zu vollziehen, folgten viele deutsche Bürgerinnen und Bürger wie auch Politiker und andere Offizielle, assistiert von in Deutschland lebenden Juden und jüdischen Funktionsträgern. Selbst im Bundestag erschienen Abgeordnete der Unionsfraktion zu der anlässlich des siebzigjährigen Bestehens des Staates Israel anberaumten Sitzung des deutschen Parlaments mit einer Kippa auf ihrem Haupt.

Es gab sogar eine »offizielle« politische Vertretung aus Israel, die sich an der Kippa-Aktion beteiligte. Yair Lapid, Vorsitzender der Partei »Yesh Atid«, der sich gerade anlässlich eines politischen Besuchs in Berlin aufhielt, beschloss, »sich mit der jüdischen Gemeinde Berlins zu solidarisieren, eine Kippa zu tragen und erhobenen Hauptes mit den Demonstrierenden zu marschieren«.[36] Im Verlauf der Demonstration sagte Lapid: »[…] in dem Moment, als ich hörte, dass der hiesige Gemeindevorstand den Juden anempfiehlt, nicht mit Kippa auf der Straße zu gehen, weil sie sich vor Antisemiten fürchten, habe ich die größte Kippa, die in Berlin zu finden ist, gekauft, habe sie aufgesetzt und kam zu einer Demonstration gegen den Antisemitismus mit Hunderten von Juden und Nichtjuden, die alle eine Kippa trugen und den Antisemiten sagten: ›Fürchtet ihr euch vor uns, nicht wir uns vor euch‹.« Er fügte sodann hinzu: »Es geht nicht an, dass Juden im Jahre 2018 Angst haben sollten, in Deutschland mit Kippa rumzulaufen. Ich will es nicht hinnehmen, dass wir und unsere Kinder Angst haben, wie unsere Eltern und Großeltern Angst hatten. Antisemitismus hat es immer gegeben und wird es immer geben. Die Frage ist, was die Juden tun werden. Wir haben einen Staat, daher haben wir ein Militär, daher kann ich heute in Berlin marschieren und den Antisemiten sagen, dass sie mich mal kreuzweise können.«[37]

Wie oft, verstanden auch in diesem Fall die deutschen Medien nicht, was Deutschen da von einem israelischen Politiker untergejubelt wurde. Lapid firmiert in Israel als ein zur rechten Mitte zählender Politiker (dass er zuweilen den Linken zugezählt wird, darf als ein schlechter Witz gelten), ein mit Machtmonopol ausgestatteter Vorsitzender einer Partei, von der trotz steigender Popularität niemand recht weiß, was sie eigentlich will, außer an die Macht zu gelangen. Man weiß es nicht, weil Lapid es selbst nicht weiß beziehungsweise sich darin auszeichnet, in ungezügeltem Opportunismus seine Meinung immer wieder zu ändern, je nachdem, wie der politische Wind gerade weht. Seine Reden sind hohl, seine Aussagen zumeist inhaltslos, aber er findet als ehemaliger Journalist und beliebter TV-Moderator immer wieder »beeindruckende« rhetorische Formulierungen für die Leere seiner Aussagen.[38]

Aber darum geht es hier nicht. Wenn ein israelischer Politiker zu Unterredungen nach Deutschland kommt, wird ihn selbstverständlich niemand von offizieller deutscher Seite der Kritik seines politischen Profils aussetzen wollen. Dass er sich aber derart selbstherrlich und großkotzig in die Berliner Kippa-Demonstration eingemischt hat, bedarf der kritischen Erörterung. Nur nebenbei sei erwähnt, dass Lapid sich vor nicht allzu langer Zeit als israelischer Orthodoxen-Gegner hervorgetan hat, populistisch auf dem Ressentiment von orthodoxiefeindlichen, säkularen Israelis reitend. Als er dann aber begriff, dass ihm dies bei künftigen Koalitionsverhandlungen schaden könnte, vollführte er eine peinliche 180-Grad-Wende und begann (familiär), gewisse religiöse Riten (am Wochenende) medienwirksam einzuhalten. Verlogener geht es kaum. Er wäre freilich nicht der erste Politiker, der Verlogenheit als gängiges Mittel der Macht und des Machterhalts zu verwenden pflegt. Einzig die Unverfrorenheit der dabei vollführten Politpirouetten ist bei gewissen Politikern bemerkenswert. Yair Lapid gehört zu ihnen und steht darin Benjamin Netanjahu in nichts nach.

Was enthielt nun seine Rhetorik auf der Berliner Demonstration, an welcher er teilnahm, um auch dieses Politikum für sich verbuchen zu dürfen? Lapid sieht sich als selbst ernannten Außenminister Israels, reist viel in der Welt herum und betreibt Hasbara, um politisches Kapital zu generieren und sein Image als weltläufiger Staatsmann aufzubauen. Sein »Patriotismus« kennt dabei keine Grenzen. Da geht er also und kauft sich »die größte Kippa, die in Berlin zu finden ist«, so als hätte die Größe der Kippa irgendeine Relevanz für den religiösen Akt der Kopfbedeckung im Judentum. Hat sie nicht. Aber die Bedeutung des Kippa-Tragens erweist sich für ihn darin, dass man es den Antisemiten zeigt: »Fürchtet ihr euch vor uns, nicht wir uns vor euch.« Antisemiten sollen sich also vor Kippa tragenden Juden fürchten? Wie denn das? Wie ist der Akt der Solidaritätsbezeugung zur Bedrohungsgeste geronnen? Die Antwort darauf liegt in einem altbekannten Muster israelischer Ideologiepraxis: Lapid analogisiert die heutige »Angst« von Juden außerhalb Israels mit der Angst diasporischer Juden zur Zeit vergangener Verfolgungen (er hat offenbar die Nazizeit im Sinn, mithin die Shoah). Den Antisemitismus begreift er als eine transhistorische, anthropologische Konstante; relevant sei einzig, was Juden machen (er bezieht sich dabei auf David Ben-Gurions Diktum »Wichtig ist nicht so sehr, was die Gojim sagen, sondern was die Juden tun.« – und gleicht sich somit mutatis mutandis dem Rang des zionistischen Titanen an). Und dann kommt es, wie aus der Pistole geschossen: »Wir haben einen Staat, daher haben wir ein Militär, daher kann ich heute in Berlin marschieren und den Antisemiten sagen, dass sie mich mal kreuzweise können.« Es sei dahingestellt, ob sich Antisemiten allzu sehr vom israelischen Militär beeindrucken lassen (es tut hier letztlich auch nichts zur Sache). Was der israelische Politiker den armen, antisemitisch »bedrohten« Juden im Deutschland des Jahres 2018 anzubieten hat, ist Israel (und sein Militär), mithin den latenten Vorschlag, nach Israel auszuwandern – ein Angebot im Übrigen, das Deutschlands Antisemiten mit Begeisterung begrüßen dürften. Antisemiten sind zuweilen ausgepichte

Zionisten, wie denn Zionisten oft den Antisemitismus in der Welt begrüßen, ja herbeiwünschen mögen. Was also Lapid, der vom rigiden Orthodoxen-Bekämpfer zum Kippa tragenden Opportunisten mutierte Politiker, seinen Berliner Zuhörern zu vermitteln trachtete, war nichts anderes als ein (in der Berliner Situation völlig unangemessener) zionistischer Sermon, der seinen rhetorischen Kulminationspunkt in einem primitiven Kraftausdruck fand.[39] Die anwesenden Juden dürfte er beglückt und gestärkt haben – sollte sie künftig ein Antisemit anzupöbeln wagen, werden sie ihm die israelische Armee entgegenhalten und ihm dabei mit der größten Kippa in Berlin eine adäquate zionistische Antwort zu verpassen verstehen. Auch die anwesenden nichtjüdischen Deutschen dürften ob der überzeugenden israelischen Politperformance auf ihre Kosten gekommen sein: Ihre Solidarität mit »den Juden« basiert ja weitgehend auf der Matrix ihres Schuldgefühls (Juden-als-Opfer = Auschwitz) und »wiedergutmachender« Kompensation (Israel = militärische Wehrhaftigkeit). Beides lieferte ihnen Lapid in der demagogischen Rhetorik gängiger Instrumentalisierung des Shoah-Andenkens.

Welche Bedeutung hatte nun aber das Kippa-Tragen für die deutschen Teilnehmer der skurrilen politischen Demonstration? Ungeachtet der offiziellen Bekundung, sich an einer Demonstration gegen den in Deutschland grassierenden Antisemitismus zu beteiligen (der, wie gesagt, eher aufgebauscht als real bedrohlich erscheint), dürfte dabei das latente Bedürfnis, auch mal »Jude« sein zu dürfen, eine nicht unerhebliche Rolle gespielt haben. Nachvollziehbare deutsche Schuldgefühle haben die öffentliche Sphäre Deutschlands über Jahrzehnte in entscheidendem Maße geprägt, zuweilen merkwürdige (Re-)Aktionen zeitigend, nicht zuletzt im Bereich der staatsoffiziellen Politik. Wenn das bereits erwähnte Diktum »Auschwitz werden uns die Deutschen niemals verzeihen!« stimmt, dann mag sich in der performativen Überidentifizierung mit Juden eine Art Schuldabtragung, mithin eine selbsterteilte Vergebung, manifestieren.

Wenn man selbst Jude sein darf, ist man nicht mehr »Täter«, sondern »Opfer«, hat somit etwas nagend Quälendes an sich selbst »wiedergutgemacht«. Es ist oft schwer zu ertragen, wenn sich israelische Schüler bei ihren Auschwitz-Besuchen in Israelfahnen einhüllen – denn es gibt nichts Inadäquateres, als das Unfassbare mit nationalen Symbolen aufheben und überdecken zu wollen. Wenn sich nun aber gerade Deutsche in Israelfahnen hüllen oder eben auch Kippa tragen, mag das einem Juden besonders übel aufstoßen.

Und es ist nun ausgerechnet die Kippa, ein religiöses Utensil, die zum Mittel der Solidaritätsbekundung erkoren wurde. So erhebt sich die Frage, wie nichtjüdische Deutsche eigentlich dazu kommen, »Juden« derart aufs Religiöse zu reduzieren. Die Juden sind keine Rasse mehr; das hat sich historisch erledigt. Sind sie aber nunmehr zur Religion mutiert? Wussten denn die deutschen Teilnehmer an der Demonstration nicht, dass die meisten Juden auf der Welt (auch die in Israel lebenden) nicht religiös sind oder ihren eventuell bestehenden Glauben nicht äußerlich demonstrieren wollen? Für einen säkularen Juden, einen atheistisch gesinnten zumal, mag sich dies nachgerade als Affront ausnehmen. Wie kämen sich säkulare Deutsche vor, wenn man zum Zeichen der Solidarität mit ihnen (aus welchem Anlass auch immer) ein Kreuz, gar ein Kruzifix tragen würde?

Aber es geht noch darüber hinaus: Was die deutschen Kippa-Träger offenbar nicht kannten, war die Ikonografie der Kippa. Eine schwarze Kippa wird zumeist von orthodoxen und ultraorthodoxen Juden getragen, die sich nicht zuletzt durch ihren theologisch begründeten Nicht- beziehungsweise dezidierten Antizionismus auszeichnen. Sollte ihnen die Solidarität deutscher Träger von schwarzen Kippot gelten? Die gehäkelte Kippa wird dagegen meistens von nationalreligiösen Juden getragen, jenen, deren Gesinnung eine Synthese aus Messianismus und Zionismus ausmacht und die entsprechend den größten Teil des rechten und rechtsextremen Siedlerkontingents im Westjordanland abgeben. Galt etwa ihnen die Solidarität der deutschen

Träger von gestrickten Kippot? Unter den Demonstrierenden in Berlin waren auch Kippa tragende Frauen zu sehen. Wusste man nicht, dass die von jüdischen Männern getragen wird und dass die Orthodoxie sich gegen das Kippa-Tragen durch Frauen echauffiert, weil dieser Unbrauch zumeist von Frauen des reformierten Judentums praktiziert wird? Die Orthoxen verachten das Reformjudentum und behandeln es als Feind, weil es, ihnen zufolge, das »wahre« Judentum besudelt. Es ist erschreckend, von welch eklatanter und bornierter Ignoranz die Träger dieser deutschen, allzu deutschen Aktion geschlagen waren. Verlogenheit kann man ihnen nicht vorwerfen, so wie Yair Lapid. Sie waren ja unwissend. Eine Farce war ihre Aktion dennoch, zu der Lapid freilich wie die Faust aufs Auge passt.

Karikatur

Am 17.05.2018 berichtete »Die Tagesschau«, die *Süddeutsche Zeitung* habe »Konsequenzen aus der Antisemitismus-Kritik um

eine Karikatur gezogen: Sie beendete ihre jahrzehntelange Zusammenarbeit mit dem Zeichner Dieter Hanitzsch.«[40] Was war vorgefallen? Hanitzsch hatte eine Zeichnung veröffentlicht, in welcher der israelische Premierminister Benjamin Netanjahu in Gestalt der Gewinnerin des diesjährigen »Eurovision Song Contest«, Netta Barzilai, gezeigt wird. »Er hält eine Rakete mit Davidstern in die Höhe – in den Mund gelegt ist ihm der traditionelle jüdische Ausspruch ›Nächstes Jahr in Jerusalem‹. Netanyahu ist mit großen abstehenden Ohren dargestellt, was als antisemitisches Stereotyp gilt.«

Die Karikatur schlug solche Wellen, dass sich der Deutsche Presserat mit dem Fall befasste und ein Prüfverfahren einleitete. Der Antisemitismusbeauftragte der Bundesregierung, Felix Klein, sah »Assoziationen an die unerträglichen Zeichnungen der nationalsozialistischen Propaganda geweckt«. Auch wenn Karikaturen ironisieren und provozieren sollten, sei hier eine rote Linie überschritten worden.[41] Berufen durfte sich Felix Klein auf niemand geringeren als Michael Wolffsohn, der behauptete, »zeitversetzt« hätte die Karikatur »auch im nationalsozialistischen Hetzblatt *Der Stürmer* des Julius Streicher stehen können«.[42] Ganz anderer Auffassung war da der Historiker Wolfgang Benz, renommierter Antisemitismus-Experte, der sich bemühte, das, was er als Überreaktion ansah, sachlich zu entkräften und den Stellenwert der Karikatur ins rechte Lot zu rücken: »Diese Karikatur ist auf jeden Fall israelkritisch, genauer gesagt: Sie ist kritisch gegenüber dem Ministerpräsidenten.« Antisemitismus könne er jedoch nicht darin erkennen. »Ich sehe nicht die üblichen Klischees, die man zur Sichtbarmachung des Ressentiments benutzt.« Der auf der Zeichnung abgebildete Davidstern sei »nicht nur ein religiöses Symbol, sondern auch eines der Politik«. Er hob zudem hervor, dass große Ohren nicht unbedingt antijüdisch seien, und die Nase Netanjahus sei zwar groß, »aber es ist keine Haken-Nase, wie sie beispielsweise die Nationalsozialisten in ihrer Propaganda darstellten.«[43]

Es ist schon bezeichnend, wie jene, die den Antisemitismus angeblich bekämpfen wollen, selbst immer wieder in die Falle des Antisemitischen tappen, indem sie sogleich auf Nase und Ohren jüdischer karikierter Personen schauen, um fündig zu werden, dabei selbst dem antisemitischen Klischee, Juden hätten krumme Nasen und große Ohren, willfahren. So besehen, konnte nur ein ausgemachter Antisemit Tony Blair dermaßen Ohren-jüdisch zeichnen:

Nur ein ausgepichter Judenhasser konnte Arafat so nasenfeindlich darstellen:

Und was für ein sich selbsthassender Jude musste der Zeichner dieser antisemitisch verunstalteten Darstellung der ehemaligen Premierministerin Israels, Golda Meir, sein. Schon makaber, was Nasen und Ohren (und Lippen, zuweilen auch Augen – kurzum, Körperteile überhaupt) alles an »Antisemitismus« anzurichten vermögen.

Ob Netanjahus Nase und Ohren in der Zeichnung Dieter Hanitzschs über das Maß gängiger karikatureller Entstellung und Übertreibung geraten sind, mag dahingestellt sein; diese aber zum visuellen Kriterium des Antisemitismus-Vorwurfs zu erheben, ist schlechterdings nicht hinnehmbar (ungeachtet der Frage, ob die zeichnerische Leistung des Karikaturisten besonders hoch einzuschätzen ist). Denn das wirklich zu erörternde Problem gerät dabei aus dem Blickfeld, namentlich die Frage, was in der Karikatur inhaltlich dargestellt ist.

Was Dieter Hanitzsch in seiner Zeichnung motivisch verarbeitet hat (ob politisch bewusst oder Erscheinungen nur assoziativ registrierend, sollte hier nicht weiter von Belang sein), ist der Sieg Netta Barzilais im ESC und die israelische Gewalt. Gab es einen aktuellen Anlass dazu? Den gab es in eklatanter Art und Weise (obgleich das wohl nur wenige Antisemitenjäger in Deutschland wahrgenommen haben dürften): Gerade am Abend jenes Tages, an dem an den Grenzzäunen des Gazastreifens Dutzende von palästinensischen Demonstranten von israelischen Militäreinheiten erschossen wurden, zur Zeit also, als sich ein Massaker – anders kann man das nicht bezeichnen – ereignete, versammelten sich viele Tausend Menschen auf dem Rabin-Platz in Tel Aviv, nicht etwa, um gegen das Geschehen im Süden des Landes zu protestieren, sondern um Netta Barzilai und den »nationalen« Sieg Israels im ESC enthusiastisch zu feiern. Die Konstellation ließ sich an Skurrilität kaum überbieten. Was dabei so bitter zutage trat, war das unerträgliche Verdrängungsvermögen der allermeisten Bürger Israels, die sich im Alltag durch keinerlei Widrigkeiten der Realität des Landes, schon gar nicht durch die Verbrechen des Okkupationsregimes in ihrer Indifferenz beirren lassen, auch nicht im liberalen Tel Aviv, in der sogenannten »Tel Aviver Blase«. An jenem Abend, an dem sich eine mörderische Katastrophe an den Grenzen des

Landes ereignete, an dem die israelische Militärbrutalität wieder einmal fröhliche Urständ feierte, an diesem Abend hätte nichts im israelischen öffentlichen Raum gefeiert werden dürfen – schon um der Menschenwürde willen. Die Befeierung der kulturindustriellen »nationalen« Errungenschaft hätte vertagt werden müssen – wenn nicht auf Initiative von Netta Barzilai selbst, dann auf Beschluss der Stadtbehörden oder der Bürgerinnen und Bürger. »Normalität« hätte in der nun mal (aus welchen Zufälligkeiten auch immer) entstandenen Konstellation nicht gewahrt werden dürfen.

Die Kritiker der Hanitzsch-Karikatur monierten auch den Davidstern und den Spruch »Nächstes Jahr in Jerusalem« im Munde Netanjahus; der galt ihnen als antisemitisch. Nichts exemplifiziert die Ignoranz dieser »Antisemitismus«-Bekämpfer über Israels politischer Realität mehr, als dieser im Brustton der Empörung vorgebrachte Einwand. Denn es waren in erster Linie die Vertreter der politischen Macht und die Medien, die den »nach Israel wiedergebrachten ESC« frenetisch bejubelten. Man war euphorisiert im »Nationalstolz«, sich »gegen alle Welt« durchgesetzt zu haben, und schlug aus dem kulturindustriellen Pop-Erfolg so viel politisches Kapital, wie es nur ging. Das Ehepaar Netanjahu selbst ließ es sich nicht nehmen, die Popsängerin für sich zu vereinnahmen, und empfing diese in ihrem staatsoffiziellen Jerusalemer Domizil. Der israelische TV-Kritiker Rogel Alpher brachte die Bedeutung des Empfangsaktes auf den Punkt: »Das Video des Treffens Netta Barzilais mit dem Ehepaar Netanjahu in seiner Residenz ist die Zeremonie ihrer Einverleibung in dessen byzantinischen Hof. Bibi zeigte Barzilai, wer ihr Vater sei, seine Frau Sara zeigte ihr, wer ihre Mutter sei – und verlieh ihr das ultimative Loyalitätssiegel, als sie ihr sagte: ›Ich habe deinen Patriotismus geliebt.‹ Von nun an ist sie deren Eigentum. Barzilai versuchte, sich mit einem Händedruck zu begnügen, aber Papa Bibi drückte ihr einen warmen Kuss auf, umarmte sie beherzt und segnete sie mit einem hochtönenden ›Bist unbezahlbar‹ [»kapara alaich« – unübersetzbarer Ausdruck der

Zuneigungsbezeugung im Hebräischen, Anm. des Autors]. ›Sowohl begabt als auch süß, [sie] brachte uns Ehre und brachte uns die Eurovision‹, begeisterte sich der stolze Vater.«[44]

Gerade Jerusalem spielte in dieser kleinen Politfarce eine zentrale Rolle, denn es macht ja besondere Schlagzeilen, seitdem Donald Trump entgegen der jahrzehntelangen diplomatischen Gepflogenheit der USA beschlossen hatte, die amerikanische Botschaft von Tel Aviv in die israelische Hauptstadt zu verlegen, ein Beschluss, der deshalb so kontrovers ist, weil Israel den palästinensisch bevölkerten Ostteil der Stadt annektiert hat, womit einer der neuralgischsten Punkte, nicht nur des israelisch-palästinensischen, sondern des gesamten Nahostkonflikts berührt worden ist. Die Veranstaltung des ESC »nächstes Jahr in Jerusalem« ist entsprechend eine klare politische Ansage Netanjahus, ähnlich wie das bei den Cannes-Festspielen 2017 von Miri Regev, der israelischen Kulturministerin, getragene Jerusalem-Kleid.[45] Wie perfide, ja menschenverachtend sich der israelische Premierminister in der Jerusalem-Kontroverse (und nicht nur in dieser) gebärdet, fand seinen prononcierten Ausdruck, als er sich während der Einweihung der amerikanischen Botschaft in Jerusalem erdreistete, von einem »wunderbaren Tag für den Frieden« zu sprechen. Es war der Tag, an dem das Massaker an den Grenzzäunen des Gazastreifens stattfand.[46]

Ob das alles Dieter Hanitzsch bei der Verfertigung seiner Zeichnung gewärtig war, spielt eine geringe Rolle. Denn es geht letztlich nicht um seine Intentionen, sondern einzig darum, was sich objektiv in seinem Werk manifestiert hat. Wichtiger wäre zu wissen, ob Felix Klein, Michael Wolffsohn, der Deutsche Presserat und die Teilnehmer an dem von dem einberufenen Prüfverfahren sich all dessen bewusst waren, als sie Hanitzschs Karikatur in unerträglicher Leichtigkeit der monströsen Sphäre des Antisemitismus eines Julius Streicher zuordneten. Denn zu bedenken gilt es, dass die Repräsentation von Realität stets der Wirkmächtigkeit der Realität, mithin deren objektivem Stellenwert unterzuordnen ist. Wenn man sich über die Repräsentation echauffiert, hat das gemeinhin etwas mit der repräsentierten Realität zu tun. Und wenn Hanitzschs Repräsentation der israelischen Realität mit einem Julius Streicher kompatibel ist, darf man ins Grübeln kommen, was das über die israelische Realität besagt.

Will man aber in der Sphäre der Repräsentation von Antisemitischem verharren, wäre vielleicht folgende, »Die Nahrungskette« betitelte Karikatur zu betrachten:

Zu sehen ist auf ihr der ungarisch-jüdische Milliardär George Soros hinter einem Echsenwesen, vor dem eine andere (jüdische?) Drahtziehergestalt steht, während vor ihnen, in einer Art Wagonreihe nacheinander postiert, der ehemalige Premierminister Ehud Barak, Eldad Yaniv, eine zentrale Figur in der Demonstrationsaktivität gegen Netanjahu, und Meni Naftali, Zeuge in einem von der Polizei gegen das Ehepaar Netanjahu geführten Korruptionsakte, zu erkennen sind.[47] Jeder von ihnen hält eine Angelrute in den Händen, an deren Schnur ein je spezifisches Symbol materiell-korrupter Verführung vor der Nase der jeweils vorderen Person/Gestalt hängt. Es handelt sich um eine wirklich antisemitische, verschwörungstheoretisch beseelte Karikatur, die nicht von ungefähr die lobende Aufmerksamkeit David Dukes erregte, dem prominentesten Neonazi der USA, ehemals führendem Mitglied des Ku-Klux-Klans, White-Supremacy-Ideologen, bekannten Holocaust-Leugner und Antisemiten. Er erfreute sich an den »antisemitischen Botschaften«

der Karikatur und ergötzte sich an der Darstellung des Juden George Soros als Person, die die Welt beherrscht.[48] Die »Protokolle der Weisen von Zion« lassen grüßen. Wer verbreitete diese Karikatur über Facebook? Es war Yair Netanjahu, der Sohn von Sara und Benjamin Netanjahu. Der Apfel fällt nicht weit vom Stamm.

Schlussbemerkung

Ein Tag nach der Berlin-trägt-Kippa-Aktion ist der auf Antisemitismus spezialisierte Historiker Wolfgang Benz vom Bayerischen Rundfunk interviewt worden. Seine kurzgefassten Kernaussagen seien hier wiedergegeben.[1] Gefragt, ob ein Anstieg an Antisemitismus in Deutschland zu verzeichnen sei, antwortete er: »Die Wissenschaft sagt, dass es keinen Anstieg gibt. Das widerspricht aber sicher emotionalen Befindlichkeiten.« Diese Antwort ist insofern bemerkenswert, als dass Benz hier eine Unterscheidung zwischen (wissenschaftlicher) Empirie und emotionalen Bedürfnissen vornimmt. Eine solche Unterscheidung stimmt wohl nicht nur bei Wahrnehmungen von Antisemitismus, aber sie ist im hier erörterten Zusammenhang dahingehend hervorzuheben, als sie darauf verweist, dass öffentliche Reaktionen auf »Antisemitismus« und politische Maßnahmen, die sich von ihnen ableiten, wie etwa Raumverbote für »antisemitische« Veranstaltungen und Kippa-Karnavalesken, etwas mit Befindlichkeiten und Ideologie, nicht zwingend aber mit einer faktisch belegbaren Realität zu tun haben mögen. Benz wurde auch gefragt, ob man von einem neuen Antisemitismus in Deutschland auszugehen habe. Seine Antwort: »Nein, es gibt hier keinen neuen Antisemitismus. Es ist der alte, der Bodensatz in der Gesellschaft. Der wird nicht schlimmer, aber es ist schlimm genug, dass es ihn überhaupt gibt.« Auch hier darf man für die Klarstellung dankbar sein: Das Bedürfnis, die Realität nach befindlichkeitsgeschwängerter Wahrnehmung zu ordnen und zu definieren, wird in die Schranken gewiesen, ohne dabei die Realität per se beschönigen zu wollen. Dies wohl nicht zuletzt, um die zu erwartende nächste Frage parieren zu können, nämlich die, ob muslimische Flüchtlinge einen »neuen Judenhass« nach Deutschland brächten. Bei der Beantwortung dieser Frage befleißigt sich Benz lapidarer Ideologiekritik: »Die Zuwanderer sind nicht gekommen, um Antisemitismus zu forcieren, aber es ist so schrecklich einfach, von unserem selbst gemachten, deutschen Antisemitismus abzulenken, indem man mit dem Finger auf andere zeigt.« Gekrönt wird das Gespräch von Benz' prägnanter Feststellung, die den in der deutschen Gesellschaft wirkenden Widerstand gegen antisemitische Strömungen anerkennt: »Die gute Botschaft ist doch die, dass Tausende auf die Straße gehen und sagen: Wir wollen das nicht, das verstößt gegen die politische Kultur in diesem Lande. In dieser Gesellschaft ist Antisemitismus geächtet wie in keiner anderen Gesellschaft.«

Diese letzte Äußerung rundet das Bild von Benz' Sichtweise paradigmatisch ab. Er betont das Bestehen von Antisemitismus in Deutschland, jenen »Bodensatz in der Gesellschaft«, bedauert auch sein schieres Vorhandensein; aber er attestiert der deutschen Gesellschaft im selben Atemzug genügend Widerstandskraft gegen die sich aus diesem »Bodensatz« bildenden Strömungen. Wolfgang Benz ist Galaxien entfernt von der hysterischen Panikmache, die den gängigen Umgang interessengeleiteter, sich ideologisch aufspreizender Protagonisten des deutschen Antisemitismus-Diskurses kennzeichnet. Seine professionelle Diagnose ist ein beachtlicher Balanceakt zwischen sachlicher Forschung sowie Analyse einerseits und ausgewogener Einschätzung dessen, was es zu bekämpfen gilt, andererseits. Wie es sich beim Kommentar zur Hanitzsch-Karikatur zeigte, vermag er inhaltlich zwischen Antisemitismus und Israelkritik zu unterscheiden. Vor Jahren schon hat er auf die strukturelle Verschwisterung der dem traditionellen Antisemitismus und der aktuellen Islamophobie zugrundeliegenden Ressentiments hingewiesen und sah sich sogleich dem Gefauche selbst ernannter deutscher »Antisemitenjäger« ausgesetzt, die einen solchen immanenten Konnex nicht ertragen konnten. Und er vermag eben auch das Selbstverständliche zu artikulieren, demzufolge »die Zuwanderer [...] nicht gekommen [sind,] um Antisemitismus zu forcieren«, und dabei auch den psycho-ideologischen Kern dieser Beschuldigung zu entlarven: »[...] es ist so schrecklich einfach, von unserem selbstgemachten, deutschen Antisemitismus abzulenken, indem man mit dem Finger auf andere zeigt«.

Hingegen äußerte sich der Präsident des Zentralrats der Juden in Deutschland, Josef Schuster, gegenüber der *Welt am Sonntag* wie folgt: »Man sollte heute sämtliche Integrationsbestrebungen notfalls gesetzlich so verschärfen, dass ein Verstoß gegen unsere Grundordnung und Werte im schärfsten Fall zum Entzug des Bleiberechts führt. [...] Wer unseren gesellschaftlichen Konsens bewusst und mehrmals verletzt, der sollte sein Bleiberecht verwirken.«[2] Schuster sprach hierbei nicht explizit von Straftatbeständen als Grund für eine Ausweisung, sondern von der Verletzung des »gesellschaftlichen Konsens« und mit einem »Verstoß gegen unsere Grundordnung und Werte«. Zustimmung erhielt er von der CDU/CSU, deren Parlamentarischer Staatssekretär des Bundesinnenministeriums Stephan Mayer (CSU) erklärte, er könne ihn in dem Vorschlag »nur nachdrücklich unterstützen«. Zustimmung erhielt er auch von der AfD, deren Bundessprecher und Fraktionschef Alexander Gauland frohlockte: »Endlich kommt das Problembewusstsein nun auch bei den Betroffenen an [...] Es muss vollkommen klar sein: Wer unser Grundgesetz, die Grundordnung unseres gesellschaftlichen Zusammenlebens verletzt, muss Deutschland sofort verlassen.«[3] Schuster ging aber noch weiter, er forderte bei islamistisch motivierten Verbrechen gleichsam eine Beweislastumkehr, der zufolge die Täter zu beweisen hätten, dass »die Straftat nicht antisemitisch motiviert war«. Noch immer gebe es »zu viele Moscheen in Deutschland, in denen die westlichen Werte, der bundesdeutsche gesellschaftliche Konsens eben nicht gelebt und vertreten werden und in denen Hass auf Juden und auf Israel gepredigt wird«.[4]

Der Kontrast zu den Aussagen von Wolfgang Benz könnte nicht größer sein. Schuster konzentriert sich vor allem auf die Zugezogenen aus den islamischen Ländern, weiß Pauschales über »zu viele Moscheen in Deutschland«, über »westliche Werte«, über »bundesdeutschen Konsens« und vor allem über gepredigten »Hass auf Juden und auf Israel« zu sagen. Es wundert nicht, dass er Zustimmung von Sprechern der CDU/CSU und der AfD erntet. Zu kritisieren ist er dafür nicht. Niemand sollte in Sippenhaft für ungebetenen Applaus genommen werden. Zu fragen bleibt allerdings: Ist der Applaus seitens der AfD Josef Schuster wirklich unangenehm? Oder ist er ihm und vielen in Deutschland lebenden Juden, in deren Namen Schuster spricht, mehr als genehm? Worin unterscheiden sich seine von Gaulands Einstellungen zu den islamischen Zuwanderern allgemein und im Hinblick auf die inquisitorischen Maßnahmen, die Schuster suggeriert, wenn er einem Täter abfordert zu beweisen, dass seine Tat nicht »antisemitisch motiviert« gewesen sei? Gauland als Bündnispartner für derlei (an sich schon abstruse) Forderungen? Schuster beruft sich dabei auf die »westlichen Werte«, ein Slogan, der immer wieder – mal als »Leitkultur«, mal als »jüdisch-christliche Tradition«, mal eben als »westliche Werte« – bemüht wird, wenn es darum geht, Fremdenfeindlichkeit und Islamophobie zu kaschieren. Es entbehrt nicht der bitteren Ironie, dass gerade ein Vertreter von Juden in Deutschland, die sich seit 1945 in diesem Land aus bekannten Gründen als Fremde gefühlt haben und es, von Nichtjuden tabuisiert, in der Tat auch waren und geblieben sind, sich plötzlich aufspreizt, um selbstbewusst – das Hinterland der deutschen Xenophobie hinter sich wissend – außerrechtliche Forderungen gegen Zugezogene zu stellen.

Worum es Schuster aber letztlich ideologisch geht, gibt er nolens volens selbst zu erkennen: um den gepredigten »Hass auf Juden und auf Israel«. »Auf Juden« lässt sich nachvollziehen – er ist ja der Repräsentant der jüdischen Gemeinden Deutschlands. Aber »auf Israel«? Wieso denn das? Die Antwort darauf bietet sich von selbst an: weil für Josef Schuster Juden und Israel gleichgesetzt sind. Er darf sich dabei auf den »bundesdeutschen gesellschaftlichen Konsens« berufen, der seit seinem Bestehen Juden, Zionismus und Israel, mithin Antisemitismus, Antizionismus und Israelfeindlichkeit als gleichgesetzt begreift. Nur erhebt sich dann die Frage: Vertritt Israel für Schuster die »westlichen Werte«, welche er als mächtiges Kriterium für seine drakonischen Forderungen gegen zugewanderte Muslime in Deutschland hält? Gilt dies auch für das Israel, das mehr als fünfzig Jahre die Barbarei der Besatzung, die systematische Knechtung der Palästinenser, die fortwährende Missachtung des Völkerrechts betreibt? Das Israel, das die humanistischen Ideale des Judentums längst verraten hat, sich selbst in Rassismus ergeht, religiösem Fundamentalismus frönt und nicht mehr davor scheut, sich mit Faschisten und erklärten Antisemiten zu verbünden? Von welchen »westlichen Werten« redet Josef Schuster, wenn er meint, »Israel« vor islamistischen Hasspredigern in Schutz nehmen zu sollen?

In »Deutschlandfunk Kultur« sprach unlängst der Schriftsteller Marko Martin über Israel.[5] Mahnend wandte er sich an deutsche Israelkritiker mit den Worten: »Das geografisch winzige Israel, bis auf den heutigen Tag existenziell bedroht und gleichzeitig als Besatzungsmacht in einer hoch ambivalenten Situation, ringt und streitet seit Jahrzehnten mit sich selbst und braucht darin gewiss keine Nachhilfe, schon gar nicht aus Deutschland.« Besondere Aufmerksamkeit widmete er sodann begeisterten deutschen Tel-Aviv-Touristen: »Das gilt auch für jene vermeintlich Ober-Coolen, die Tel Aviv inzwischen als Party-Ziel entdeckt haben. Am Strand, in den Clubs und Bars sieht und vor allem hört man dann jene Hipster, die, eine Flasche Goldstar-Bier in der Hand, folgende Weisheit zum Besten geben: ›Okkupation ist grottig, aber Tel Aviv ist fun.‹ Dass sie mit dieser Verkürzung gerade eines der langlebigsten Klischees der israelischen Ultrarechten bestätigen, ficht die großsprecherischen Zaungäste dabei nicht an.« Und er schloss mit der Einsicht des kundigen Beobachters: »Tatsächlich wird in manchen Hügel-Siedlungen im Westjordanland auf ähnlich manichäische Weise Tel Aviv ein Sonderstatus zugeschrieben: Dort lebten angeblich inmitten einer pazifistischen Spaßgesellschaft vor allem gottlos geschichtsvergessene Eskapisten. Dabei sind die offenherzigen Hedonisten von Tel Aviv alles andere als das, sondern ebenso selbstreflektierte wie wehrbereite junge Menschen. Gerade am Beispiel ihrer Existenz aber ließe sich lernen, die komplexe, konfliktuöse Demokratie Israels nicht länger mit den simplen Maßstäben des Kitschs oder des gärenden Ressentiments zu messen.«

Diese halbwegs neutrale Empfehlung Marko Martins verdient die Wertschätzung, die man jemandem gibt, von dem man meint, dass er gut daran tut, sich »rauszuhalten«, ganz im Sinne seines Postulats, Israel brauche keine Nachhilfe, schon gar nicht aus Deutschland. Gleichwohl geht diese Haltung am eigentlichen Problem dessen, was bei Martin mitangedeutet ist, vorbei. Denn ungeachtet der Frage, ob man Außenstehenden anempfehlen sollte, sich in die Israelkritik einzumischen oder nicht, verfehlt die von Martin angebotene Darstellung der politischen Grundverhältnisse in Israel das, was über die »agnostische« Haltung des Außenstehenden weit hinausgeht. Zum einen ist das »geografisch winzige Israel« mitnichten »bis auf den heutigen Tag existenziell bedroht«. Dieses Klischee sollte ein für alle Mal aus dem ernsthaften Diskurs um Israels Sicherheit ausgeräumt werden. Keine Macht in der Nahostregion kann es heute wagen, Israel in seiner Existenz zu bedrohen, ohne in Kauf zu nehmen, dass dies den zwangsläufigen eigenen Untergang bedeuten würde. Es ist davon auszugehen, dass dieser Grundumstand allen Ländern im geopolitischen Umfeld Israels wohlbekannt ist. Selbst wenn ein Land wie der Iran die technologische Kapazität erlangen sollte, Israel nuklear zu bedrohen, wird auch diese der seit Langem herrschenden Logik eines Gleichgewichts des

Schreckens unterworfen. Wenn also Netanjahu angesichts der Demonstrationen an den Grenzzäunen des Gazastreifens resoniert, die Hamas würde Tausende schicken, um »Israel zu vernichten«[6], dann gemahnt die Perfidität dieser Aussage an jenen jüdischen Witz, in dem erzählt wird, dass nach dem Angriff eines deutschen Schäferhunds auf einen Juden im *Völkischen Beobachter* die Schlagzeile zu lesen ist: »Jude greift deutschen Schäferhund an«.

Zum anderen ist die Rede von der »komplexen, konfliktuösen Demokratie Israels« irreführend. Es ist im vorliegenden Buch bereits die Rede davon gewesen, dass das heutige Israel nicht als Demokratie angesehen werden kann. Ein Kollektiv, das ein anderes Kollektiv knechtet, ihm mithin das Selbstbestimmungsrecht verwehrt und in den letzten Jahren die eigenen demokratischen Institutionen zunehmend infrage stellt oder gar regelrecht abbaut, kann nicht den Anspruch erheben, demokratisch zu sein, sosehr es das äußere Image propagandistisch aufrecht zu erhalten trachtet. Aber auch das, was von Marko Martin als »konfliktuös« apostrophiert wird, ist – zumindest im Hinblick auf den israelisch-palästinensischen Konflikt und seine Lösung – eine Chimäre. Denn es mögen sich in Israel politische Lager gebildet haben, die eine ernste Debatte um diesen Konflikt und die Zukunft Israels suggerieren. Aber ob »geschichtsvergessene Eskapisten« in Tel Aviv oder messianische Siedler im Westjordanland, die sich vermeintlich gegenseitig bekriegen und vielleicht sogar hassen – fest steht, dass seit langen Jahrzehnten keine israelische Regierungskoalition zustande gekommen ist, die einen ernst gemeinten Durchbruch im Teufelskreis des israelisch-palästinensischen Konflikts anvisiert und zu verwirklichen beabsichtigt hätte. Die Ausnahme wären (vielleicht) Jitzchak Rabins Bestrebungen in den Neunzigerjahren; aber nicht von ungefähr ist Rabin ermordet worden und sein Erbe, insofern es je bestanden hat, längst evaporiert; israelische Rechtsextreme lassen es sich nicht nehmen, von den »Oslo-Verbrechern« zu reden.[7] Die von Marko Martin gelobten »offenherzigen Hedonisten von Tel

Aviv« mögen »selbstreflektierte wie wehrbereite junge Menschen« sein, aber sie würden es sich gemeinhin nie einfallen lassen, massiv gegen den ideologischen Konsens des Landes, das vor ihren Augen zugrunde geht, zu opponieren; ihre Selbstreflexion endet dort, wo die Wirkmacht der seit jeher dem Kollektiv eingepaukten zionistischen Ideologie beginnt.

Nicht zuletzt das hat das Kräfteverhältnis in Israel längst zugunsten der Rechten dermaßen gekippt,[8] dass eine Abwahl der Likud-Partei unter der Leitung Benjamin Netanjahus heute in weite Ferne gerückt scheint. Das hat zum einen mit dem totalen Versagen der (ehemals) linken Opposition zu tun, die schon seit vielen Jahren keine mehr ist. Im Sozialen ist sie so gut wie völlig untergegangen, aber auch hinsichtlich der Friedensbereitschaft, die einst ihren ideologischen Erbteil ausmachte, hat sie seit dem Zusammenbruch des Oslo-Prozesses (an dem sie – damals noch an der Regierung – maßgeblich beteiligt war) mehr oder minder die Waffen gestreckt. Zum anderen erhält das sich zunehmend faschisierende rechte politische Lager starken Rückenwind durch die Präsidentschaft Donald Trumps in den USA. Es ist nicht zuletzt diese unselige Verbandelung, die es Netanjahu ermöglicht, seine Macht – trotz schwerster Korruptionsvorwürfe – nahezu unangefochten auszubauen und zu befestigen, dabei aber auch jegliche Berührungsängste mit Faschisten und selbst mit prononcierten Antisemiten skrupellos fallen zu lassen. Unter Netanjahu gerinnt Israels Realpolitik zur perfidesten Form opportunistischer Zweckrationalität.

Davon weiß der deutsche Antisemitismus-Diskurs nichts, davon will er nichts wissen. Ginge es ihm lediglich um die Bekämpfung des Antisemitismus im eigenen Land, ließe sich das nachvollziehen. Es bedarf nicht der zionistisch begründeten Solidarität mit Israel, um den Antisemitismus stets und unerbittlich bekämpfen zu wollen. Wenn man nun aber Antizionismus und Israelkritik wie selbstverständlich gleichsetzt, mithin Israel- und Zionismuskritik an den Antisemitismus koppelt, kommt man schlechterdings nicht um die entscheidende Frage herum, was für ein Israel das sei, mit dem man sich solidarisch wähnt. Ist es das abstrakte, seiner Wirklichkeit quasi enthobene Israel, das man sich als Zufluchtsstätte-Ideologem zurechtgelegt hat, dann ist dies nicht nur im Hinblick auf die schiere Abstraktion dessen, was als unerträgliche Realität zu konfrontieren wäre, ein Problem, sondern auch sachlich unzulänglich, wenn man bedenkt, dass der Zionismus sein historisches Versprechen nicht eingehalten und Israel eben nicht in Frieden lebt und deshalb Sicherheit zum gewaltgetriebenen Götzen seiner eigenen Raison d'Être hat verkommen lassen.

Was besagt diese Blindheit gegenüber dem realen Israel über die deutschen Anhänger Israels, die Deutschlands »Verantwortung« für den zionistischen Staat als grenzenlos erachten?[9] Zunächst und vor allem, dass diese »Solidarität« primär in der kollektiven deutschen Befindlichkeit wurzelt, die sich von der historischen Monstrosität ableitet, welche die Deutschen an den Juden verbrochen haben. Zu fragen bleibt nur: Wenn diese Solidarität sich auf ein jegliches Israel beziehungsweise auf die Idee »Israel« bezieht, mithin also auch auf ein verbrecherisches Israel – ist diese Solidarität dann nicht ihrem Wesen nach objektlos, eine egotistische Nabelschau, die sich in formalen Abstraktionen einerseits und unreflektiert selbstbezogenem Emotionsgewühl andererseits bewegt? Mehr noch: Wenn Israel nicht in seiner Wirklichkeit wahrgenommen wird, sondern vor allem als Projektionsfläche ideologisch verformter deutscher Befindlichkeiten, was bedeutet da die vielbemühte »Aufarbeitung der deutschen Vergangenheit« samt der von ihr abgeleiteten »Verantwortung«? Aber es beschleicht einen bei dieser Überlegung noch ein anderes, wesentlich beunruhigenderes Gefühl: Sollte sich etwa die abstrakte Solidarität mit einem völkerrechtlich verkommenen und verbrecherischen Israel als eine psycho-ideologisch motivierte Entlastung der historischen Schuld der Deutschen erweisen? Man misst diese Möglichkeit normalerweise der deutschen Solidarität mit den Palästinensern bei. Muss man nicht annehmen, dass sie sich viel gravierender, wenngleich auch glänzend kaschiert, in der überbordenden Solidarität mit dem Judenstaat niedergeschlagen hat? Muss man nicht gar davon ausgehen, dass, wenn nicht nur das Image Israels, sondern seine schiere Existenz als zionistischer Staat durch dessen eigene Politik, also wesentlich selbstverschuldet, zunehmend unterwandert wird, die kämpferisch-enthusiasmierte deutsche Solidarität mit ihm ein Ressentiment gegen diesen Staat – und mutatis mutandis gegen die Juden als sein nationales Subjekt – indiziert? Denn allein schon die Vorstellung, dass Deutsche sich anmaßen, Juden und erst recht jüdische Israelis wegen ihrer Israelkritik des Antisemitismus zu bezichtigen, ist als nichts anderes zu begreifen als ein zur Perversion verkommenes deutsches Befindlichkeitsproblem. Man kommt nicht umhin, in diesem Zusammenhang von »Hitlers verlängertem Arm« zu sprechen. Viele Deutsche sind mit ihm offenbar noch lange nicht durch – nicht nur im Sinne der einst postulierten Unfähigkeit der Deutschen zu trauern,[10] sondern als Residuum eines latenten antisemitischen Ressentiments, das sich – im heutigen Deutschland tabuisiert – neue Wege und Bahnen der legitimen Manifestation sucht. Nur Antisemiten können Juden als Antisemiten besudeln, um sich selbst von der erbärmlichen Unwirtlichkeit ihres deutschen, allzu deutschen Antideutschseins zu erlösen.

Susann Witt-Stahl

(Anti-)Deutsche Zustände

Die Rechtswende von Linken im Täterland und ihr Verrat am humanistischen Judentum – eine Ideologiekritik

In den vergangenen Jahrzehnten ist in den Nahost- und Antisemitismus-Debatten der deutschen Linken eine dramatische Rechtsentwicklung zu beobachten. Dieser besorgniserregende Trend findet nicht nur seinen Niederschlag in tagespolitischen Verwerfungen wie der Unterstützung eines völkerrechtswidrigen Besatzungsregimes inklusive Alltagsbarbarei oder in einer Instrumentalisierung des Antisemitismus-Vorwurfs zum Zweck der Legitimierung dieser Praxis. Er ist auch Indikator einer fundamentalen weltanschaulichen Koordinatenverschiebung und Affirmation einer gleich nach Ende des Realsozialismus sukzessiv vollzogenen Kapitulation vieler Linken vor der deutschen Staatsräson, die eine das Andenken der Opfer des Völkermords an den Juden verratende ideologische »Israelsolidarität« einschließt. Damit wurden auch vergangenheitspolitische Entlastungs- und Exkulpationsprozesse gefördert, die eine wichtige Grundlage für die Durchsetzung von deutschen Großmachtansprüchen mit dem westlichen Machtblock bilden. Dass die hegemonialen Kräfte in der deutschen Linken dazu keine Opposition mehr darstellen, sich sogar willfährig für dieses Vorhaben einspannen lassen, zeigt sich an einer Anästhesierung des kritischen Kollektivbewusstseins, die zuweilen derart bizarre Blüten treibt, dass perspektivisch sogar eine komplette Verkehrung der Raison d'Être der Linken in ihr Gegenteil nicht mehr unmöglich erscheint. Erste Anzeichen finden sich bereits in der Glorifizierung von unterdrückerischer Gewalt und allerlei anderer kolonialherrschaftlicher Attitüden, die als Atavismen in düstere Epochen deutscher Geschichte verstanden werden müssen. Erschreckend sind aber vor allem die zunehmend aggressiven Angriffe auf jüdische Linke, auf ihr emanzipatives Narrativ der jüdischen Katastrophe und ihre historischen Imperative.

I. »Antideutsche« Ideologie und deutsche Realität

»Die Shoah ist zur Meistererzählung geworden.« Nicht zuletzt die große Schwierigkeit, sie zu begreifen, habe sie für Linke spätestens im horror vacui nach der Niederlage des Kommunismus und Verlust ihres zentralen Sinngebungsprojekts »zur mächtigsten kulturell sanktionierten Metapher des Leidens und zum letzten allgemein akzeptierten Modell der Weltdeutung gemacht«[1], erklärte der Schweizer Germanist Stefan Mächler den ideologischen Gebrauchswert des Holocaust. »Wer sich mit ihrer Legitimationsmacht und Rhetorik ausrüstet, dem ist nicht zu widerstehen.« Kaum jemand hat das besser verstanden als die deutschen Linken, die nach 1990 das dringende Bedürfnis verspürten, von der »unterdrückten in die unterdrückende Klasse zu wechseln«, wie der Schauspieler und Gewerkschafter Rolf Becker die große Flucht- und Absetzbewegung von mittlerweile Ex-Linken in die rechte »bürgerliche Mitte« beschrieb; andere suchten und fanden im Rechtsopportunismus einen faulen Kompromiss. Viele von ihnen firmieren unter dem selbst gewählten Namen »Antideutsche«, die gemäßigte Variante unter »Antinationale«, und stellen sich mit großem »Nie wieder Deutschland!«-Getöse als »Wölfe« vor – wie Karl Marx und Friedrich Engels in *Die deutsche Ideologie* die Junghegelianer nannten. Sie werden teils aus Naivität, teils aus Kalkül auch dafür gehalten (obwohl sie erklärtermaßen als »Abbruchunternehmen der Linken« die politische Bühne betraten), agieren aber als »Schafe«, die die Meinung der Herrschenden in der Berliner Schröder- und Merkel-Republik »nachblöken« und »die Erbärmlichkeit der wirklichen deutschen Zustände widerspiegeln«.[2]

Wer die Leidensgeschichte der Juden im 20. Jahrhundert heteronom vereinnahmen will, muss sich in weiten Teilen von den aufgeklärten Antisemitismus-Theorien verabschieden. So wurden auf der Basis der Marx-Engels-Werke gewonnene Erkenntnisse von Lenin, Theodor W. Adorno, Max Horkheimer, Franz Neumann, Kurt Pätzold, Alfredo Bauer und anderen über die ökonomischen, historischen und politischen Gründe für Judenfeindschaft in der Moderne im großen Stil durch bürgerlich-idealistische Theorien verdrängt oder durch bis ins Absurde absteigende falsche Lesarten verformt.

Somit ist es gelungen, Antisemitismus als frei vom Himmel schwebende Ideologie und einzigen Betriebszweck des NS-Staates, oftmals sogar als Hauptwiderspruch erscheinen zu lassen, ebenso die Nazi-Propaganda von der angeblich klassenlosen deutschen »Volksgemeinschaft« zu perpetuieren, die, so wollen sie verblendete Linke heute offenbar verstanden wissen, von einem metaphysischen Bösen angetrieben war.

Pate für diesen Rückfall hinter alles, was historisch-materialistische Antisemitismusforschung bisher geleistet hat, stand ab 1996 Daniel Goldhagen. Der US-amerikanische Politikwissenschaftler habe mit seinem Bestseller *Hitlers willige Vollstrecker* die »ganz einfache« Argumentationskette »Deutsche – Antisemitismus – Hass – Brutalität« geliefert und »uns das Bild eines quasi mittelalterlichen Incubus hinterlassen, eines im deutschen Geist stets latent vorhandenen Dämons, der nur auf die Gelegenheit zum Losschlagen gewartet hatte«, kritisierte Raul Hilberg.[3] Goldhagen habe Vorstellungen in die Antisemitismus-Debatten hineingetragen, die aus der Finsternis der Fichteschen Philosophie der essenziellen Existenz eines deutschen Wesens stammten, sogar eine »Nähe zum völkischen Nationalismus«[4]

aufweisen, ergänzte Reinhard Kühnl. Mit der Herleitung des NS-Faschismus allein aus dem als »kognitives Muster« begriffenen Judenhass habe Goldhagen die komplexe »Kausalbeziehung zwischen kapitalistischer Eigentumsverfassung und kapitalistischer Herrschafts- und Expansionsinteressen einerseits und dem Faschismus als Ideologie und Herrschaftsform andererseits« nahezu komplett ausgeblendet. Ein Ergebnis ist, dass die Feststellung des Hauptanklägers der Nürnberger Prozesse, ohne die Zusammenarbeit der deutschen Industrie mit den Nazis hätten Adolf Hitler und seine Partei niemals die Macht in Deutschland ergreifen und festigen können, heute von den Kräften, die im deutschen linken Diskurs die Lufthoheit haben, vergessen oder gar geleugnet wird.

Von einem neoliberalen Befürworter imperialistischer Angriffskriege und anderer Völkerrechtsbrüche wie Goldhagen (er verglich beispielsweise 1999 in der britischen Tageszeitung *The Guardian* Slobodan Milošević mit Hitler und forderte die Bombardierung Serbiens) war freilich nichts anderes zu erwarten. Wenn aber deutsche Linke, die sich mit dem Label »Kommunisten« und »Antifaschisten« schmücken, ausschließlich eine »bereitwillige Beteiligung der ProletInnen am nationalsozialistischen Projekt« feststellen, nur über einen Antisemitismus jammern, der vom Antisemitismus kommt, und nicht willens oder nicht in der Lage sind, ihn vor allem als Werkzeug der Ablenkung der berechtigten Wut der betrogenen Massen vom Kapitalismus und ihren Ausbeutern zu begreifen, dann ist bei ihnen ein Abrutschen in die totalitarismustheoretischen Thesen des ehemaligen Thatcher-Beraters Friedrich Hayek zu diagnostizieren, der den Faschismus als Sozialismus identifizierte und gegen die ersten Opfer des NS-Terrors, antikapitalistische Linke, Schuldumkehr-Propaganda verbreitete.[5]

Entsprechend sind »antideutsche« Medien voll von wirrem Gerede. Ihr auf bürgerliche Ideologie gebürsteter, postmodern zugerichteter »Antifaschismus«, der die historisch-materialistische Geschichtswissenschaft von den Füßen auf den Kopf stellt, erhebt keine Einwände mehr »gegen die Besitzverhältnisse, welche die Barbarei erzeugen«[6] (Bertolt Brecht), er bekämpft nur noch die »Zukurzgekommenen«, das »Subalterne an der Macht« – das »Andere, das Jenseits des Westens«.[7] Pop-»Antideutsche« ersetzen kritische Theorie durch Tautologie: »Hinter dem Faschismus stehen überzeugte FaschistInnen – mithin also eine faschistische Ideologie, nicht das Kapital«, bezeugt eine »antinationale« Gruppe, was die Flick-Familie und andere NS-Verbrecher-Clans bisher wenig glaubhaft versichert haben.[8]

Nicht minder dramatische Verwerfungen finden sich auf der akademischen Ebene, auf der sich opportunistische Wissenschaftler nach der Decke der GroKo-Regierungen und deren Von-unten-nach-oben-Umverteilungspolitik strecken und versuchen, die Begründer der antikapitalistischen Linken in die Schurkenecke zu verfrachten. So bringt es ein ehemaliger Leiter des Fritz Bauer Instituts in Frankfurt, dem offenbar entgangen ist, dass *Zur Judenfrage* eine Replik auf Bruno Bauers judenfeindliche Schrift *Die Judenfrage* ist und nicht das real existierende Judentum, sondern antisemitische Projektionen angreift, ernsthaft fertig, Marx als »Judenfeind der Gesinnung« zu charakterisieren.[9] Auch die Vertreter der Frankfurter Schule bleiben nicht verschont. Weil Max Horkheimer den Antisemitismus auf ökonomischer Basis erklärt hatte, wurde er von dem »antideutschen«, mittlerweile, wie viele seiner Mitstreiter, zum Trump-Apologeten radikalisierten Politikwissenschaftler Matthias Küntzel – früher publizierte er in Magazinen wie *Bahamas* und *Konkret*, später in offen rechten Organen wie der »Achse des Guten« – besudelt und indirekt der Verharmlosung des Antisemitismus bezichtigt, weil er angeblich »einer unguten Tradition des Marxismus insofern verhaftet blieb, als für ihn die Juden nur als die Repräsentanten der Geld-Zirkulation überhaupt vorhanden waren«.[10]

Solche ideologischen Verrenkungen sind wichtiger Bestanteil von Reklame-Offensiven für den NATO-Imperialismus und die staatsoffizielle »Israelsolidarität«. Unter den Regierungen von

Merkel und Netanjahu ist die deutsch-israelische Kooperation so eng wie nie – besonders auf militärischer Ebene: Die BRD liefert und kofinanziert seit den Neunzigerjahren U-Boote, die mit Nuklearraketen aufgerüstet werden können – ein riesiges Geschäft für den Hersteller ThyssenKrupp Marine Systems. Seit 2015 werden Infanteriesoldaten des deutschen Heeres in Tse'elim in der Negev-Wüste im Häuserkampf ausgebildet. Darüber hinaus gibt es ein deutsch-israelisches Austauschprogramm von Crews des Kampfjets Eurofighter, des Hubschraubers CH-53 und des Luftabwehrsystems Patriot. Und wo lässt sich leichter ein weiterer deutscher Tabubruch einfädeln als im Heiligen Land: Gegenwärtig bringt die deutsche Kriegsministerin Ursula von der Leyen den Kauf von fünf Kampfdrohnen Typ G-Heron TP für 1,2 Milliarden Euro unter Dach und Fach. »In Israel wird einem täglich vor Augen geführt, dass unsere Kernaufgabe nicht das Brunnenbauen ist«, machte ein deutscher Soldat gegenüber Medienvertretern klar, welche Bedeutung diese Waffenbruderschaft für die Berliner Republik hat.[11]

Mit diesen und anderen Rüstungskooperationen besonders für den guten Zweck der »Verteidigung« eines angeblich in seiner Existenz ständig bedrohten Israel lassen sich alle expansionistischen deutschen Militärinterventionen rechtfertigen. Und nicht nur ThyssenKrupp – das Gros des historisch belasteten deutschen Großkapitals erwirtschaftet sich durch Israel-Geschäfte neben fetten Profiten eine weiße Weste. Daimler, Rechtsnachfolger der Daimler-Benz AG, die für die Deutsche Wehrmacht Panzer, Flugzeug- und Schiffsmotoren produziert und dafür KZ-Häftlinge ausgebeutet hatte, eröffnete 2017 in Israel ein Research & Development Center. Auch der BMW-Konzern, dessen größte Anteilseigner bis heute Mitglieder der Familie Quandt sind, die den Tod unzähliger Zwangsarbeiter zu verantworten hat, an der Enteignung jüdischen Vermögens und anderem schweren NS-Unrecht verdient hatte und heute die Unionsparteien und die FDP mit Millionen-Spenden bedenkt, engagiert sich in wachsendem Maße in Israel. Gleiches gilt für den Energieversorger RWE, Bayer, Siemens und viele andere.[12] Es lässt sich erahnen, in wessen Interesse die Bundesregierung im September 2017 die – übrigens von ihr durch den Zusatz »Angriffe« in Wort und Tat gegen den Staat Israel können als Judenfeindschaft gelten verfälschte – Antisemitismus-Definition (sie basiert auf dem sogenannten 3D-Test von Natan Scharanski, einem Vertreter der israelischen Rechten) der International Holocaust Remembrance Alliance übernommen hat, laut der Antisemitismus sich auch gegen »nichtjüdische Einzelpersonen und/oder deren Eigentum« richten kann.[13]

Wer in Deutschland gute Geschäfte etwa mit israelischen Start-up-Unternehmen macht, deren – mittlerweile enormer – Erfolg sich aus dem Expertenwissen von eingekauften ehemaligen Mitgliedern der »Unit 8200« speist, einer mit der NSA vergleichbaren nachrichtendienstlichen Spezialeinheit der Israel Defense Forces (IDF), die an Verbrechen gegen die arabische Zivilbevölkerung beteiligt ist, kann nicht das geringste Interesse an einem Ende der Kriegs-, Besatzungs- und Belagerungspolitik haben und unterstützt freilich nicht die israelische Friedensbewegung, sondern deren Todfeinde: Wenn die deutsche Kanzlerin »von Sicherheit spricht, dann meint sie, was die extreme Rechte in Israel als Sicherheit betrachtet«, sagte der »Gusch Shalom«-Mitgründer Uri Avnery das laut,[14] was viele deutsche Linke und Ex-Linke nicht hören wollen, weil sie diese extreme Rechte und deren deutschen Wirtschaftspartner unter anderem durch ihre Forderungen »Bedingungslose Solidarität mit Israel!« und »Waffen für Israel!« zumindest objektiv ideologisch unterstützen.

Dafür haben sie in das Credo des neoliberalen Historikers Götz Aly, eines strammen Propagandisten der Agenda 2010, eingestimmt: »Wenn man die Gründe für Auschwitz wirklich verstehen will, soll man endlich aufhören, plakativ mit Namen wie ›Flick‹, ›Krupp‹ oder ›Deutsche Bank‹ zu operieren.«[15] Vielmehr gelte es, die Schuldigen unter denen zu suchen, »die wussten, was es bedeutet, wenn der Gerichtsvollzieher klingelt, und wie es ist, wenn eine komplette Familie wegen Mietschulden auf die Straße gesetzt wird« (in Wahrheit gehörten nur rund 25 Prozent der SS-Führer der Unterklasse an). Bei der ideologischen Verlagerung der historischen Schuld von oben nach unten und Rechtfertigung von Sanktionen gegen die »Prolls« sind ex-linke Belastungszeugen, die Behauptungen wie »gerade antikapitalistischer Widerstand manifestiert sich leicht als antisemitischer, auch in der deutschen Arbeiterbewegung«[16] aufstellen und »Nazi-Stau« nur »im Plattenbau« vorfinden, zumindest hilfreich.

Ein Vordenker, später Renegat der »Antideutschen« hat deren Charakter als PR-Abteilung des deutschen Kapitals schonungslos bloßgestellt: »Ihre Solidarität kennt keine Grenzen, wenn es darum geht, die Happy Few gegen Schmähreden in Schutz zu nehmen«, schrieb Wolfgang Pohrt 2004.[17] Das »Antideutschtum« liefere nicht nur falsche Antisemitismus-Vorwürfe, mit denen Verbrechen des Westens gegen die Menschlichkeit vertuscht werden sollen, die in Guantanamo und anderen Folterzentren begangen werden, sondern auch, »damit Schröder die von ihm geführten Raubzüge der Elite als ›Aufstand der Anständigen‹ zelebrieren kann«.[18] Die »Antideutschen«, die sich heute vorwiegend »als ideologische Schutzmacht der USA aufspielen«, nur noch Rassen und keine Klassen mehr kennten, hätten sich nie ernsthaft für die Bekämpfung des Antisemitismus interessiert. Sie haben zur Durchsetzung vermeintlich hoher Ideale »Judenhasser« bei den Linken gefunden, die ihrem Verrat hinderlich waren, und sie den Reichen und Mächtigen zum Fertigmachen übergeben. »Es läuft glatter, wenn die Elite sich moralisch in Positur werfen kann, während sie Arme, Alte und Arbeitslose beklaut.«[19]

II. Konkret für deutsche Interessen

Diese Schmierenkomödie wird mit ausufernder Hysterie über einen »linken Antisemitismus« gegen den »Juden unter den Staaten« garniert. Wohin die Reise geht, wurde spätestens nach dem 11. September deutlich, als Jean Amérys Aufsatz *Der ehrbare Antisemitismus* von 1969 in deutschen Medien als der letzte Schrei gehandelt wurde. Allerdings weniger von genuinen Konservativen – für seine Verbreitung sorgten vor allem jene, die sich als rechtmäßige politisch geläuterte Erben der antiimperialistischen Linken wähnen, es aber nur noch als Eigentümer von deren Produktionsmitteln sind: allen voran Hermann Gremliza, Herausgeber von *Konkret*, dem auflagenstärksten Magazin der »Antideutschen«, der das Kunststück vollbracht hat, seit dem Mauerfall als Verteidiger Israels gegen »Antisemitismus von links« und gleichzeitig mit der irrationalen Behauptung, die Regierungen der BRD wollten den USA und dem Judenstaat nur Übles, irgendwie oppositionell daherzukommen (zumindest bei einer Anhängerschaft, die sich damals noch in Form einer Sekte als »antideutsche« Avantgarde fühlen konnte). »1. Wer Israel kritisiert, ist Antisemit. 2. Der Islamismus ist der neue Faschismus. 3. Die USA sind keine bösen Imperialisten, sondern die antifaschistische Schutzmacht gegen den Islamismus«[20], fasste der Journalist Stefan Reinecke 2007 zum fünfzigsten Jubiläum der *Konkret* die mit der »Verteidigung Deutschlands am Hindukusch« kompatiblen postrealsozialistischen Glaubensgrundsätze des Magazins zusammen. »Das klingt ziemlich schrill – kommt aber dem Konsens in der bundesdeutschen Außenpolitik ziemlich nahe, nämlich im Zweifelsfall aufseiten Israels und der USA zu stehen. Deshalb schreiben Antideutsche auch manchmal in Springers Welt. Seltsam, dass dies in *Konkret* niemanden irritiert, wo man doch sonst so viel Wert auf ideologische Abstandshalter legt.«

Entsprechend hatte Gremliza 2002, unisono mit dem ebenfalls zur »Israelsolidarität« konvertierten Ex-Grünen Thomas

Ebermann (»Ich meine, dass man in Deutschland nicht gegen Israel und auch nicht gegen die je konkrete Regierungspolitik in Israel demonstrieren kann«[21]) und dem seinerzeit Nachwuchshistoriker und eifrigen Verfechter der »antideutschen« Lehre Volker Weiß in einer Kontroverse mit Moshe Zuckermann die in eine Suggestivfrage verpackte Forderung erhoben, sich den zentralen Imperativ aus Jean Amérys Essay, in dem *Konkret*, in Teilen nicht ganz unberechtigt, für seinen in Vorwende-Zeiten dumpfen Antiisraelismus angegriffen worden war, zu eigen zu machen: »Wolle die Linke ihrer eigenen Moral treu bleiben, immer auf der Seite der Schwachen zu stehen, habe sie sich auf die Israels zu stellen«, paraphrasierte das Trio Améry und rügte den zionismuskritischen Intellektuellen Zuckermann damit mehr oder weniger direkt für seine abweichende Meinung.[22] Denn »für einen israelischen Linksradikalen kann der Hauptfeind nicht im eigenen Land stehen«, hielten sie ihm vor, jener wisse schließlich die »Verdienste« des Zionismus zu schätzen.[23] Im selben Jahr zeichnete Gremliza mit allerlei Pathosformeln ein Bild von der Situation des Judenstaates, das an Schilderungen des letzten verzweifelten Widerstands der Warschauer Ghetto-Kämpfer erinnerte: »Israel ist in Gefahr. So allein auf der Welt war der Staat der Juden noch nie.«[24]

Was schon zu Amérys Zeit schlichtweg falsch war (allein schon, weil Israel bereits in den Sechzigerjahren der engste Verbündete der NATO war und von den USA, Frankreich, der BRD und anderen westlichen Mächten hochgerüstet wurde): 2002 war die Behauptung, Israel sei auf der Seite »der Schwachen« zu verorten, völlig lächerlich: Seit 1985 ist weltöffentlich, dass es eine Atommacht ist. Obwohl sein völkerrechtlich anerkanntes Staatsgebiet eine Fläche misst, die etwa der des Bundeslands Hessen und seine Bevölkerungszahl etwa der von Tadschikistan oder der Schweiz entspricht, liegt es schon seit vielen Jahren im Global Military Strength Ranking zwischen Platz zehn und fünfzehn, vor den Großmächten des Nahen und Mittleren Ostens, wie etwa Iran und Saudi-Arabien, und NATO-Ländern wie Kanada, Spanien oder Griechenland. Mit seinen Panzerkräften belegt Israel heute sogar Platz acht; bei der Entwicklung der Drohnen-, Sicherheits- und Überwachungstechnologie für militärische Zwecke, der Ausbildung im Häuserkampf und anderen Disziplinen für Special Forces steht es mit den USA an der Spitze. Wer den stets die gigantische amerikanische Streitmacht an seiner Seite wissenden Staat mit einer der schlagkräftigsten High-Tech-Armeen der Welt als »schwach« und wehrlos, als eine Art gallisches Dorf ohne Zaubertrank darstellt, leidet bestenfalls an dramatischem Realitätsverlust.

Deutsche Israelsolidarisierer sind aber offenbar wild entschlossen, die ohnehin schlecht informierte linke Öffentlichkeit mit regelrechten Entstellungen von politischen Tatsachen zu verblenden. So bezeichneten Ebermann, Weiß und Gremliza die israelischen Kriegsverbrechen von 1948, die die palästinensische Nakba zeitigten, als »Reaktionen« auf angebliche arabische »Pogrome« an Juden.[25] Wie intensiv bemüht besonders Gremliza um die Nazifizierung der Palästinenser ist, machen die unhistorischen Vergleiche in seinen Kolumnen deutlich, in denen er sie mit Sudetendeutschen und Schlesiern in einen Topf schmeißt und ihre Widerstandsorganisationen als »Allahs willige Vollstrecker« tituliert.[26]

Aber damit nicht genug: Es wird die Dicke Berta des Neoliberalismus, die Totalitarismustheorie mit ihrer Gleichsetzung von rechts und links in Stellung gebracht, und Sozialisten werden in einer Front mit der NPD gegen Israel verortet. Der PDS, dem Vorläufer der Partei Die Linke, hat Gremliza ein »Fieber« bescheinigt, »irgendwo zwischen 33 und 45, bei der Lösung der Judenfrage, wieder einmal«. Und was Prediger der adjektivlosen Marktwirtschaft (ohne jegliche staatliche Eingriffe) wie Milton Friedman schon immer wussten: Die noch am Klassenkampf interessierte Linke hat sich auf islamistisch-bolschewistische Machenschaften gegen den Staat eingelassen, »dessen ganzer Zweck der Schutz jüdischen Lebens ist. Verlören die Juden ihn«, so prognostizierte Gremliza, »wären sie erneut den Launen der

Antisemiten und anderer Proletarier aller Länder preisgegeben.«[27]

Gremliza hatte schon eine Dekade vor Gauland entdeckt, dass »guter und böser Islam keine Unterscheidung, sondern eine Unterstellung« ist. Die letzten Zweifel daran, dass er sich dem islamophoben Wahn hingegeben hat, räumte er mit Aussagen wie der folgenden aus: »Und dann gibt es da eine Kontinente umspannende Zone von Marokko bis zu den Philippinen, Staaten unterschiedlichster Art, die gemeinsam an einem Strick ziehen, den sie Ungläubigen um den Hals legen. Millionen Muslime, die ihren Wohnsitz in Westeuropa und Nordamerika haben, betrachten das Tun ihrer Brüder nicht ohne Zuneigung«[28], so Gremliza. Und weiter: »Diese islamistische Internationale ist die größte Gefahr, die den Siegern aller bisherigen Geschichte droht. Weder Afrika noch Lateinamerika verfügen über vergleichbare Stärke, und wie China fehlt auch ihnen jede ideologische Waffe, die den islamistischen Kämpfer noch weniger verwundbar macht als den germanischen Siegfried das Bad im Drachenblut: die Verachtung menschlichen Lebens, auch des eigenen.«

Interessant ist in diesem Zusammenhang nicht nur die paranoide Vorstellung einer lückenlosen, globalen Verschwörung der Muslime gegen die von Israel und den Vereinigten Staaten angeführte westliche Zivilisation, sondern die Behauptung eines »durch Kopftuchverbote dürftig kaschierten antiamerikanischen Bündnisses« zwischen einem weiterhin von dem eliminatorischen Antisemitismus der Nazis getriebenen »Deutsch-Europa«, repräsentiert von dem »Berliner Moslem-Paten« (gemeint war Joseph Fischer, ausgerechnet der Außenminister, der den ersten deutschen Angriffskrieg an der Seite der USA mit angezettelt hat), mit dem Islamismus – ein aberwitziges Konstrukt, das Gremliza mal mit den Bemühungen Deutschlands um ein Abkommen für den Verzicht auf die Herstellung atomwaffenfähigen Materials, mal mit der verzögerten Lieferung von Ersatzteilen für israelische Panzer als Fakt belegt wissen wollte. Abgesehen davon, dass es sich bei seinen wilden Fantasien eher um dürftig kaschierte, ordinäre kulturrassistische Ressentiments handelt, findet sich darin eine mehr als bedenkliche Dämonisierung von Muslimen zur Gefahr für die gesamte Menschheit.

Ideologisch koppheister gingen Gremliza und seine Mitstreiter mit einem neoliberalen Erklärungsmodell für Antisemitismus. Über die seit Jahrzehnten wie selbstverständlich praktizierte fatale Gleichsetzung von linkem Antizionismus und Opposition gegen die israelische Kriegs- und Besatzungspolitik mit Antisemitismus hinaus haben sie praktisch alle Linken, die an dem Wissen festhalten, dass die herrschende Klasse sich nur von der Arbeit derer nährt, die sie unter der Knute hält, als Judenhasser identifiziert: »Der Antisemit guckt nach oben, und oben ist das Kapital«, donnerten Gremliza und Co. eine These heraus, welche bedeutende Elemente der Kritik der politischen Ökonomie völlig verstellt: »Die produktive Arbeit des Kapitalisten, ob er seinen Profit mit dem Unternehmerlohn wie im Liberalismus oder dem Direktorengehalt wie heute rechtfertigte, war die Ideologie, die das Wesen des Arbeitsvertrags und die raffende Natur des Wirtschaftssystems überhaupt zudeckte«[29], legten Horkheimer und Adorno in ihrer *Dialektik der Aufklärung* dar, dass Antisemitismus falsches Bewusstsein des Kapitalismus ist, das dem Fabrikbesitzer ermöglicht, als Schaffender zu erscheinen, während er Raffender ist, immer war und bleibt. Eben weil er »der wahre Shylock« ist, »schreit man: Haltet den Dieb! Und zeigt auf den Juden.« Das Fatale am Antisemiten ist gerade, dass er kein »oben« und kein »unten« mehr kennt. Egal, wo er hinschaut, er sieht überall nur »den Juden«. Wie Franz Neumann in seiner staatstheoretischen Studie zum System des »Nationalsozialismus« feststellte, ist der Antisemitismus »ein Ersatz für den Klassenkampf«.[30] Das Fatale an dem, der hinter diese Erkenntnis zurückgeht, ist, dass er das schmutzige Spiel des Antisemitismus nolens volens mitspielt – meist mit der Absicht, Antikapitalismus zu diskreditieren.

III. Ideologische Grauzone

Die Behauptung einer affirmativen Wende und erheblichen Annäherung von *Konkret* an den herrschenden nationalen Konsens militarisierter deutscher Außenpolitik kann belegt werden seit der Mitwirkung des antilinken Tabak-Multimillionärs Jan Philipp Reemtsma Anfang der Neunzigerjahre, und zwar mit unzähligen Beispielen von direkter oder indirekter Parteinahme für israelische Kriege, NATO-Politik und anderer Apologie deutscher Zustände – bei der sich »antideutscher« Verbalradikalismus meist als Vernebelung des Konformismus des Magazins erweist. Mit der Verteufelung aller, die als »antiwestlich« ausgemacht werden, der Stigmatisierung des palästinensischen Kollektivs und von Gegnern israelischer und US-amerikanischer Regierungen als »Nazis« oder deren Helfer und der Halluzination eines Pakts zwischen Internationalisten und dem Islamismus auf der einen Seite und mit der Viktimisierung eines als wehrlos und von der ganzen Welt im Stich gelassen fetischisierten Israels sowie einer instrumentalisierenden Identifikation mit »den Juden« auf der anderen Seite hat *Konkret* die Schleusen der Linken für eine Ideologie roher Bürgerlichkeit, Legitimation (kriegerischer) Gewalt zur Fortsetzung einer ausbeuterischen Politik gegen die Ärmsten der Armen mit anderen Mitteln, besonders aber für eine Verschleierung der zunehmend rücksichtslosen und brutalen Herrschaft der ökonomischen Eliten weit geöffnet.

Diese Entwicklung wird an den wachsenden Schnittmengen zwischen dem rechten Flügel der »Antideutschen« und genuinen Rechten deutlich. Der von *Konkret* seit Anfang der 2000er-Jahre perpetuierte und von ihren Konsumenten gern als »Religionskritik« verbrämte Islamhass, dessen Ideologeme ursprünglich von rechts kamen, aus den Denkfabriken der US-amerikanischen Neocons, von deren prominenten Vordenkern, zum Beispiel Norman Podhoretz, und christlichen Fundamentalisten (viele sind heute in der »Alt-Right«-Bewegung aktiv und scharen sich um zionistische Antisemiten wie Richard Spencer und Stephen

Bannon), nahm einige »Argumente« der Alternative für Deutschland gegen den »antisemitischen Islam« vorweg und lieferte so manches Stichwort für deren Slogans: »AfD schützt Juden vor antisemitischen Migranten! Wir haben Israel schon immer unterstützt!«[31] Eine zarte Bande zwischen »antideutschen« Ultras, darunter auch Mitglieder von Antifa-Gruppen, sowie Personenkreisen mit verwandten Positionen und Alice Weidels Partei wurde im Dezember 2017 erstmals öffentlich sichtbar, als sie bei einer Kundgebung eines Bündnisses »Berlin gegen Islamismus« anlässlich des ersten Jahrestages des Anschlags von Anis Amri auf dem Weihnachtsmarkt am Breitscheidplatz Seite an Seite der Opfer gedachten:[32] Ein Redaktionsmitglied der Zeitschrift *Bahamas* (nicht wenige ihrer Stammautoren publizieren bis heute in *Konkret*) trat als Redner auf, Wolfgang Kraushaar von Reemtsmas Hamburger Institut für Sozialforschung steuerte ein Grußwort bei, der »antideutsche« Politikwissenschaftler Stephan Grigat fungierte als Unterstützer.[33] Einige Monate später machte der *Bahamas*- und *Jungle World*-Autor Thomas Maul deutlich, dass es wohl nur noch eine Frage der Zeit ist, bis weitere Ikonen der »Antideutschen« Jürgen Elsässer, einem ihrer Gründerväter, an den rechten Rand der Neuen Rechten folgen werden. Die AfD sei »objektiv als EINZIGE Stimme der Restvernunft im Deutschen Bundestag, zuweilen gar als parlamentarischer Arm materialistischer Ideologiekritik« zu betrachten, verkündete Maul. Als Begründung führte er die von Alexander Gauland erklärte Solidarität mit Israel an, die auch die Bereitschaft zur Opferung deutscher Soldaten für dessen existenziell notwendige Kriege impliziert, und forderte, »wenigstens die zur Schau gestellte Unvernunft des herrschenden Linkskartells als Bedingung der Möglichkeit« des Erfolgs der Partei anzuprangern, »statt mit der Dämonisierung der AfD dem allgemeinen Wahn weiter zuzuarbeiten«.[34] Für die »gute Sache« der Unterstützung einer rechtsgerichteten, korrupten israelischen Regierung, die sogar vor Waffenlieferungen an ukrainische Nazi-Bataillone nicht zurückschreckt,[35] gilt in Deutschland ein Bündnis mit einer Partei, in der sich nicht wenige Akteure finden, die Sympathie für Ideologeme der Judenmörder von damals zeigen, nur noch als konsequent und sinnvoll.

Die meisten Westliche-Welt-Patrioten aus dem »antideutschen« Milieu, auch aus dem Umfeld von *Jungle World*, »Ruhrbarone« oder des »Bundesarbeitskreis (BAK) Shalom« der Linksjugend, verharren in einer ideologischen Grauzone und bleiben auf Distanz zur vorwiegend völkisch-nationalistischen AfD, finden sich eher im transatlantischen Profilager der menschenrechtsimperialistischen Kriegstreiber, Regime-Change-Lobbyisten, Netanjahu-Fans und verdienen sich in konservativen und neokonservativen Stiftungen (von Adenauer bis zum Zentrum Liberale Moderne), NGOs (zum Beispiel Thomas von der Osten-Sacken), als Parlamentsabgeordnete (zum Beispiel Stefan Liebich, Katharina König-Preuss, Die Linke) oder Springer-Journalisten (zum Beispiel Deniz Yücel, Martin Niewendick) ihre reichlich belegten Brötchen.

Aber unter anderem mit ihrem Versuch, in Anlehnung an die mehr als krude Marx-Interpretation des kanadischen Philosophen Moishe Postone,[36] Antisemitismus als »antikapitalistische Revolte« zu analysieren, die in der Behauptung gipfelte, die Judenvernichtung in Auschwitz habe auf die Vernichtung des Werts gezielt,[37] ist die »antideutsche« Ideologie mit der antikommunistischen Agenda der genuinen Rechten kompatibel. Zu Gremlizas, Ebermanns und Weiß' Antisemiten, der »nach oben guckt«, wo »das Kapital« ist, liefert der erzkonservative Historiker Michael Wolffsohn, ehemaliger Dozent an der Universität der Bundeswehr in München, die passenden Juden: Unter ihnen bestehe eine »grundsätzliche Identifizierung mit Liberalismus und Kapitalismus«, erklärte Wolffsohn 2011 in der *Financial Times Deutschland*. »Nur im liberal-kapitalistischen System konnten und können sich Juden frei entfalten.« Ergo, so Wolffsohn, »muss die Linke antisemitisch sein.«[38]

Die »Antideutschen« haben die Demontage der antikapitalistischen Linken und Klitterung der Geschichte des Völkermords an den Juden so weit vorangetrieben, dass eine Leerstelle entstanden ist, in die prowestliche faschistische und andere Rechte vorstoßen und im Namen der Holocaust-Opfer mit dem Imperativ »Nie wieder!« neokoloniale Unterdrückung, Ausbeutung, Vertreibung und ethnische Säuberungen verbrämen können. Segelte die Rechte einst unter der falschen Flagge des »Sozialismus«, ausgerechnet der Weltanschauung, die sie seit jeher auszumerzen trachtet, begann sie sich nach dem Ende der NS-Herrschaft, als »Antifaschismus« zu tarnen, wie der Historiker Reinhard Opitz 1980 bemerkte.[39]

IV. Rechtsfront mit »den Juden«

Nicht zufällig haben sich Revisionisten den als »Land der Holocaust-Überlebenden« apostrophierten Staat als ideologisches Hauptschlachtfeld ausgewählt: »Israel« (die Anführungsstriche sind zu setzen, weil das »Israel«, um welches es hier geht, mit dem real existierenden Israel kaum etwas zu tun hat). Ausgerechnet die Rechte gibt heute den Beschützer »der Juden«, womit bei genauerer Betrachtung nur die Juden gemeint sind, die sich als Bündnispartner eignen: zionistische Faschisten und andere nationalistische Rechte, zuweilen auch gemäßigte bürgerliche Kräfte, die diese Perfidie von welthistorischem Ausmaß nicht erkennen und sich in gutem Glauben, gegen die nach wie vor bedrohlichen Auswüchse von Judenfeindschaft verteidigt zu werden, instrumentalisieren lassen.

Die Grundlage für die propagandistische Ausbeutung der jüdischen Katastrophe und ideologische »Israelsolidarität« hatte bereits Konrad Adenauer durch das Luxemburger »Wiedergutmachungs«-Abkommen mit Israel 1952 geschaffen, das auch auf Druck der USA zustande gekommen war und gegen welches es heftige Proteste von Holocaust-Überlebenden gab. Im Kalten Krieg wurde ein geläutertes, »anderes Deutschland« als Bollwerk gegen den Kommunismus gebraucht – aufgerüstet mit einer moralischen Integrität, die es als postfaschistisches, in dessen politischer Klasse, Verwaltung und Justiz noch zahlreiche alte Nazis an den Schalthebeln saßen und in dessen Alltag der Judenhass noch tief verankert war, in Wirklichkeit nicht hatte. »Je mehr Elemente des NS-Systems freilich eine Gesellschaft in ihr eigenes System integrieren muss, desto stärker ihr Bedarf nach Abgrenzung vom gescheiterten Vorbild«[40], so eine Beobachtung von Wolfgang Pohrt. »Der ungebrochene Nazi-Glaube an einen zwingenden Zusammenhang zwischen Juden und Menschenvernichtung macht es ihr leicht. Um seine Herkunft und sein Funktionsprinzip zu verdecken, muss der moderne, von aller Judenantipathie gereinigte Antisemitismus einfach nur mit dem Finger zeigen können auf seinen rückständigen Doppelgänger.« Entsprechend wurde die »tabula antisemitica« mit der »tabula philosemitica ordentlich überdeckt«[41], schildert der Historiker Frank Stern das faulige Aroma der »Wiedergutmachungs«-Ära. »Indem man sich ostentativ dem ehemaligen Opfer zugesellte, hoffte man, dessen jetzige Vorteile mitgenießen zu können.« Stern weiter: »Indem man sich in das religiöse Büßergewand hüllte, glaubte man, die braune Weste weißgewaschen zu haben.«

Für den historischen Ablass deutscher Schuld bedurfte es eines jüdischen Bürgen. Damals erklärte sich gerade Israel »zum Erben der Opfer, zu ihrem alleinigen offiziellen Vertreter in der Welt und ernannte sich zum Sprecher der ermordeten Millionen«[42], kommentierte der ehemalige Knesset-Präsident Avraham Burg einen bis heute umstrittenen Akt der Beanspruchung. »Wir bürgerten sechs Millionen Tote ein.« Der junge Judenstaat war für seine Existenzsicherung dringend auf finanzielle Hilfe und Waffenlieferungen angewiesen. Die 1,5 Milliarden Dollar für die materielle Wiedergutmachung sollten für die BRD reichlich »politische Dividenden abwerfen«, bemerkte Adenauer-Biograf Hans-Peter Schwarz. Das Ausmaß und was genau das bedeutete, wurde spätestens 1961 mit dem Eichmann-Prozess deutlich. Wie vom *Spiegel* 2011 ausgewertete Geheimakten des Bundesnachrichtendienstes (BND) belegen, hatte Adenauer einen Agenten nach Jerusalem geschickt, um mit Unterstützung der CIA die israelische Justiz zu beeinflussen.[43] Nachdem es gelungen war, die Auslieferung Eichmanns nach Deutschland und damit eine umfangreiche und schonungslose Ermittlung und Vernehmung durch den hessischen Generalstaatsanwalt Fritz Bauer abzuwenden, galt es nun zu verhindern, dass der Protokollführer der Wannseekonferenz vor der versammelten Weltöffentlichkeit die Namen von Mittätern nannte (allen voran Kanzleramtschef Hans Globke, der 1936 als Oberregierungsrat im Reichsinnenministerium die Nürnberger Rassengesetze mit Wohlwollen begutachtet hatte, sowie hochrangige Beamte und Wirtschaftsleute, die nicht nur ihre zweite Karriere in der westgebundenen BRD zu verlieren hatten) und Wissen preisgab, das sie schwer belastete. Durch Verhandlungen des BND und des damaligen Verteidigungsministers Franz Josef Strauß mit Israels Premierminister, der wie Adenauer ein überzeugter Antikommunist war und mit Groll die Bündnispolitik der Sowjetunion mit den verhassten arabischen Nachbarn beobachte, wurde möglich, dass unter anderem Rüstungshilfen in Höhe von 240 Millionen Mark in Ben-Gurions Kriegskasse flossen – und im Gegenzug die israelischen Staatsanwälte eine »absolut positive Haltung gegenüber Herrn Staatssekretär Dr. Globke« an den Tag legten, wie deutsche Prozessbeobachter begeistert nach Bonn vermeldeten. Ebenso konnten Hunderte andere bisher (und auch später) nicht belangte deutsche Täter aufatmen.

Ulrike Meinhof hatte den enormen Mehrwert des philosemitisch camouflierten Einkaufs eines welthistorischen Persilscheins in Israel nicht nur für auf wundersame Weise zu »Demokraten« mutierte Nazi-Verbrecher früh erkannt: »Erfolg und Härte des israelischen Vormarschs lösten einen Blutrausch aus, Blitzkriegstheorien schossen ins Kraut«[44], schrieb sie 1967 nach dem Sechstagekrieg über die »Israelsolidarität« der Rechten in der BRD und deren wirkmächtigstes Sprachrohr, die *Bild*-Zeitung. Der »Einmarsch in Jerusalem wurde als Vorwegnahme einer Parade durchs Brandenburger Tor begrüßt. Hätte man die

Juden, statt sie zu vergasen, mit an den Ural genommen, der Zweite Weltkrieg wäre anders ausgegangen, die Fehler der Vergangenheit wurden als solche erkannt, der Antisemitismus bereut, die Läuterung fand statt, der neue deutsche Faschismus hat aus den alten Fehlern gelernt, nicht gegen – mit den Juden führt Antikommunismus zu Sieg.«

Diese Lehre der westdeutschen Reaktion haben »Antideutsche« längst adaptiert und zur eigenen Agenda erhoben. Sie haben sich der Rechtsfront als Zeugen der Anklage eines »linken Antisemitismus«, in Wahrheit ein ideologischer »Search and Destroy«-Feldzug gegen die an marxistischer Wissenschaft und Weltanschauung orientierte Linke, angedient, der sich eines Tages als beispiellos in der Geschichte der BRD erweisen könnte. Dabei legt der Bodensatz der auffallend aggressiven Bewegung eine Faszination von Gewalt und Grausamkeit an den Tag, wie sie bislang nur von genuinen Faschisten und anderen militanten Rechten bekannt war.

V. Tanz auf den Gräbern mit dem »Rächer-Juden«

Eine wachsende Gemeinde von »antideutschen« Israelsolidarisierern lebt, meist im Schutz der Anonymität, einen regelrechten Blutrausch aus. Sie machen keinen Hehl aus ihrer Meinung, dass die Militäraktionen gegen die arabische Bevölkerung im »Shithole« Gaza so brutal wie möglich ausfallen sollten. Slogans wie »Kommt raus und habt mit eurem Geschwader ein bisschen Spaß am Himmel über Gaza«, die über Fotos von israelischen Kampfflugzeugen prangen,[45] belegen ebenso einen dramatischen Verlust humaner Orientierung wie das Gebrüll »Asa hi beit kwarot« (Gaza ist ein Friedhof) bei den Kundgebungen der nationalreligiösen Siedler in den Straßen von Jerusalem.« (nach »Jerusalem.«[46] Auf »antideutschen« Facebook-Accounts und Blogs finden sich massenhaft Reklame-Videos der Rüstungsindustrie mit Merkava-Panzern und anderen Mordinstrumenten.

Mit Parolen wie »Wir tragen Gucci. Wir tragen Prada. Tod der Intifada!«[47] lässt die Szene nicht nur ihrer meist mit blankem Rassismus gepaarten Abneigung gegen die Palästinenser freien Lauf, sondern stellt klar, dass sie sich der herrschenden Klasse verpflichtet fühlt. »Wir halten es immer mit den Siegern« erklären »Antideutsche« nicht ohne Stolz, warum sie niemals an der Seite der Schwachen und Unterdrückten zu finden sein werden. Einen Regen israelischer Brandbomben auf eine von Arabern bewohnte Stadt feiert eine »Israelsolidarische Gruppe Marburg« mit einem Foto von angezündeten Wunderkerzen, auf dem »i love sparklers« zu lesen ist.[48] Entsprechend definiert sie »Antifaschismus« mit westlichen Neokonservativen, wie dem Springer-Vorstandschef Mathias Döpfner, vorwiegend als Kriegserklärung gegen den Kommunismus und Islam, der grundsätzlich unter »Islamismus« firmiert,[49] und begreift Donald Trumps Luftschläge gegen Syrien als »Antifa Action«. »Antifa muss praktisch werden«, so die Parole auf einem Sticker des »LAK Shalom« der Linksjugend ['solid] Niedersachsen über einem Bild eines israelischen Panzers.[50] Seit deutsche Soldaten wieder im Auslandseinsatz sind, lautet die Losung der »Antideutschen«: »Antifa heißt Luftangriff!«[51] – oftmals auch einfach Massaker: Als Scharfschützen der IDF auf Tausende palästinensischer Zivilisten schossen, die im April und Mai 2018 anlässlich des siebzigsten Jahrestages ihrer Vertreibung auf dem Gaza-Streifen demonstrierten, und dabei über hundert Menschen töteten, ist der Jubel nicht nur in Avigdor Liebermans Partei »Jisra'el Beitenu«, sondern auch in der deutschen organisierten »Israelsolidarität« groß. Ein Bild von einem jungen unbewaffneten Palästinenser, der von einer Kugel getroffen zusammenbricht, wird mit den Worten »Gegen die Schwalbe sieht sogar Timo Werner [Stürmer des RB Leipzig, Anmerkung der Autorin] alt aus« kommentiert.[52] – »Was unten liegt, zieht den Angriff auf sich: Erniedrigung anzutun, macht dort die größte Freude, wo schon Unglück getroffen hat. Je weniger Gefahr für den oben, desto ungestörter die Lust an der Qual, die ihm nun zu Diensten steht.«[53]

Dieser seit dem Anschlag auf das World Trade Center andauernde »antideutsche« Tanz auf den Gräbern der Verdammten dieser Erde indiziert, dass sich Meinhofs düstere Vision vom neuen deutschen Faschismus, der seinen Antikommunismus nicht mehr gegen, sondern mit »den Juden« austobt, nicht wie erwartet zuerst im rechten Lager, sondern in der Deckung des linken Milieus und der parlamentarischen Linken realisiert. Mit dieser sadistischen Freude am Leiden und Tod der ausgemachten Feinde ist ein neuer Grad der Pervertierung erreicht: Wer angesichts des andauernden Gemetzels im Nahen Osten israelische Waffenschauen als »ultrabellizistischen Zio-Porn«[54] fetischisiert, während des Gaza-Kriegs 2014 mit 1460 getöteten Zivilisten, darunter 493 Kinder, »Disco, Disco, Merkava – antideutsche Antifa«[55] anstimmt und sich am Anblick von Leichenbergen weidet, steht Nazis, die am Biertisch in deutschen Hinterzimmern »Im Parlament ist´s einfach ein Jammer, aber in zwanzig Jahren ist´s eine Gaskammer« grölen, in nichts nach. Was für die rechten Hardliner seit jeher gilt – die »antideutschen« haben es kultiviert: Wenn man schon aus dem Abschlachten eine Party macht, dann sollen die Opfer gefälligst selbst schuld daran sein: Mit der Lüge, alle Palästinenser, die sich nicht bedingungslos unterwerfen wollen, seien »Terroristen«, liebten den Tod, auch den ihrer Kinder, daher würden sie sie zu Selbstmordattentätern erziehen, zumindest als lebende Schutzschilde missbrauchen, will man eine unmenschliche Kriegsführung legitimieren, für die genau diese Kinder nur als Zielscheibe einen Wert haben – und nicht zuletzt seinem Rassismus und Chauvinismus genauso selbstbewusst und offen freien Lauf lassen, wie es die nationalreligiösen Faschisten bei ihren schaurigen Aufmärschen mit Verwünschungen und Drohungen gegen Araber und Linke tun: »Kadur barosch, ja manajek, kadur barosch« (Eine Kugel in den Kopf, du Bastard, eine Kugel in den Kopf).[56]

Die geifernde Freude an Mord und Totschlag ausgerechnet bei Deutschen, die lauthals für sich in Anspruch nehmen, die deutschen Zustände vollständig hinter sich gelassen zu haben, sogar als deren Antithese rezipiert werden wollen, offenbarte sich eindringlich, als 2009 der Film »Inglourious Basterds« in die Kinos kam. Quentin Tarantinos fiktive Geschichte handelt von einer hinter den deutschen Linien operierenden US-amerikanischen Sondereinheit, die sich aus Juden rekrutiert und grausam an Wehrmachtssoldaten Rache nimmt. Besonders apostrophiert war die Figur des »Bärenjuden« – ein Zerrbild von Max Nordaus zionistischem »Muskeljuden« –, der seinen Opfern genüsslich mit einem Baseballschläger bei lebendigem Leib die Knochen und schließlich den Schädel zertrümmert. Während die meisten deutschen Medien dieser postmodernen Farce inklusive geglücktem Hitler-Attentat euphorisch bescheinigten, der Ästhetisierung des Nazismus und damit dessen subkutaner Fortexistenz in der deutschen Gesellschaft das lang ersehnte Ende gesetzt zu haben (der Feuilletonist Georg Seeßlen beispielsweise fand, Tarantino habe dafür gesorgt, dass »endgültig Schluss ist mit dem Faschistenkitsch«[57]), äußerten wenige ein Unbehagen gegenüber der frenetischen Begeisterung, die der Film beim Publikum ausgelöst hat. Schließlich handele es sich doch bei diesen »Wonnen der Brutalität« um nichts anderes als eine »Spiegelung und Aneignung deutscher Gewaltexzesse«, denen »die Maske der Political Correctness« aufgesetzt werde, meinte der *ZEIT*-Rezensent Jens Jessen. »Wer wollte sagen, irgendetwas ginge zu weit, wenn es gegen die Nazis geht?«[58] Durch die Identifikation mit dem, was als »jüdisch« ausgemacht wird, kann man als vermeintlicher »good guy« moralisch einwandfrei (weiter) Nazi sein.[59] »Hurra! Sie verschmoren«, kommentierte Jessen. »Und in die verschmorenden Leiber feuern die Partisanen des Films noch ihre Gewehrsalven. Ganz so, wie die SS-Truppen damals (aber nun leider in der echten Geschichte) noch in die brennenden Dorfkirchen oder Scheunen hineingeschossen haben, in denen sie die Juden zusammengepfercht hatten.« Dass in Erzeugnissen der Kulturindustrie (sie ist schließlich ein Vehikel des Massenbetrugs zur Sicherung der Herrschaft des Kapitalismus) für die Bekämpfung von Barbarei durch Barbarei geworben wird statt für deren Beendigung, ist nicht neu. Aber in »Inglourious Basterds« ist die Quantität der seit Jahrzehnten sich zusehends ins Obszöne steigernden Instrumentalisierung der Holocaust-Opfer für die Exekutierung des »Rechts des Stärkeren« (sei es durch westliche Militärinterventionen oder das israelische Okkupationsregime in Palästina, sei es durch einen entfesselten Markt) in die Qualität eines Kokettierens mit der Revision des welthistorischen kategorischen Imperativs, Auschwitz dürfe sich nicht wiederholen, nichts Ähnliches geschehen, umgeschlagen. Es ist eine Sache, sich mit der widerständigen Gewalt des bewaffneten antifaschistischen Kampfes zu solidarisieren und sich auf der Seite der Angehörigen der ermordeten Opfer oder der wenigen überlebenden zu stellen, die nach der Befreiung vom Nazi-Terror an ihren Peinigern Rache genommen haben – sie hatten alles Recht der Welt dazu –, eine ganz andere ist es, ihr Trauma als Alibi für das dekadente virtuelle Austoben von Schlachtorgien auszubeuten. Tarantinos Film sei ein Beispiel, »wie zerbrechlich Erinnerung sein kann«[60], schrieb der US-amerikanische Autor Daniel Mendelsohn. Der gegenwärtig vorherrschende Hunger nach »Ermächtigung« und die Angst, als schwach wahrgenommen zu werden – »heutzutage gibt es keine Opfer, nur ›Überlebende‹« –, hat damit begonnen, »die Darstellung der Vergangenheit zu verzerren, in der die Zahl der passiven Opfer leider weitaus größer war als die derer, die sich wehren konnten«. Mendelsohn mahnt zur Besinnung auf die für alle, die nicht entspannt in die Barbarei hineinschlittern wollen, alternativlose emanzipative Bewältigung des Erlittenen. Die wahre »Rache« für das Menschheitsverbrechen an den Juden sei immer noch »die Erinnerung an die Vernichtung, die über sie gekommen war, gerade um verhindern zu helfen, dass sich solche massenhaften Schrecken in Zukunft wiederholen. Nie wieder, muss der Refrain lauten.« Mendelsohn hat auch die regressive vergangenheitspolitische Dimension in »Inglourious Basterds« erkannt: In den Emotionen, die Tarantinos Film aufrufe, »lauert genau die Möglichkeit, dass es ›wieder‹ passieren wird«.

»Inglourious Basterds« ist also weitaus mehr als ein untrügliches Zeichen, »dass die israelischen Falken, also die konservativen, auf das Militär vertrauenden politischen Kräfte, nach all den Jahren in Hollywood angekommen sind«, wie eine Rezensentin bemerkte.[61] Indem Tarantino Juden wie Nazis agieren lässt und eine Symmetrie herstellt, eröffnet er auf der ideologischen Ebene die Möglichkeit, sich der historischen Verantwortung für die deutsche Vergangenheit und deren konsequenter Aufarbeitung zu entwinden. Der Film würde die deutschen Zuschauer tatsächlich für eine kurze Zeit von den, so lange unsterblich gebliebenen Nazis befreien stellte ein wissenschaftlicher Mitarbeiter vom Zentrum für Zeithistorische Forschungen in Potsdam in einer Studie zu »Inglourious Basterds« fest.[62] Katharsis. Vor allem aber ebnet er, zumindest auf kultureller Ebene, einen Fluchtweg aus der universellen Verpflichtung zur Humanität.

Diese Optionen wurden besonders von Pop-»Antideutschen« nur allzu gern gezogen. »Der Film war der Hammer und ein Muss für Alle, die offensive Antifas sind«,[63] »Die Basterds sind keine edlen Wilden – Winnetou hat nie jemanden skalpiert –, sondern brutale blutrünstige Schlächter. Aber genau solche Jungs brauchen wir nun mal gegen die Nazibrut.«[64] Solche Reaktionen zeugen nicht nur von den durchaus berechtigten Minderwertigkeitskomplexen eines deutschen Antifaschismus, der in großen Teilen zur zahnlosen GroKo-Antifa verkommen ist oder nur noch auf Facebook-Accounts von sich links wähnenden Jugendlichen stattfindet, die den neoliberalen Wertekanon, der die Agenda 2010 begleitet, mit beiden Lungenflügeln atmen und in der elterlichen Reihenhaushälfte den wilden Mann spielen müssen – sie dokumentieren auch die in der deutschen Linken grassierende Rückgratlosigkeit und ihren Eskapismus: Der nach dem Vorbild der eigenen Großväter geschaffene fiktive »Rächer-Jude« soll die Drecksarbeit erledigen, von der sich der vor Selbstgerechtigkeit strotzende Täterenkel im Sessel vor der Leinwand gut unterhalten fühlt und vor Vergnügen über die zersplitternden morschen Knochen johlt – wie es massenhaft in deutschen Kinos geschehen ist. Das Einzige, was hier gerächt wird, ist die Dummheit von Linken, sich von einem von oben gelenkten »Antifaschismus« (der auf das gleiche Bedürfnis von Thyssen und Krupp zugeschnitten ist wie der Faschismus damals) alle von Bertolt Brecht geschriebenen Wahrheiten verbieten zu lassen und sich seinem Diktat zu unterwerfen: Der Faschismus darf nicht mehr »als nacktester, frechster, erdrückendster und betrügerischster Kapitalismus« bekämpft, sondern muss »als eine neue dritte Macht neben (und über) Kapitalismus und Sozialismus« gehandelt werden – das »antideutsche« Credo, das nicht trotz, sondern wegen der von Brecht ausgesprochenen Erkenntnis, dass es selbst »eine faschistische Behauptung, eine Kapitulation vor dem Faschismus« ist, durchgesetzt wurde. Wer es mit Brecht hält und dessen Mahnung beherzigt, der Antifaschist, der bei der Wahrheit bleiben will, »soll sich nicht den Mächtigen beugen, er soll die Schwachen nicht betrügen«,[65] würde den Kampf gegen die Barbarei nicht so fatal mit seinem Gegenteil, der Anwendung herrschaftlicher Gewalt und der Lust am Quälen, verwechseln.

VI. Hetzjagden auf jüdische Linke

»Antideutsche«, die die Nazis erst verabscheuen, wenn sie schwach und hilflos sind und deren Opfer erst beistehen, wenn diese am Drücker sind und jenen an Grausamkeit in nichts nachstehen, müssen unweigerlich ein zutiefst gestörtes Verhältnis zu den Juden haben, die »aus Auschwitz nicht die Konsequenz eines militaristisch ideologisierten und gewaltdurchwirkten Israels gezogen haben«, wie Moshe Zuckermann nicht zuletzt sein Verständnis von »Jude-Sein« beschreibt.[66]

In den vergangenen Jahren sind sich mit großem Pathos als »israelsolidarisch« aufführende Akteure, die meinen, Juden, die nicht ihrem Ideal entsprechen, maßregeln zu müssen, Legion in den linken Milieus des Täterlandes. Wurden zunächst kritischen Juden suggestive und moralinträchtige »Fragen« gestellt, zu ihrer Protesthaltung gegen den grassierenden antiarabischen Rassismus, Menschenrechtsverletzungen und Völkerrechtsbrüche in Israel und den besetzten Gebieten, ebenso andere oppositionelle Regungen und eine mangelnde Staatstreue gerügt, brachen die deutschen Ankläger bald mit nahezu allen Mindeststandards linker Streitkultur. Die Israelsolidarisierer gingen im Namen »der Juden« gegen Juden mit ungeheuerlichen Unterstellungen, Beleidigungen und bald auch mit Drohungen und Sanktionen vor.

Als die im Juni 2018 verstorbene deutsch-israelische Rechtsanwältin und Menschenrechtsaktivistin Felicia Langer 2009 mit dem Bundesverdienstkreuz geehrt wurde – seit einigen Jahren undenkbar –, entfachten »Antideutsche« einen Sturm der Entrüstung. Nachdem sie schon in Israel Intrigen und Schikanen ausgesetzt, bald ihres Lebens nicht mehr sicher war und das Land verlassen musste, war sie auch in der BRD als »Antisemitin«, von einem SPD-Stadtrat und rechten Zionisten sogar als »Volksschädling« kategorisiert worden[67] – unter anderem weil sie das Okkupationsregime im Westjordanland als »Apartheid der Gegenwart« bezeichnet und sich für die Rückgabe der besetzten Gebiete an die Palästinenser ausgesprochen hatte.

Nicht besser erging es der Philosophin, Feministin und dem Beiratsmitglied der »Jewish Voice for Peace« Judith Butler, als ihr 2012 der Theodor-W.-Adorno-Preis der Stadt Frankfurt zugesprochen wurde. Butler ist Vertreterin der Einstaatenlösung des Nahostkonflikts, unterstützt, wie viele jüdische Linke, die seit einigen Jahren vor allem in Deutschland als »antisemitisch« geächtete, internationale zivilgesellschaftliche Kampagne »Boycott Divestment and Sanctions« (BDS) und hatte die Hisbollah und Hamas als »Bewegungen gegen Kolonialismus und Imperialismus« bezeichnet, sich jedoch von deren Gewaltanwendung distanziert. Ein extra gegen die Ehrung gegründetes »Aktionsbündnis ›Kein Adorno Preis für Antisemiten‹«, dem neben einer

»Prozionistischen Linken Frankfurt« noch weitere »Antideutsche«, der neokonservative Publizist Thomas von der Osten-Sacken und andere Befürworter einer Eskalationspolitik gegen den Iran angehörten, diffamierte Butler als Terrorsympathisantin und warf ihr vor, »antisemitische Mörderbanden, deren Anspruch es ist, theokratisch-faschistoide Diktaturen zu errichten«, zu verharmlosen und »die einzige Demokratie des Nahen Ostens, Israel« zu verunglimpfen.[68]

Zu einem vergangenheitspolitischen Dammbruch kam es im selben Jahr in Essen: Der kurz darauf verstorbene, ehemalige Résistance-Kämpfer und Häftling des Konzentrationslagers Buchenwald Stéphane Hessel wurde regelrecht malträtiert, als er zu einem Podiumsgespräch ins Ruhrgebiet kam: Anwürfe wie »Israelhasser« gegen den damals 94-Jährigen, der es gewagt hatte, sich besorgt über die Menschenrechtslage im Westjordanland und Situation in Gaza zu äußern, nahmen sich noch fast harmlos aus gegenüber dem Versuch, ihm seine Identität als Widerstandskämpfer gegen das NS-Regime abzuerkennen und seine Leidensgeschichte als KZ-Gefangener zynisch als »Märchen« zu betiteln. »Dieser alte Mann kann uns über Antifaschismus nichts mehr erzählen. Er befleckt die Erinnerung an den Widerstand gegen Nationalsozialismus und Antisemitismus«, hieß es in einem Flugblatt, dessen Inhalt die Grenze zur Volksverhetzung sprengte. »Aber noch schlimmer ist: Er stemmt sich Seite an Seite mit den neuen Antisemiten gegen den ›Juden unter den Staaten‹ (Léon Poliakov): Israel.«[69]

Diese perfide geschichtsrevisionistische Praxis gegen kritische Juden hat sich in der politischen Kultur Deutschlands mittlerweile etabliert: 2016 wurde der israelische Filmemacher Dror Dayan, marxistischer Antizionist und Enkel von Holocaust-Überlebenden, von »Antideutschen« angegangen, weil er sich herausgenommen hatte, in Berlin seine Dokumentation über die friedlichen Proteste von jüdischen und palästinensischen Aktivisten gegen die israelische Besatzung, »Even Though My Land Is Burning«, aufzuführen. Unbekannte Provokateure zeigten vor dem Kino den Hitlergruß. Die Polizei und der Staatsschutz konnten oder wollten die Täter und deren Motive nicht ermitteln und sie auch keinem politischen Lager zuordnen. Dennoch waren vor allem Medienvertreter aus dem »antideutschen« Spektrum unter Hochdruck bemüht, sie unter den Besuchern des Films und damit in Dror Dayans politischem Umfeld zu finden. Obwohl die Täter vermummt waren, wurde behauptet, dass es sich um »arabische Männer« gehandelt habe.[70] Auch die Amadeu Antonio Stiftung, die mit dem Inlandgeheimdienst und mit »antideutschen« Strukturen kooperiert, seit Jahren unter dem Deckmantel der »Rechtsextremismus-Bekämpfung« willkürlich Friedensaktivisten und antikapitalistische Linke mit Antisemitismus-Vorwürfen überzieht und Propaganda für die Netanjahu-Regierung macht,[71] schob den Hitlergruß einfach den Unterstützern von Dayan in die Schuhe und behauptete fälschlich, proisraelische Demonstranten seien als »Drecksjuden« beschimpft worden.[72] Dayan wurde auch wegen seiner Herkunft attackiert. »Der Antisemitismus bekommt den Koscher-Stempel und der Jude seine Absolution. Er hat den Antizionismus als Assimilationsangebot angenommen«, polterte ein Kommentarschreiber der *Jungle World*, der sogleich noch einen unmissverständlichen Aufruf an die Leser richtete: »Man könnte diese Zeitung auch einfach einmal zuschlagen und etwas tun.«[73]

Zur Tat schritten dann, ebenfalls in der Hauptstadt, ein paar Monate später einige Israelsolidarisierer, darunter der Landesparlamentsabgeordnete Oliver Höfinghoff (Die Linke), und schlugen auf Mitglieder der Organisation »Berlin Against Pinkwashing« ein, der viele jüdische Linke angehören. Der Grund: Letztere hatten gegen die Kooperation der Initiatoren des Christopher Street Days mit der Israelischen Botschaft demonstriert.[74]

Ebenfalls 2016 bezichtigten »antideutsche« Studenten der Universität Freiburg, die es vorzogen, anonym zu bleiben, Rolf Verleger, ehemaliges Mitglied des Zentralrats der Juden in Deutschland, öffentlich der Verbreitung »antisemitischer Vernichtungsideologie«. Sie nahmen es dem frommen Juden, dessen Familie im Holocaust nahezu vollständig ausgelöscht worden war, übel, dass er sich für »Gerechtigkeit und Nächstenliebe« auch gegenüber den Palästinensern einsetzt, und wollten ihm das Rederecht entziehen.[75] »Das erinnert mich fatal daran, was an der Universität Freiburg unter dem Rektorat Heidegger und seinen Nachfolgern vor achtzig Jahren geschah: ›Juden raus!‹«, kommentierte Verleger den Vorfall und attestierte den Angreifern eine Geistesverwandtschaft mit denen, die damals die Universitäten »judenrein« gemacht haben. »Gegen diese Rechtsradikalen muss man gegenhalten«, forderte Verleger in einem offenen Schreiben.[76]

Nichts geschah, und so gut wie nie geschieht etwas in den mittlerweile nicht mehr zählbaren Fällen, in denen humanistische Juden mit Rufmordkampagnen überzogen und mit Auftritts- und Veröffentlichungsverboten belegt werden. Das gilt gleichermaßen für Einzelpersonen, wie den Verleger Abraham Melzer, den US-amerikanischen Politikwissenschaftler Norman Finkelstein, die Publizistin Judith Bernstein, die Schauspielerin Nirit Sommerfeld, den israelischen Journalisten Gideon Levy, und für Organisationen, etwa die »Jüdische Stimme für gerechten Frieden in Nahost« oder die »Jewish Antifa Berlin«.

Wenn die jüdischen Adressaten der deutschen Hetze gegen ihre Verleumder vor Gericht ziehen, was äußerst selten geschieht, dann sind stets »linke Journalisten« zur Stelle, die einen Angriff »gegen die Meinungsfreiheit« wittern – selbst wenn Holocaust-Überlebende oder deren Nachkommen dagegen klagen, mit Hitler verglichen zu werden.[77]

In seinem Buch *Zweierlei Holocaust* entwickelte Moshe Zuckermann den Gedanken, dass der Judenheit in einem emanzipativ ausgerichteten Gedenken an Auschwitz die Rolle eines kollektiven »Agnus historiae mundi«, also eines Opferlamms der Weltgeschichte, zukomme.[78] Folglich wären jüdische Linke das »Agnus moralis historiae mundi«, das moralische Opferlamm der Weltgeschichte. Denn sie beweisen mit ihrer bloßen Existenz, dass trotz der eigenen Leiderfahrung oder der des eigenen

Volkes ein radikaler Bruch mit der Logik herrschaftlicher Gewalt möglich und es gerade wegen Auschwitz keine Alternative dazu gibt. Als solche Agenten einer anderen Welt, die es noch zu erkämpfen gilt, ziehen sie freilich den blanken Hass derer auf sich, die das Gegenteil wollen: All jener, die für die Durchsetzung ihrer meist alles andere als ehrenwerten Interessen Tod, Elend und Not – natürlich nur der anderen! – billigend in Kauf nehmen, Auschwitz als Argument fürs Weitermorden missbrauchen und verlangen, man müsse die unerträglichen Verhältnisse aushalten, weil sie nun mal nicht zu ändern seien. »Wenn man etwas Fieses tun will, muss man nur sagen, es sei nötig, um ein zweites Auschwitz zu verhindern«[79], so Wolfgang Pohrt über die Banalität des sich als »reeducated« und »zivilisiert« verkleidenden Bösen. »Antideutsche« Deutsche, die heute immer unverhohlener propagieren, die Wiederholung der von ihren Vätern und Großvätern begangenen Barbarei sei nur durch weniger schlimme Barbarei zu verhindern, reagieren auf jüdische Linke, die unerschütterlich am Marx'schen Weltveränderungspostulat festhalten, mit wutschnaubender Raserei.

Das könnte erklären, warum Moshe Zuckermann, Sohn von Auschwitz-Überlebenden, renommierter Vertreter der marxistischen Frankfurter Schule, der entschieden gegen die »heteronome Instrumentalisierung« des Holocaust für eine militärisch geprägte Sicherheitsdoktrin eintritt und die jüdische Katastrophe nicht zionistisch partikular (»so etwas darf uns nie wieder passieren«), sondern universalistisch (»so etwas darf nie wieder passieren«) rezipiert wissen möchte, hierzulande permanent Diffamierungen und Verbalinjurien ausgesetzt ist – Versuchen, ihn mundtot zu machen: »Wir greifen sie von außen so lange an, bis sie nur noch in der *jungen Welt* schreiben dürfen — wie der Moshe Zuckermann«, erklärte die *Bahamas*-Redaktion 2014, wie sie mit israelischen und anderen Gegnern der Netanjahu-Regierung verfährt.[80]

Angefangen hatte die Hetzjagd gegen Zuckermann bereits vor rund fünfzehn Jahren. »Antideutsche« stigmatisierten ihn als

»Alibi-Juden«, »antizionistischen Scharfmacher«, »jüdischen Kronzeugen« von »linken Antisemiten«, der sich nur an »antiisraelischen Stammtischen« wohlfühle. Die Attacken nahmen an Härte zu: Wer wie Zuckermann als »Staatsfeind« Israels betitelt wird und dem man nicht mehr zugesteht, dass er in seinem eigenen Land noch »unangefochten lehren und publizieren« darf – gegen den ist auch das Feindstrafrecht anzuwenden und somit alles erlaubt, so die Botschaft, die im Subtext von Verlautbarungen zunächst nur von Hardcore-Israelfetischisierern zu finden war – von »Freunden des amerikanischen Krieges« (wie sich die *Bahamas*-Fraktion selbst bezeichnet), die erklärten, »warum man Israel nicht kritisieren darf«.[81]

Bald kamen die Angriffe aber auch aus der vergleichsweise moderaten »antideutschen« Mitte. Nachdem Zuckermann 2004 bei der »Stop the Wall«-Konferenz in Köln einen Vortrag gehalten hatte, ging ihn Thomas Ebermann in *Konkret* an, weil er die »miese Harmonie« der »deutschen Antisemiten« nicht gestört und seine Teilnahme nicht abgesagt hatte.[82] Was noch harmlos begann, sollte über die Jahre zu einer Kampagne auswachsen, die 2011 einen vorläufigen Höhepunkt erreichte: »Kotzen. Linke Antisemiten« war auf dem Cover der März-Ausgabe von *Konkret* zu lesen. Darin wurde seitenlang, nach allen Regeln der Instrumentalisierung und Inflationierung des Antisemitismus-Vorwurfs, über Zuckermann hergezogen – verbunden mit der in dem Magazin üblichen Apologie rechtsgerichteter israelischer Politiker. Hermann Gremliza verzichtete nicht einmal auf die Schäbigkeit, einen privaten Briefwechsel mit Zuckermann von 2004 zu veröffentlichen, in dem er dem jüdischen Intellektuellen indirekt drohte, dass dieser seine Mitwirkung an der »Stop the Wall«-Konferenz »eher früher als später bereuen« würde.[83] Und noch niederträchtiger: Weil Zuckermann die Bezeichnung »welthistorische Katastrophe« für den Völkermord an den Juden verwendet, hängte *Konkret* ihm die Verharmlosung von Auschwitz als »Naturkatastrophe« an – in völliger Ignoranz gegenüber der Tatsache, dass der aus der Bibel (Jes 10,3) stammende und in Israel seit 1948 verwendete hebräische Begriff »Shoah« übersetzt nun einmal »Unheil« und »Katastrophe« bedeutet.[84]

Über die Jahre gab es unentwegt Versuche, Vorträge von Moshe Zuckermann zu verhindern und seinen Ruf als Wissenschaftler und Publizist zu schädigen. Völlig aus dem Ruder lief die Hetze, als Zuckermann und andere kritische Juden, wie Ilan Pappe und Iris Hefets, im Frühling 2017 ihre Teilnahme an der Konferenz »50 Jahre israelische Besatzung. Unsere Verantwortung für eine friedliche Lösung des israelisch-palästinensischen Konflikts« in Frankfurt vom Koordinationskreis Palästina (KoPI) Israel angekündigt hatten. Von anonymen Gewaltandrohungen gegen den Vermieter der Tagungsräume, der derart eingeschüchtert wurde, dass er den Vertrag mit KoPI für nichtig erklärte – seine Kündigung wurde später von einem Frankfurter Gericht aufgehoben –, bis zum Verleumdungsterror inklusive Nazi-Vergleichen wurden alle Register gezogen. Für das Ziel, die Konferenz zu kippen, bildete sich eine Allianz aus »Antideutschen«, prominenten Parteipolitikern, darunter der Grüne Volker Beck, und rechten zionistischen Organisationen wie »Honestly Concerned«, die als verlängerter Arm der Israelischen Botschaft agieren. An der Spitze fand sich der CDU-Bürgermeister Uwe Becker, der die Referenten schlichtweg für unerwünschte Personen in seiner Stadt erklärte. Dazu ist anzumerken, dass Moshe Zuckermann seine Jugend in Frankfurt verbracht und dort das Goethe-Gymnasium besucht hatte, bis er 1970 zurück an seinen Geburtsort Tel Aviv gezogen war. Mit der Tatsache, dass ein Politiker im Täterland versucht, einen Juden aus einer Stadt zu jagen, war nicht nur eine neue Eskalationsstufe der Zuckermann-Bekämpfung erreicht, sondern auch ein deutscher Tabubruch begangen worden[85] – an dem, und das stellt dabei den größten Skandal dar, nicht nur kein einziges Medium Anstoß nahm, sondern der von Teilen der Tagespresse auch noch wohlwollend begleitet wurde.

Diese Gunst der Stunde nutzte die Publizistin und Politikerin der zum »antinationalen« Spektrum zählenden Kleinpartei

»ÖkoLinX« Jutta Ditfurth. Die Ex-Grüne hatte vor einigen Jahren die »Israelsolidarität« für sich entdeckt, war auf den Netanjahu-Kurs eingeschwenkt und stimmte in den Chor ein, der zionismuskritische deutsche, israelische und andere internationale Linke als (Vernichtungs-)Antisemiten anprangert – ein rabiates Vorgehen, das der bereits in der Öffentlichkeit weitgehend abgemeldeten Autorin einen neuen Frühling bescherte. Dazu gehörte dann auch, dass Ditfurth sich der von dem CDU-Bürgermeister Becker angeführten Allianz gegen die KoPI-Konferenz anschloss und auf einer Kundgebung gegen die Veranstaltung unter anderem zusammen mit der offen rassistischen »antideutschen« Organisation »Thunder in Paradise«, die nach AfD-Manier linke als »rote Nazis« diffamiert, unter einem Banner mit der Aufschrift »›Palästina‹, halt's Maul!« sprach.[86] Als flankierende Maßnahme ordnete Ditfurth Moshe Zuckermann in der Kategorie »antizionistische Antisemit*nnen« ein.[87]

Diese Entgleisung nach rechts sollte nicht die einzige bleiben: »Hej, Berliner*nnen, die Ihr gegen #Antisemitismus kämpft: Euch stehen 3 Israel-Hass-Veranstaltungen bevor«,[88] lautete ihr indirekter Aufruf, zwei Vorträge der jüdischen, afro-britischen Pro-Corbyn-Aktivistin Jackie Walker und die Konferenz »Zur Zeit der Verleumder« des »Projekts Kritische Aufklärung« im Februar 2018 in Berlin zu verhindern, für die neben Moshe Zuckermann und Avishai Ehrlich aus Israel auch Moshé Machover, Esther Bejarano und andere jüdische Linke als Redner angekündigt waren.[89] Wer nicht einmal mehr Skrupel hat, eine 93-jährige Auschwitz-Überlebende wie Bejarano in den Ruch des »Antisemiten« zu bringen, hat die Standards einer menschlichen politischen Kultur aus den Augen verloren. So verwunderte es dann kaum mehr, dass Ditfurth einige Monate später ihrer von Hohn geprägten »Anteilnahme« am Leiden und Sterben von protestierenden Palästinensern Ausdruck geben musste: Sie verbreitete einen Beitrag des AfD-nahen Facebook-Portals »Freundschaft Deutschland-Israel«, in dem Dokumentationen der Massaker von IDF-Scharfschützen an palästinensischen Zivilisten beim

»Marsch der Rückkehr« auf dem Gazastreifen zynisch als »Pallywood« bezeichnet wurden.[90]

Die Haupt-Hassobjekte von Jutta Ditfurth sind aber jüdische Linke: Sei es auch nur bei einem Vortrag über die »Aktuelle soziale und politische Lage in Palästina und Israel« auf Einladung des AStA der Universität Duisburg-Essen – Moshe Zuckermann bleibt nirgendwo von den via Facebook und Twitter orchestrierten Nachstellungen Ditfurths und ihres Gefolges verschont. Der an Fanatismus grenzende Wille, ihm Schaden zuzufügen, die Wut, mit der Ditfurth ihren Jagdtrieb auslebt, indizieren ein tief sitzendes Ressentiment einer nichtjüdischen Deutschen, die gleichzeitig in den sozialen Medien mit ausufernder Theatralik eine bemerkenswerte Selbstviktimisierung betreibt, jede Kritik von politischen Gegnern an ihrem Tun als Werk von »Verleumder*nnen« aufbauscht,[91] sich bei jeder Gelegenheit als »JuDit« empfiehlt, sich also offensichtlich nach einer jüdischen (Opfer-)Identität sehnt. Dass der überzeugte Freudomarxist Zuckermann keinen Hehl aus seiner Auffassung macht, das häufig auffallende Bedürfnis von besonders passionierten »israelsolidarischen« Deutschen, Jude zu sein, gehöre »auf der psychoanalytischen Couch erörtert«, und findet, mit dieser Neigung »tun sich ganz große Abgründe auf«,[92] dürfte Ditfurths Zorn nicht gerade beschwichtigen.

VII. Pathische Projektionen

Diese häufig von Larmoyanz begleitete (deutsche) Mentaldisposition biete die komfortable Möglichkeit, »den Kuchen zu essen und ihn zugleich ganz zu behalten«, schrieb Moshe Zuckermann in seinem Aufsatz *Opfer und Opfer-Ideologie*. »Die Identifikation mit ›Juden‹ beteiligt an deren Opferidentität. Die Solidarität mit dem jüdischen ›Israel‹ stillt zudem politisch den Durst nach Selbst-mal-Opfer-sein-Dürfen, verspricht aber zugleich die Beteiligung am ›Sieg‹ ›der Israelis‹ über ihre palästinensischen Opfer. ›Antideutsche‹ Opfersehnsucht eignet sich offenbar vorzüglich fürs Ausleben von verborgenen Aggressionen, die einst nazi-deutsch gegen die Juden gerichtet waren und heute ›antideutsch‹ auf die Palästinenser projiziert werden.«[93]

Der Furor gegen die besiegten Palästinenser, deren noch so friedlicher Widerstand grundsätzlich zu »antisemitischer Barbarei« erklärt wird, um ihre Knechtung zu legitimieren, tut der Rage gegen den Juden, der Brutalität als Argument der historischen Wahrheit nicht anerkennen will und somit auch nicht als Alliierter zur Verfügung steht, keinen Abbruch. Ganz im Gegenteil: Die Weigerung des die Anwendung herrschaftlicher Gewalt ablehnenden und somit als »schwach« abgestempelten Juden, das gewünschte Alibi für die Rechtfertigung eines mit drakonischer Härte agierenden Besatzungsregimes zu liefern, löst beim deutschen Israelsolidarisierer eine narzisstische Kränkung mit dem Gestus »Willst du nicht mein Bruder sein, so schlag ich dir den Schädel ein« aus.

In ihrer Hetze gegen den Juden, der das antisemitische Klischee vom »Auge um Auge« Rächenden partout nicht bedienen will, es lieber mit Heinrich Heine und Rosa Luxemburg als mit Zeev Jabotinsky und Ariel Sharon hält, äußert sich der Hass auf die Wehrlosen, die bei Weitem nicht nur Nazis zur Raserei bringen: Diesen Juden »sieht man es an, dass sie seit Tausenden von Jahren nicht geherrscht haben«, so ein Ergebnis von Adornos und Horkheimers Psychoanalyse des gegen das Diasporajudentum gerichteten Antisemitismus. Das »Schwache überhaupt erregt die Todfeindschaft des oberflächlich zivilisierten Starken«.[94]

Diese Aggression ist Ausdruck der bewusstlosen Naturbeherrschung und unvernünftigen naturbeherrschenden Vernunft in der bürgerlichen Gesellschaft. »Das keinem nur verhängten Schicksal mehr ausgelieferte, mündig werdende Subjekt ist tendenziell bereits das zweckrational handelnde Max Webers, das, ähnlich dem Odysseus in Adornos Interpretation, die ihn beherrschende Natur überwindet, indem es selber zum Herrscher über die Natur sich aufwirft. Einzig durch Naturbeherrschung scheint die Herrschaft der Natur zu brechen, doch jeder Versuch, den Naturzwang zu brechen, indem Natur gebrochen wird, gerät nur umso tiefer in den Naturzwang hinein. So ist die Bahn der europäischen Zivilisation gelaufen«[95], bringt Rolf Tiedemann, Herausgeber von Adornos *Nachgelassenen Schriften,* eine zentrale Erkenntnis der *Dialektik der Aufklärung* auf den Punkt. Der blinde natürliche Selbsterhaltungstrieb wird in einer instrumentellen Vernunft prolongiert, die nach Herrschaft, nicht nach Verstehen trachtet und die Barbarei unter bürokratische Verwaltung stellt, bei der alles »mit rechten Dingen« zugeht. Ein Zurück-zur-Natur ist den so Zivilisierten strengstens verboten, jede Verführung muss er abwehren. Das soll der ewige Jude Ahasver als Fremder, der »ans verheißene Land erinnert«, schmerzhaft zu spüren bekommen.[96] Wie »Zivilisation der Sieg der Gesellschaft über Natur ist, der alles in bloße Natur verwandelt«,[97] ist Antisemitismus also ein ebenso zur Aufklärung in Widerspruch Stehendes wie deren Resultat. Adornos und Horkheimers »zivilisationsgeschichtlichen These ist die, dass es sich beim modernen Antisemitismus um eine funktionalisierte Rebellion der unterdrückten inneren Natur handle«[98], benennt der Philosoph Gunzelin Schmid Noerr ein Matrixproblem einer bis in die Gegenwart andauernden permanent Gewaltexzesse zeitigenden Tragödie, das Adorno und Horkheimer auf den Begriff »naturverfallene Naturbeherrschung« gebracht haben. Antisemitismus beruht auf pathischer Projektion: »Die Übertragung gesellschaftlicher tabuierter Regungen des Subjekts auf das Objekt«, so die Definition in *Dialektik der Aufklärung*. »Unter dem Druck des Über-Ichs projiziert das Ich die vom Es ausgehenden, durch ihre Stärke ihm selbst gefährlichen Aggressionsgelüste als böse Intentionen in die Außenwelt und erreicht es dadurch, sie als Reaktion auf solches Äußere loszuwerden, sei es in der Phantasie durch Identifikation mit dem angeblichen Bösewicht, sei es in der Wirklichkeit durch angebliche Notwehr.«[99]

In der bürgerlichen Demokratie ist manifeste Judenfeindlichkeit seit Auschwitz ein Tabu und den offiziell geächteten alten und neuen Nazis überlassen (während nicht nur der Inlandsgeheimdienst dafür sorgt, dass diese nur ja nicht aussterben). Wo einst »der Jude« geschmäht wurde, wird heute der »jüdische Antisemit«, der oppositionelle humanistische Jude, der in der politischen Ohnmacht, die er Tag für Tag erfährt, dem entrechteten Palästinenser verwandt ist, als Übel und Abfall dieser Welt gehandelt.

In der nur provisorisch zivilisierten, in der bewusstlosen Naturgeschichte stecken gebliebenen Warentausch-Gesellschaft ist Antisemitismus nicht überwindbar – die »hohen Auftraggeber« brauchen ihn für die Ablenkung der Massen vom Klassenkampf von unten, »billiges Korruptionsmittel, terroristisches Exempel«.[100] Aber seine Aggregatzustände differieren erheblich: Je brutaler der Würgegriff, in dem die kapitalistische Gesellschaftsordnung (als Ausgeburt einer Zivilisation, die durch unreflektierte, ihre repressiven Momente nicht regulierende und damit zerstörerische Naturbeherrschung bisher misslungen ist) die Menschen hält, und je schwacher der (revolutionäre) Widerstand, desto besser gedeiht er. Das Herrschaftsprinzip, das im Faschismus und autoritären Staat auf blutigem Terror beruht, nimmt im gebändigten Kapitalismus geistigen, propagandistischen Charakter an. Es tötet nicht – es rufmordet, grenzt aus, stigmatisiert. Es zerstört – nicht das Leben, sondern die Existenz.

Wenn ein fanatisch neokonservative Ideologie verfechtender »BAK Shalom« triumphal verkündet, man habe »Norman Finkelstein erfolgreich verhindert« (in Wahrheit eine Veranstaltung mit dem Politikwissenschaftler[101]) und sich berufen fühlt, ihm (zumindest indirekt) seine Identität als Sohn von Holocaust-Überlebenden abzuerkennen, dann ist mehr als nur der Wunsch im Spiel, diesen Juden nicht zu Wort kommen zu lassen. Wenn ein Redakteur einer großen deutschen Tageszeitung den Einspruch einer linken Philosophin gegen israelische Regierungspolitik als »Ärger mit einer Jüdin« beschreibt, dann spukt offensichtlich in seinem Kopf das Schreckgespenst des »jüdischen Bolschewisten«. Das wird besonders dann deutlich, wenn jüdische Marxisten pathologisiert werden: Was einst »Weltpest und Seuche« war, ist heute der »jüdische Selbsthass« (ein genuin schon nicht unproblematischer Begriff von Theodor Lessing, deformiert, aus seinem historischen Kontext gerissen und willkürlich auf nonkonforme Juden projiziert), nicht zufällig auch »morbus judaicus« genannt.[102]

In Israel ist »selbsthassender Jude« ein Schimpfwort, das nur von Rechtsradikalen verwendet wird, die heute immer lauter »Mawet lasmolanim!« (Tod den Linken!) fordern. Und in Deutschland können die Verleumder jüdischer Linker, die mit diesem oder verwandten Vorwürfen operieren, mit einer den Kniefall vor der deutschen Staatsräson der Israelsolidarität zunehmend einklagenden Bundesregierung im Rücken ungehindert schalten und walten. Und das tun sie schon lange. »Schließlich ist auch die Möglichkeit nicht auszuschließen, dass Gruppierungen in der israelischen Gesellschaft entstehen, die ein politisch selbstmörderisches Programm entwickeln und die Projektionen der Palästinenser zu den ihren machen«[103], unterstellte der sich der Israelsolidarität verpflichtet fühlende Publizist Gerhard Scheit. In seiner Wahnwelt sind mit gefährlichen »Gruppierungen in der israelischen Gesellschaft« freilich nicht die fanatisierten rechten Siedler gemeint, die das Land seit Jahrzehnten von einer – auch an jüdischen Opfern reichen – Gewalteskalation in die nächste treiben, sondern die jüdischen Kommunisten, Sozialisten, Anarchisten und andere Protagonisten der Friedensbewegung. Sie sind laut Scheit nicht nur von einem »Antisemitismus im Inneren« getrieben, sondern auch vom Vernichtungswillen der von ihm als kollektiver Zombie wahrgenommenen angeblichen Todfeinde besessen. Gemeint sind die »Muslime, die Nazis von heute!«[104], wie es einer von Scheits Gesinnungsgenossen unverhohlen ausgedrückt hat. »Warum gibt er seine israelische Staatsangehörigkeit nicht ab?«, echauffierte sich der »antideutsche« Autor Daniel L. Schikora (bis vor einigen Jahren schrieb er noch für neu-rechte Organe wie *Junge Freiheit* und *Sezession*) über den von ihm als »israelischen Selbsthasser« identifizierten Bildreporter Oren Ziv von »Activestills«[105] – das internationale Fotografen-Aktivisten-Netzwerk dokumentiert Menschenrechtsverletzungen von Polizei, Militär und Siedlern gegen die palästinensische Bevölkerung, Flüchtlinge und andere entrechtete Minderheiten. »Dass jüdische Israelis dem Antisemitismus nachgeben, ist gefährlich«[106], warnt Stephan Grigat, der in einem antilinken Pamphlet den »israelischen Bolschewisten« Kooperationen mit »faschistischen Kräften unter der Flagge des Antiimperialismus« und systematische Beteiligung an der »Verharmlosung des Antisemitismus« vorwirft.[107] So wird der jüdische Kommunist (diesmal unter Verdacht, im Bunde mit dem »Islam-Nazi« zu stehen) erneut von Deutschen zum »vaterlandslosen Gesellen«, zum »Verräter« erklärt. »Warum sollte man sich selbst hassen, wenn so viele andere bereit sind, diese Aufgabe für einen zu übernehmen?« [108], fragte der Kulturwissenschaftler Sander L. Gilman ironisch.

Mit seiner trivial anmutenden Feststellung, die »Antideutschen« dienten dem deutschen Kapital, würden sich entsprechend »für benachteiligte Juden überhaupt nicht interessieren«, sondern nur für Juden, die vermögend, prominent und erfolgreich sind, wie sie immer »ihre Hilfe stets Personen anbieten, die bewiesen haben, dass sie sich sehr gut selber helfen können«[109], hat Wolfgang Pohrt den Nagel auf den Kopf getroffen. Und wie der »arische« Großindustrielle früher aus »dem jüdischen Jargon heraushörte, wofür er sich insgeheim verachtete«, und einem Antisemitismus anhing, der Selbsthass war, »das schlechte Gewissen des Parasiten«,[110] so ist die Hetze vieler »Antideutscher«, die früher Linke waren oder bis heute ernsthaft beanspruchen, solche zu sein, gegen den von ihnen als »selbsthassenden Juden« angeprangerten jüdischen Kommunisten Ausdruck des Selbstekels des wahren Verräters am Fortschritt der Menschheit. Nicht zuletzt deshalb wird im Bannkreis (anti-) deutscher Zustände immer nur der linke oppositionelle, emanzipativ ausgerichtete Jude als »Antisemit« geächtet, niemals ein Angehöriger der wirtschaftlich Privilegierten, für die Kriege vor allem ein lukratives Geschäft sind. Und Israel, das nach und nach von ultrarechten Regierungen durch rücksichtslose Privatisierung, Sozialabbau und durch seine Gesellschaft völlig verrohende Militarisierung zugrunde gerichtet wird, wäre niemals zur Projektionsfläche »antideutscher« Wunschträume geworden, wenn es tatsachlich der »Jude unter den Staaten« wäre. »Nicht die Erkenntnis der Menschlichkeit der Juden, sondern die Härte ihrer Kriegsführung, nicht die Anerkennung ihrer Rechte als Mitbürger, sondern die Anwendung von Napalm, nicht die Einsicht in die eigenen Verbrechen, sondern der israelische Blitzkrieg, die Solidarisierung mit der Brutalität, der Vertreibung, der Eroberung führte zu fragwürdiger Versöhnung«[111], so die wohl bedrückendste Erkenntnis von Ulrike Meinhof im Jahr 1967. »Es ist der Geist des ›Wer Jude ist, bestimme ich‹, der sich da mit Israel verbündete, gleichzeitig mit den Totschlägern von Berlin. Wäre Israel ein sozialistisches Land, kein Zweifel, diese Sympathien gäbe es nicht.«

Israelischen Rechten, die heute bestimmen, wer »selbsthassender Jude« ist, und mit dem Finger denunziatorisch auf jüdische Marxisten wie ihn zeigen, rief Moshe Zuckermann unlängst zu: »Ich hasse nicht mich selbst – ich hasse euch! Euch, Faschisten – euch hasse ich. […] Ihr verratet nicht nur meine Gesinnung und das, was ich von diesem Land wollte, sondern auch diejenigen, in deren Namen dieser Staat errichtet worden ist – die Opfer des Holocaust.«[112]

Das gilt auch für die »antideutschen« Deutschen, die heute bevorzugt unter dem Label »Ideologiekritiker« firmieren. Ihre Ansichten korrespondieren so sehr mit denen der skrupellosen Meinungsmacher und denen der die politische Klasse, inklusive die »demokratischen Sozialisten«, mehr und mehr lenkenden Demagogen, dass sie weitgehend in der fortschreitenden Rechtsentwicklung aufgeblüht und aufgegangen sind. Sie demontieren nicht nur als ideeller Gesamtzionist die Emanzipationsagenda der Linken. Ihre zur Obsession gesteigerte, waffenklirrende »Israelsolidarität« lässt immer häufiger den Verdacht aufkommen, dass zumindest einigen von ihnen weniger am Wohl des Judenstaats als an der Befriedigung eines eigenen offenbar dringenden Bedürfnisses gelegen ist: Den jüdischen Nachbarn, der nicht die hässliche (anti-)deutsche Fratze spiegeln und Henry Fords – nach 1945 von den Rechten philosemitisch gewendetes – antisemitisches Klischee vom bluttriefend seine Machtinteressen durchsetzenden »Alljuda« bedienen will, zur Auswanderung zu nötigen (wie Evangelikale in den USA beweisen proisraelische AfD-Seilschaften und Neue Rechte in Deutschland, dass Antisemitismus und Zionismus hervorragend miteinander harmonieren können). Die Nähe von Juden nicht ertragen zu können, gehört seit jeher zu den zentralen Merkmalen des Antisemitismus.

In jedem Fall sind jüdische Marxisten wie Moshe Zuckermann dem neoliberalen Ego der Profiteure der gegenwärtigen deutschen Zustände ein Dorn im Auge – weil sie und andere Vertreter des humanistischen Judentums sich nicht zuletzt wegen der Leiderfahrung ihres Kollektivs danach verzehren, wahre Individualität zu leben, als »Erste« eine Mission anzutreten, der eine Menschheit folgen soll, die »ganz fein, ganz zart, ganz liebevoll sein«[113] wird, wie der Wiener Schriftsteller Peter Altenberg schrieb. Den »antideutschen Zivilisierten« hingegen ist der Gedanke dieser jüdischen Linken »an Glück ohne Macht unerträglich, weil es überhaupt erst Glück wäre«. Verblendet von sozialdarwinistischen Ideologemen des Tag für Tag autoritärer herrschenden Kapitalismus wollen sie mit der Lüge, es gebe keine Alternative dazu, die allen außer den Reichen feindliche Welt aushalten zu lernen, auf Teufel komm raus – und sei es um den Preis einer neuen Katastrophe – verhindern, dass die Menschen den »Krieg aller gegen alle« beenden. Nicht die Objekte ihrer Wut, die antikapitalistische Linke, die Muslime und dissidenten Juden – nein, sie selbst sind es, die mit Tod, Vernichtung und dem Grauen eine Affäre haben.

VIII. Epilog

Nicht minder bedrückend – dieses Phänomen bedürfte einer gesonderten ausführlichen Abhandlung – ist das eisige Schweigen, die Gleichgültigkeit, stoische Haltung, die die große Mehrheit der in Parteien, Stiftungen, Gewerkschaften, autonomen Strukturen und Medien aktiven deutschen Restlinken gegenüber dem Fertigmachen nicht nur von kritischen Juden an den Tag legt. Kuschen, Anpassen und Anbiedern sind ihre signifikantesten Reaktionen auf die antikommunistischen, rassistischen, immer häufiger antisemitischen, sich zuweilen faschistoid verdichtenden »antideutschen« Auswüchse des hegemonialen neoliberalen Zeitgeists. Ein Zeichen dafür, dass das, was Adorno einst »die Kälte der gesellschaftlichen Monade«[114], die »Indifferenz gegen das Schicksal der anderen« genannt hatte (Strukturmerkmal der Gesellschaft unter dem NS-Faschismus, das in der postfaschistischen nachwirkt), längst auch das Denken, Handeln und Fühlen der deutschen Linken beeinflusst.

Zunehmend vernachlässigt sie ihre moralische Pflicht, Widerstand zu leisten und die Schwachen, Stigmatisierten und Verfemten zu beschützen – sie muss gewaltig aufpassen, dass das, was Jan Philipp Reemtsma 1990 im Siegestaumel der Klasse, der er angehört, voreilig verkündete – »Die Linke hat nicht nur welthistorisch verloren, sondern es gibt sie nicht mehr«[115] –, nicht eines Tages Wirklichkeit wird. Selbst im sich zwar bereits im Zustand der Erosion befindenden, aber noch funktionierenden Rechtsstaat BRD, in dem linken Oppositionellen maximal der Entzug finanzieller Mittel, Diffamierung oder politische und soziale Isolation droht, ziehen es erschreckend viele von ihnen vor, sich in Servilität gegenüber den untragbaren deutschen Zuständen statt in Solidarität mit dem bedrängten humanistischen

Judentum und der muslimischen Minderheit zu üben. Gar nicht auszudenken, wie kläglich solche Linke erst versagen und eine bisweilen jetzt schon unerträgliche Feigheit und Untertanenmentalität entfalten werden, wenn die Abenddämmerung der bürgerlichen Demokratie (wieder) in eine historische Finsternis übergehen wird.

Anmerkungen

Vorwort

1 Dan Diner (Hrsg.): *Zivilisationsbruch. Denken nach Auschwitz.* Frankfurt am Main, 1988.

2 Dankesrede von Martin Walser zur Verleihung des Friedenspreises des Deutschen Buchhandels in der Frankfurter Paulskirche am 11.Oktober 1998, online unter: hdms.bsz-bw.de/files/440/walserRede.pdf (26.7.2018)

3 Siehe: Heimrod, Ute; Schlusche, Günter und Seferens, Horst: *Der Denkmalstreit – das Denkmal? Die Debatte um das Denkmal für die ermordeten Juden Europas.* Berlin, 1999.

4 Vgl. etwa: Zuckermann, Moshe: Die Parzellierung der Shoah-Erinnerung im heutigen Israel. Vom historischen Ereignis zum Gegenstand ideologischer Projektion. In: Werner Gephart und Karl-Heinz Saurwein (Hrsg.): *Gebrochene Identitäten. Zur Kontroverse um kollektive Identitäten in Deutschland, Israel, Südafrika, Europa und im Identitätskampf der Kulturen.* Opladen, 1999, S. 47–60.

5 Adorno, Theodor W.: *Erziehung zur Mündigkeit. Vorträge und Gespräche mit Helmut Becker. 1959–1969*. Frankfurt am Main, 1966, S. 92–109.

6 Benjamin, Walter: Über den Begriff der Geschichte. In: *Gesammelte Schriften.* Bd. I-2. Frankfurt am Main, 1991, S. 691ff.

7 Adorno, Theodor W.: *Negative Dialektik*. Frankfurt am Main, 1982, S. 358.

8 Vgl. Adorno, Theodor W.: *Erziehung zur Mündigkeit. Vorträge und Gespräche mit Helmut Becker. 1959–1969*. Frankfurt am Main, 1966, S. 92–109.

Israel

1 1000dokumente.de/pdf/dok_0016_lux_de.pdf
2 Vgl. dazu: Bauer, Yehuda: *Freikauf von Juden? Verhandlungen zwischen dem nationalsozialistischen Deutschland und jüdischen Repräsentanten von 1933 bis 1945*. Frankfurt 1996. Sowie: Segev, Tom: *Die siebte Million. Der Holocaust und Israels Politik der Erinnerung*. Reinbek, 1995.
3 buecher.hagalil.com/fischer/schoah.htm
4 haaretz.com/.premium-calling-rivals-nazis-an-israeli-tradition-1.5313246
5 Vgl. dazu: Das ethnische Ressentiment in Israel als Politikum. In: *inamo*, No.23/24, Winter 2000, S. 43–44.
6 Tönnies, Ferdinand: *Gemeinschaft und Gesellschaft. Grundbegriffe der reinen Soziologie*. Darmstadt, 2010.
7 schattenblick.de/infopool/medien/altern/marx-502.html
8 Siehe hierzu: Segev, Tom: *David Ben Gurion. Ein Staat um jeden Preis*. München, 2018.
9 de.wikipedia.org/wiki/Mosche_Dajan
10 timesofisrael.com/most-israeli-jews-agree-africans-are-a-cancer/
11 telegraph.co.uk/news/worldnews/1559605/Holocaust-survivors-protest-Israeli-treatment.html

Deutschland

1 Zuckermann, Moshe: Zwischen Israelkritik und Antisemitismus. Versuch einer jüdischen Positionsbestimmung. In: Hanno Loewy (Hrsg.): *Gerüchte über die Juden. Antisemitismus, Philosemitismus und aktuelle Verschwörungstheorien*. Essen, 2005, S. 327–343.
2 Annette Groth und Günther Rath (Hrsg.): *Meinungsfreiheit bedroht? Die Gefährdung der Meinungsfreiheit in Deutschland durch die Kampagnen der sogenannten »Freunde Israels«.*
3 Arendt, Hannah: *Elemente und Ursprünge totaler Herrschaft. Antisemitismus, Imperialismus, totale Herrschaft.* München/Zürich, 1986.
4 Horkheimer, Max: Die Juden und Europa. In: *Gesammelte Schriften*. Bd.4. Frankfurt am Main, 1988, S. 308ff.
5 Siehe: Ernst Reinhard Piper (Hrsg.): *»Historikerstreit«. Die Dokumentation der Kontroverse um die Einzigartigkeit der nationalsozialistischen Judenvernichtung*. München/Zürich, 1987.

6 Sarrazin, Thilo: *Deutschland schafft sich ab. Wie wir unser Land aufs Spiel setzen*. München, 2010.

7 Meinecke, Friedrich: *1848. Eine Säkularbetrachtung*. Berlin, 1948.

8 Adorno, Theodor W. et al: *The Authoritarian Personality*. New York, 1950.

9 Siehe hierzu auch: bpb.de/apuz/199894/israels-sicherheit-als-deutsche-staatsraeson?p=all

10 bundesregierung.de/Content/DE/_Anlagen/2013/2013-12-17-koalitionsvertrag.pdf?__blob=publicationFile

11 landtag-bw.de/files/live/sites/LTBW/files/dokumente/WP16/Drucksachen/3000/16_3622_D.pdf

12 Vgl. Zuckermann, Moshe: *Gedenken und Kulturindustrie*. Berlin/Bodenheim, 1999, S. 9ff.

13 juedische-allgemeine.de/article/view/id/31104

14 augsburger-allgemeine.de/politik/Wirbel-um-Apartheid-Aeusserungen-Gabriels-zu-Israel-id19226001.html

15 de.sputniknews.com/gesellschaft/20180306319827373-wem-gehoeren-deutsche-medien-springer-bertelsmann-burda/

16 Ebd. Über die Verbandelung der *Bild*-Zeitung mit Deutschlands politischer Klasse, siehe: goethe.de/de/kul/med/20368190.html; oder: uebermedien.de/20607/die-stimmungskanone-der-afd/

17 nachhaltigkeit.axelspringer.de/de/grundsaetze/unternehmens grundsaetze.html

18 nachhaltigkeit.axelspringer.de/de/grundsaetze/unternehmens grundsaetze.html

19 Ebd.

20 Offener Brief an Manfred Schlösser (Herausgeber des Sammelbandes *Auf gespaltenem Pfad. Zum neunzigsten Geburtstag von Margarete Susman*. Darmstadt, 1964). In: *Judaica* 2, Frankfurt, 1970, S. 7–12.

21 bild.de/politik/inland/politik-inland/deutsche-medien-ueber-israel-und-juden-54169934.bild.html

22 mako.co.il/culture-tv/local-a-list/Article-ee83b3e72f89751006.htm

23 Vgl. auch die Position, die die Bild-Zeitung sich selbst bei der Überwachung der Berichterstattung deutscher Medien über den Antisemitismus in Deutschland beimisst: bild.de/politik/inland/chefredakteure/so-berichten-deutsche-medien-ueber-antisemitismus-54158510.bild.html

24 Zuckermann, Moshe: Die Ideologisierung des Antisemitismus-Vorwurfs. Anmerkungen zur Anatomie eines moralischen Defizits. In: Annette Groth, Norman Paech und Richard Falk (Hrsg.): *Palästina – Vertreibung, Krieg und Besatzung*. Köln 2017, S. 212–222.

Miszellen

1 Adorno, Theodor W.: *Negative Dialektik*. Frankfurt am Main, 1982, S. 358.
2 Adorno, Theodor W.: Erziehung nach Auschwitz. In: Ders.: *Erziehung zur Mündigkeit. Vorträge und Gespräche mit Helmut Becker. 1959–1969*. Frankfurt am Main, 1971, S. 88.
3 Adorno, Theodor W.: *Negative Dialektik*. Frankfurt am Main, 1982, S. 359.
4 Dan Diner (Hrsg.): *Zivilisationsbruch. Denken nach Auschwitz*. Frankfurt am Main, 1988.
5 Adorno, Theodor W.: *Negative Dialektik*. Frankfurt am Main, 1982, S. 359.
6 Horkheimer, Max: Zur Ergreifung Eichmanns (1960/1967). In: Ders.: *Gesammelte Schriften*. Bd. 8. Frankfurt am Main, 1985, S. 156f.
7 Vgl. hierzu: Zuckermann, Moshe: *Shoah im abgedichteten Zimmer*. Tel Aviv, 1993, S. 4ff.
8 Vgl. hierzu: Die Parzellierung der Shoah-Erinnerung im heutigen Israel. Vom historischen Ereignis zum Gegenstand ideologischer Projektion. In: Werner Gephart und Karl-Heinz Saurwein (Hrsg.), *Gebrochene Identitäten. Zur Kontroverse um kollektive Identitäten in Deutschland, Israel, Südafrika, Europa und im Identitätskampf der Kulturen*. Opladen, 1999, S. 47–60.
9 Vgl. hierzu das vorerst nur auf Hebräisch vorliegende Buch von Hanna Yablonka, *Off the Beaten Track – The Mizrahim and the Shoah*. Tel Aviv, 2008.
10 Vgl. hierzu: Achcar, Gilbert *The Arabs and the Holocaust. The Arab-Israeli War of Narratives*. New York, 2009.
11 Die folgenden Ausführungen basieren auf einem von mir zu diesem Thema bereits veröffentlichten Text. Vgl: Zuckermann, Moshe: Die Persistenz von Ideologie. Anmerkungen zu Wagner, Israel und den Wonnen der Ignoranz. In: *Zeitschrift für kritische Theorie*, Heft 28/29, 2009, S. 117–128.

12 Na'ama Sheffi, *Der Ring der Mythen. Die Wagner-Kontroverse in Israel*. Göttingen 2002.
13 lib.cet.ac.il/pages/item.asp?item=23613
14 Vgl. Zuckermann, Moshe: *Freud und das Politische*. Wien, 2016, S. 129ff.
15 hagada.org.il/2014/09/03/%D7%9E%D7%94-%D7%A2%D7%A9%D7%95-%D7%94%D7%A6%D7%99%D7%95%D7%A0%D7%99%D7%9D-%D7%91%D7%9E%D7%9C%D7%97%D7%9E%D7%94-%D7%94%D7%94%D7%99%D7%90/
16 Dazu eine klärende Anmerkung. In meinem Aphorismenband *Zeit der Lemminge* (Wien, 2007) ist folgender Eintrag enthalten (S. 42):
»**Berechtigter Hass**
›Grundloser Hass!‹ schreien sie auf. Wieso grundlos? Der Hass ist absolut berechtigt. Verkörpern nicht gerade sie das Verabscheuungswürdige an arrogant-brachialer Herrschaft, an grausamer Unterdrückung, an raffend-zerstörerischer Ideologie? Berauscht vor lauter innerer Überzeugung von ihrer Auserwähltheit, von der exklusiv-unerschütterlichen Wahrheit ihrer fundamentalistischen Religion, sind nicht gerade sie es, die die Botschaft einer stammesmäßig geschlossenen Solidarität voller Verachtung für alles ›Andere‹ und fortgesetzter Leugnung des Leidens derer, die ihrer Unterdrückung ausgesetzt sind, verbreiten? Sie, Kinder von Verfolgten, die zu Verfolgern geworden sind, verwirklichen kraft ihrer politischen Praxis die Kontaminierung dessen, was in aller Munde geführt wird und inzwischen zur vollends verlogenen Ideologie des Kollektivgedächtnisses par excellence verkommen ist: ›das Andenken der Opfer‹. Sie, die in bigott-larmoyanter Selbstgerechtigkeit die Augen himmelwärts rollen und voller Selbstmitleid den gegen sie gerichteten Abscheu beklagen; sie, die unter gewissen historischen Bedingungen sich als diejenigen erweisen mögen, die auf der anderen Seite der Barrikade stehen werden – dich beschießend, und du auf sie schießend –, wie soll man sie nicht hassen? Dagegen wird das schlagende Argument erhoben: Dein auf sie gerichteter Hass ist nichts als Selbsthass! Wohlan, insofern sie dem Kollektiv angehören, dem auch ich – gegen meinen eigenen Willen – zugerechnet werde, scheint hier ein Moment des ›Selbsthasses‹ auf – zu Recht! Es scheint indes, als sei die adäquate Antwort wesentlich einfacher: Nicht um Selbsthass handelt es sich, sondern um einen ganz und gar, pur gegen sie gerichteten, und zwar vollkommen berechtigten Hass.«

17 Ein lokaler CDU-Politiker sagte in den Neunzigerjahren, »dass Bubis hier nichts zu suchen habe, seine Heimat sei doch schließlich Israel.« Vgl.: juedische-allgemeine.de/article/print/id/27397

18 hagalil.com/archiv/2008/10/brumlik.htm

19 Siehe hierzu etwa: cicero.de/innenpolitik/wie-der-antisemitismus-die-linke-kam/42297;
zeit.de/2014/48/antisemitismus-afd-die-linke;
sueddeutsche.de/politik/linker-antisemitismus-von-heuschrecken-und-dem-judenknacks-1.3993994;
fr.de/frankfurt/das-gegenteil-von-gut-linke-streitet-ueber-antisemitismus-a-1513612

20 erhard-arendt.de/deutsch/Henryk_m_broder/henryk_m_broder_else-lasker-schueler-forum_felicia_langer_hk.htm

21 deutschlandfunkkultur.de/aus-den-feuilletons-wie-sinnvoll-ist-eine-rueckgabe-der.1059.de.html?dram:article_id=415944;
deutschlandfunkkultur.de/falk-schacht-zu-ben-salomo-wie-antisemitisch-ist-die-rap.1013.de.html?dram:article_id=415946;
meedia.de/2018/04/22/kein-stilmittel-von-battle-rap-sondern-deutlich-artikulierte-judenfeindlichkeit-musikjournalist-juri-sternburg-ueber-kollegah-und-farid-bang/

22 ejka.org/de/events/17-märz-2018-die-afd-israel-und-die-juden

23 facebook.com/alternativefuerde/videos/1768800569816941/; Eitan äußerte allerdings späterhin sein Bedauern, diese skurrile Unterstützung artikuliert zu haben: haaretz.com/israel-news/ex-mossad-agent-regrets-backing-german-party-with-nazi-roots-1.5787732

24 haaretz.com/middle-east-news/.premium-trump-s-choice-of-embassy-preacher-is-offensive-that-s-no-accident-1.6078919

25 israelnetz.com/nachrichten/2005/11/08/netanjahu-evangelikale-sind-die-groessten-freunde-israels/

26 ejka.org/de/events/17-märz-2018-die-afd-israel-und-die-juden

27 he.wikipedia.org/wiki/%D7%A4%D7%A8%D7%A1_%D7%91%D7%A8%D7%90%D7%A9%D7%99%D7%AA

28 Ebd.

29 haaretz.co.il/news/education/1.6014213

30 berliner-zeitung.de/kultur/-juedischer-nobelpreis--fuer-natalie-portman-28782694

31 Zuckermann, Moshe: Der von der Universität. In: Ders.: *Zeit der Lemminge.* Wien, 2007, S. 26f.

32 haaretz.co.il/news/world/europe/1.6076219

33 Gush Shalom. *Haaretz* vom 27.04.2018, S. 10.

34 hagalil.com/2012/04/pesach-3/

35 Vgl. Hierzu: deutschlandfunk.de/diskussion-um-antisemitismus-man-kann-nicht-nur-eine-art.694.de.html?dram:article_id=416203

36 actualic.co.il/ןכתיי-אל-ןילרבב-תופיכה-דעצמ-שארב-דיפל/

37 Ebd.

38 Israelische Politsatiriker lieben es, ihn in diesem Aspekt zu entlarven. Siehe: youtube.com/watch?v=1qZlwHmJg84; youtube.com/watch?v=Lv91SlN3p0s; 10.tv/gavuma/154603

39 Im hebräischen Original handelt es sich um eine sich auf den Genitalbereich beziehende Aussage.

40 tagesschau.de/inland/hanitzsch-karikatur-presserat-101.html

41 Ebd.

42 bild.de/politik/inland/antisemitismus/kommentar-von-michael-wolffsohn-55715824.bild.html. Vgl. auch: meedia.de/2018/05/16/haette-aus-dem-stuermer-stammen-koennen-sueddeutsche-zeitung-entschuldigt-sich-wegen-antisemitischer-karikatur/

43 fr.de/politik/sueddeutsche-zeitung-historiker-netanjahu-karikatur-ist-nicht-antisemitisch-a-1508543. Vgl auch: spiegel.de/kultur/gesellschaft/sueddeutsche-zeitung-karikatur-typisch-juedisch-typisch-hanitzsch-a-1208529.html

44 haaretz.co.il/gallery/television/tv-review/.premium-1.6096281

45 jpost.com/Israel-News/Culture/What-did-Miri-Regev-wear-to-Cannes-492046

46 haaretz.co.il/news/politics/.premium-1.6091734

47 ynet.co.il/articles/0,7340,L-5014111,00.html

48 Ebd. Vergleiche auch: timesofisrael.com/hailing-yair-netanyahu-neo-nazi-site-puts-him-on-its-banner/

Schlussbemerkung

1 br.de/nachrichten/wolfgang-benz-antisemitismus-geaechtet-wie-in-keiner-anderen-gesellschaft-100.html

2 pro-medienmagazin.de/politik/2018/04/09/josef-schuster-antisemitische-migranten-ausweisen/

3 Ebd.; vgl. auch: welt.de/politik/deutschland/article175674180/Angriff-auf-Kippa-Traeger-Zentralrat-der-Juden-will-harte-Strafe-fuer-Syrer.html

4 migazin.de/2018/04/09/zentralrat-beweislastumkehr-muslime-nicht-antsemitismus/; siehe auch: handelsblatt.com/politik/deutsch

land/straftaten-gegen-juden-zentralrat-der-juden-will-melde system-fuer-antisemitische-vorfaelle/21137856.html

5 deutschlandfunkkultur.de/70-jahre-israelkritik-aus-deutschland-israel-braucht-keine.1005.de.html?dram:article_id=416356

6 haaretz.co.il/news/politics/1.6091585

7 Siehe hierzu: uri-avnery.de/news/288/15/Ein-Oslo-Verbrecher

8 Vgl. hierzu: Zertal, Idith und Eldar, Akiva: *Die Herren des Landes.* München, 2007.

9 tagesspiegel.de/politik/70-jahre-israel-verantwortung-die-nicht-vergeht/21189182.html

10 Mitscherlich, Alexander und Mitscherlich, Margarethe: *Die Unfähigkeit zu trauern. Grundlagen kollektiven Verhaltens.* München, 1967.

(Anti-)Deutsche Zustände

1 Mächler, Stefan: Das Opfer Wilkomirski. Individuelles Erinnern als soziale Praxis und öffentliches Ereignis. In: Irene Diekmann und Julius H. Schoeps (Hrsg.): *Das Wilkomirski-Syndrom. Eingebildete Erinnerungen oder Von der Sehnsucht, Opfer zu sein.* Zürich, 2002, S. 76f.

2 Marx, Karl und Engels, Friedrich: Die deutsche Ideologie. In: *Marx-Engels-Werke*. Bd. 3. Berlin, 1983, S. 13.

3 Hilberg, Raul: Das Goldhagen-Phänomen. In: Johannes Heil und Rainer Erb (Hrsg.): *Geschichtswissenschaft und Öffentlichkeit. Der Streit um Daniel J. Goldhagen*. Frankfurt am Main, 1998, S. 34ff.

4 Kühnl, Reinhard: Kampf ums Geschichtsbild. Zur Debatte um das Buch »Hitler's Willing Executioners« von Daniel Goldhagen. In: *junge Welt* vom 24.06.1996, S. 11.

5 Vgl. Witt-Stahl, Susann: Auf dem Weg zur Knechtschaft. Der deutsche Antifaschismus ist auf den Hayek gekommen. In: Susann Witt-Stahl und Michael Sommer (Hrsg.): *»Antifa heißt Luftangriff!« Regression einer revolutionären Bewegung*. Hamburg, 2014, S. 17ff.

6 Brecht, Bertolt: *Fünf Schwierigkeiten beim Schreiben der Wahrheit*. Paris, 1938. gleichsatz.de/b-u-t/spdk/brecht2.html

7 Siehe: Dornis, Martin: Der Stachel der Kritik. Über einige interessierte Missverständnisse. In: *Bahamas*. redaktion-bahamas.org/aktuell/110121leipzig-dokumentation.html#Text3

8 Gruppe für den organisierten Widerspruch, vgl: facebook.com/growhamburg/posts/1051275891563871

9 Brumlik, Micha: *Karl Marx – ein Judenfeind der Gesinnung, nicht der Tat.* michabrumlik.de/micha-brumlik-karl-marx-ein-judenfeind-der-gesinnung-nicht-der-tat-2

10 Küntzel, Matthias: »Keineswegs ein spezifisch deutsches Problem«? Goldhagen und das Defizit der Kritischen Theorie. In: Jürgen Elsässer und Andrei S. Markovits (Hrsg.): *»Die Fratze der eigenen Geschichte.« Von der Goldhagen-Debatte zum Jugoslawien-Krieg*. Berlin, 1999, S. 145.

11 Jungholt, Thorsten: Bundeswehr soll in Israel den Häuserkampf lernen. In: *Die Welt* vom 30.08.2015. welt.de/politik/ausland/article145789159/Bundeswehr-soll-in-Israel-den-Haeuserkampf-lernen.html

12 Vgl. Soares, Philipp Alvares de Souza: Warum deutsche Unternehmen nach Israel pilgern. In: *Manager Magazin* vom 16.11.2015. manager-magazin.de/magazin/artikel/digitalisierung-warum-deutsche-konzerne-nach-israel-pilgern-a-1073792.html

13 Auswärtiges Amt: *Bundesregierung unterstützt internationale Arbeitsdefinition von Antisemitismus.* Erklärung vom 22.9.2017. auswaertiges-amt.de/de/aussenpolitik/themen/kulturdialog/06-interkulturellerdialog/-/216610

14 Christian Wagner: 50 Jahre deutsch-israelische Beziehungen. Enge militärische Zusammenarbeit. In: Deutschlandfunk vom 11.05.2015. deutschlandfunk.de/50-jahre-deutsch-israelische-beziehungen-enge-militaerische.1773.de.html?dram:article_id=319496

15 »Der Holocaust geschah zum Vorteil aller Deutschen«, Interview mit Götz Aly. In: *taz* vom 15.01.2005. taz.de/!652268/

16 Anti-Expo-AG: »Opas Kalaschnikow«???, antifa.unihannover.tripod.com/Opas_Kalaschnikow.htm

17 Pohrt, Wolfgang: *FAQ*. Berlin, 2004, S. 25.

18 Siehe Ebd., S. 8, 35f., 45f.

19 Ebd. S. 46.

20 Reinecke, Stefan: »Konkret«-Jubiläum. Das Gewissensmagazin. In: *taz* vom 01.09.2007. taz.de/!5195701/

21 Interview mit Thomas Ebermann. In: *Konkret* 5/2002, S. 3.

22 Zuckermann, Moshe: *Zweierlei Israel? Auskünfte eines marxistischen Juden an Thomas Ebermann, Hermann L. Gremliza und Volker Weiß*. Hamburg, 2003, S. 9.

23 Ebd., S. 14.

24 Gremliza, Hermann L.: Des Volks Genossen. In: *Konkret* 5/2002, S. 8.

25 Zuckermann, Moshe: *Zweierlei Israel? Auskünfte eines marxistischen Juden an Thomas Ebermann, Hermann L. Gremliza und Volker Weiß*. Hamburg, 2003, S. 41.

26 Gremliza, Hermann L.: Allahs willige Vollstrecker. In: *Konkret* 10/2004, S. 9.

27 Gremliza, Hermann L.: Des Volks Genossen, a.a.O., S. 8.

28 Gremliza, Hermann L.: Allahs willige Vollstrecker. a.a.O., S. 9.

29 Horkheimer, Max und Adorno, Theodor W.: *Dialektik der Aufklärung. Philosophische Fragmente*. Frankfurt am Main, 1992, S. 182f.

30 Siehe: Neumann, Franz: *Behemoth*. Frankfurt am Main, 1993, S. 163.

31 hughbronson.de/2017/09/06/afd-schuetzt-juden-vor-antisemi tischen-migranten

32 Gürgen, Marlene: Demonstrationen am Breitscheidplatz. Mit der AfD gegen Islamismus. In: *taz* vom 20.12.2017. taz.de/!5469470

33 Berlin gegen Islamismus: berlingegenislamismus.net

34 Thomas Maul, vgl: facebook.com/permalink.php?story_fbid=240 6724599353319&id=664646443561152

35 Winstanley, Asa: Israel is arming neo-Nazis in Ukraine. In: *The Electronic Intifada* vom 04.07.2018. electronicintifada.net/content/ israel-arming-neo-nazis-ukraine/24876

36 Der Marx-Theoretiker Michael Sommer hat diese Lesart einer radikalen Kritik unterzogen und gravierende wissenschaftliche Fehler in Postones Wertkritik nachweisen können: Sommer, Michael: Falsch, aber wirkungsvoll. Moishe Postones »marxistische« Theorie des Antisemitismus und der Bruch mit Antikapitalismus und Kapitalismuskritik. In: Susann Witt-Stahl und Michael Sommer (Hrsg.): *»Antifa heißt Luftangriff!«*, a.a.O., S. 57–99.

37 Postone, Moishe: Nationalsozialismus und Antisemitismus. Ein theoretischer Versuch. In: *Merkur* 1/1982, S. 13–25.

38 Wolffsohn, Michael: Die Linke muss antisemitisch sein. In: *Financial Times Deutschland* vom 25.06.2011. ftd.de/politik/deutsch land/:antisemitismus-die-linke-muss-antisemitisch-sein/60068 113.html

39 Vgl. Opitz, Reinhard: Ist die CDU eine konservative Partei? In: Ders.: *Liberalismus, Faschismus, Integration*. Marburg, 1999, S. 550.

40 Pohrt, Wolfgang: *FAQ*, a.a.O., S. 35.

41 Stern, Frank: *Im Anfang war Auschwitz. Antisemitismus und Philosemitismus im deutschen Nachkrieg.* Tel Aviv, 1991, S. 347.

42 Neumärker, Uwe: Eine Generalabrechnung. In: *FAZ* vom 12.04.2010. faz.net/aktuell/feuilleton/politik/eine-generalabrechnung-1971825.html

43 Wiegrefe, Klaus: Der Fluch der bösen Tat. Die Angst vor Adolf Eichmann. In: *Der Spiegel* 15/2011, S. 44–50.

44 Meinhof, Ulrike Marie: Drei Freunde Israels. In: Dies.: *Die Würde des Menschen ist antastbar. Aufsätze und Polemiken.* Berlin, 1980, S. 101f.

45 Justantidthings, vgl.: facebook.com/justantidthings/posts/1762742473749582

46 IllusiveExposure4Truth, vgl.: youtube.com/watch?v=nzhZtTdG7tk

47 Adorno Ultras, vgl.: facebook.com/adornoultras/photos/pb.767995986591933.-2207520000.1516271010./1615671638491026/?type=3

48 Israelsolidarische Gruppe Marburg, vgl.: facebook.com/fabian.lehr.3/posts/10214072104190880

49 Vgl. Döpfner, Mathias: Der Westen und das höhnische Lachen der Islamisten. In: *Die Welt* vom 23.11.2010. welt.de/debatte/article11148187/Der-Westen-und-das-hoehnische-Lachen-der-Islamisten.html

50 LAK Shalom Niedersachsen, vgl.: facebook.com/lakshalomnds/photos/p.408866699262254/408866699262254/?type=3&theater

51 Vgl. Susann Witt-Stahl und Michael Sommer (Hrsg.): *»Antifa heißt Luftangriff!«*. a.a.O.

52 Israelsolidarische Gruppe Marburg, vgl.: facebook.com/ProIsraelMr/posts/1564404957005477

53 Horkheimer, Max und Adorno, Theodor W.: *Dialektik der Aufklärung*. a.a.O., S. 120f.

54 Brumm, vgl.: facebook.com/brummmerkavaIV/posts/1036686829698650

55 Ebd., vgl.: facebook.com/brummmerkavaIV/photos/a.785319794835356.1073741828.785242711509731/785678141466188/?type=3&theater

56 +972 Magazine, vgl.: youtube.com/watch?v=WiOhR5Un_Lg

57 Seeßlen, Georg: Nazi-Jäger-Film »Inglourious Basterds«. Mr. Tarantinos Kriegserklärung, in: »Spiegel Online« vom 16.08.2009. spiegel.de/kultur/kino/nazi-jaeger-film-inglourious-basterds-mr-tarantinos-kriegserklaerung-a-642401.html

58 Jessen, Jens: »Inglourious Basterds«. Skalpiert die Deutschen! In: »ZEIT Online« vom 20.08.2009. zeit.de/2009/35/Kino-Inglourious-Basterds

59 Vgl. Disgusted Youth – Stickercontest, disyouth.net/contest/?p=99

60 Mendelsohn, Daniel: Tarantino rewrites the Holocaust. In: *Newsweek* vom 13.08.2009. newsweek.com/tarantino-rewrites-holocaust-79003

61 Albers, Sophie: »Inglourious Basterds«. Mehr als eine jüdische Rachefantasie. In: »stern.de« vom 20.08.2009. stern.de/kultur/film/-inglourious-basterds--mehr-als-eine-juedische-rachefantasie-3533448.html

62 Siehe: Saupe, Achim: *Kill Hitler – Die Inglourious Basterds auf Rachefeldzug.* zeitgeschichte-online.de/sites/default/files/documents/Basterds-Saupe.pdf

63 Cyberpunk: cyberpunk.blogsport.de/2009/08/14/inglourious-basterds-donnerstag-2008-alle-ins-kino-und-abfeiern/

64 Hartmann, Andreas: Die Rache an Guido Knopp. Das »Inglourious Basterds«-ABC In: *Jungle World* vom 20.08.2009. jungle.world/artikel/2009/34/die-rache-guido-knopp

65 Brecht, Bertolt: *Fünf Schwierigkeiten beim Schreiben der Wahrheit*. Paris, 1938. gleichsatz.de/b-u-t/spdk/brecht2.html

66 Zuckermann, Moshe: *Israel – Deutschland – Israel*. Wien, 2006, S. 187.

67 »Wo Hass keine Grenzen kennt.« Jagdaktion gegen Felicia Langer. Eine Dokumentation. In: Das »Palästina Portal«, arendt- art.de/deutsch/palestina/Honestly_Concerned/honestly_concerned_felicia_langer_reaktionen.htm

68 Kein Adorno-Preis für Judith Butler! Kein Adorno-Preis für Antisemiten! vgl.: facebook.com/events/355957474481691/

69 Bündnis gegen Antisemitismus Duisburg: Stéphane Hessel in Essen: Warum wir uns heute empören. campuswatchude.files.wordpress.com/2012/03/flyer_hessel_final.pdf

70 Kopiez, Andreas: »Ihr sollt alle vergast werden!« – Polizei ermittelt nach Demo in Kreuzberg. In: *Berliner Zeitung* vom 07.03.2016. berliner-zeitung.de/23683134

71 Siehe: Witt-Stahl, Susann: Gelenkter »Antifaschismus«. In: *Hintergrund* 2/17, S. 35f.

72 Amadeu Antonio Stiftung: Chronik antisemitischer Vorfälle 2016: 04.03.2016, Hitlergrüße und Beschimpfungen am Rande einer israelsolidarischen Kundgebung. amadeu-antonio-stiftung.de/die-stiftung-aktiv/themen/gegen-as/antisemitismus-heute/chronik-antisemitischer-vorfaelle-2016/

73 Buckow, Arthur: Bei der »Israeli Apartheid Week« können Antisemiten sich austoben. Boykott den Boykotteuren. In: *Jungle World* vom 03.03.2016. jungle.world/artikel/2016/09/boykott-den-boykotteuren

74 Berlin Against Pinkwashing, vgl.: youtube.com/watch?v=cTTxmtU8Fls

75 Siehe: Kein Raum für Antisemitismus an der Uni und anderswo! nachdenkseiten.de/upload/pdf/161110_Freiburg_Kein_Raum_fuer_Antisemitismus.pdf

76 Verleger, Rolf: Schatten der Vergangenheit. palaestina-solidaritaet.de/2016/11/23/rolf-verleger-schatten-der-vergangenheit/

77 Siehe: Nabert, Alexander: In Deutschland haben Antisemiten vor Gericht leichtes Spiel. Die geheime Wahrheit über die Juden. In: *Jungle World* vom 15.12.2016. jungle.world/artikel/2016/50/die-geheime-wahrheit-ueber-die-juden

78 Zuckermann, Moshe: *Zweierlei Holocaust. Der Holocaust in den politischen Kulturen Israels und Deutschlands.* Göttingen, 1998, S. 176.

79 Pohrt, Wolfgang: *FAQ*. a.a.O., S. 10.

80 Editorial 68, in: *Bahamas* 68/2014. redaktion-bahamas.org/editorial/2014/nr-68/

81 Wertmüller, Justus: Wir Freunde des amerikanischen Krieges. Warum man Israel nicht kritisieren darf und auf die Liebe kein Verlass ist. In: *Bahamas* 42/2003, redaktion-bahamas.org/auswahl/web42-2.html

82 Gemeinsam gegen Israel. Interview mit Thomas Ebermann. In: *Konkret* 7/2004, S. 21ff.

83 Von Konkret. In: *Konkret* 3/2011. konkret-magazin.de/hefte/heftarchiv/jahrgang-2011/heft-32011/articles/von-konkret-730.html

84 Siehe: Feuerherdt, Alexander: Totalausfall. In: *Konkret* 3/2011, S. 24ff.

85 Siehe: Zuckermann, Moshe: Deutsche Abgründe. In: Melodie & Rhythmus. melodieundrhythmus.com/mr-aktuell/deutsche-abgruende/

86 Fikentscher, Anneliese und Neumann, Andreas: Fotogalerie Friedenskonferenz »50 Jahre israelische Besatzung« in Frankfurt am Main. In: *Neue Rheinische Zeitung* vom 14.06.2017. nrhz.de/flyer/beitrag.php?id=23883

87 Jutta Ditfurth, vgl.: facebook.com/jutta.ditfurth.5/posts/1977214079176971

88 Jutta Ditfurth, vgl.: facebook.com/jutta.ditfurth.5/posts/209 2068837691494

89 Projekt Kritische Aufklärung: Die Konferenz »Zur Zeit der Verleumder«. projektkritischeaufklaerung.de/de/die-konferenz

90 Jutta Ditfurth, vgl.: facebook.com/jutta.ditfurth.5/posts/21201 14578220253 (Beitrag wurde inzwischen gelöscht, es liegt aber ein Screenshot vor).

91 Beispielsweise sah sich Jutta Ditfurth nach einem Artikel in der *jungen Welt*, in dem über die nach wie vor im Internet einsehbare Originalquelle (siehe Endnote 87) bewiesene Tatsache berichtet wurde, dass sie Moshe Zuckermann zu den »antizionistischen Antisemit*nnen« gezählt hatte, als Opfer von übler Nachrede, vgl.: facebook.com/jutta.ditfurth.5/posts/2091981011033610

92 Siehe Zuckermann, Moshe: Antisemitismus! Ein Vorwurf als Herrschaftsinstrument. Vortrag 18.05.2018 in Bremen. vgl.: you tube.com/watch?v=CLW4Gf-pJ2w

93 Zuckermann, Moshe: Opfer und Opferideologie. In: *Kunst+Kultur* 1/2009. stahlpress.de/index.php/gastautoren/18-moshe-zucker mann/38-opfer-und-opfer-ideologie

94 Horkheimer, Max und Adorno, Theodor W.: *Dialektik der Aufklärung*. a.a.O., S. 119.

95 Rolf Tiedemann (Hrsg.): *Theodor W. Adorno – Vorlesung über Negative Dialektik, Fragmente zur Vorlesung*. Frankfurt am Main, 1965/66, S. 270.

96 Horkheimer, Max und Adorno, Theodor W.: *Dialektik der Aufklärung*. a.a.O., S. 181.

97 Ebd., S. 195.

98 Schmid Noerr, Gunzelin: *Gesten aus Begriffen. Konstellationen der Kritischen Theorie*. Frankfurt am Main, 1997, S. 20.

99 Horkheimer, Max und Adorno, Theodor W.: *Dialektik der Aufklärung*. a.a.O., S. 20.

100 Ebd., S. 179.

101 Vgl. Zuckermann, Moshe: Von Stiftungen und Anstiftern. Zur aktuellen Kontroverse um Norman G. Finkelstein. In: *junge Welt* vom 02.03.2010. stahlpress.de/index.php/gastautoren/18-moshe-zuckermann/44-von-stiftungen-und-anstiftern

102 Vgl. Witt-Stahl, Susann: Leitmotiv: jüdischer Selbsthass. Eine bewährte demagogische Praxis gegen jüdische Intellektuelle. In: *Kunst+Kultur* vom 09.10.17. projektkritischeaufklaerung.de/wp-content/uploads/2017/10/Kunst_und_Kultur_20171009_06.pdf

103 Scheit, Gerhard: Der Israel-Palästina-Konflikt und die deutsche Linke. Es gibt keinen richtigen Ort. In: *Jungle World* vom 07.02.2001. jungle.world/artikel/2001/06/es-gibt-keinen-richtigen-ort

104 Vgl.: Rassismus-Kläger vergreift sich selber im Ton. In: *Tages-Anzeiger* vom 21.01.2014. tagesanzeiger.ch/kultur/Rassismus Klaeger-vergreift-sich-selber-im-Ton/story/22868629

105 Activestills, vgl.: facebook.com/permalink.php?story_fbid=11901 40551131333&id=100004061971250

106 Stephan Grigat: Lechts und rinks: Und wie man das verwechseln kann, wenn es um Israel geht. In: *Konkret* 12/2005, hagalil.com/archiv/2006/03/linke.htm

107 Grigat, Stephan: Mit dem Mufti gegen den Zionismus – mit Gromyko für Israel. Aus der Frühgeschichte der israelischen und palästinensischen Partei. In: *transversal. Zeitschrift für Jüdische Studien* 2/2009, S. 97, S. 122.

108 Siehe: Gilman, Sander L.: Das Phänomen der eingebildeten Erinnerung. Zum Fall Wilkomirski. In: Irene Diekmann & Julius H. Schoeps (Hrsg.): *Das Wilkomirski-Syndrom.* a.a.O., S. 15.

109 Pohrt, Wolfgang: FAQ. a.a.O., S. 24f.

110 Horkheimer, Max und Adorno, Theodor W.: *Dialektik der Aufklärung.* a.a.O., S. 184.

111 Ulrike Meinhof: Drei Freunde Israels, in: Dies.: *Die Würde des Menschen ist antastbar*. a.a.O., S. 102.

112 Siehe: Zuckermann, Moshe: Antisemitismus! Ein Vorwurf als Herrschaftsinstrument. a.a.O. youtube.com/watch?v=CLW4Gf-pJ2w

113 Horkheimer, Max und Adorno, Theodor W.: *Dialektik der Aufklärung.* a.a.O., S. 181.

114 Adorno, Theodor W.: *Erziehung zur Mündigkeit. Vorträge und Gespräche mit Hellmut Becker 1959-1969.* Frankfurt am Main, 1970, S. 106.

115 Reemtsma, Jan Philipp: »… the bad and the ugly«. In: *Konkret* 12/1990, S. 26.